柳大綱

1904年2月8日至1991年9月14日

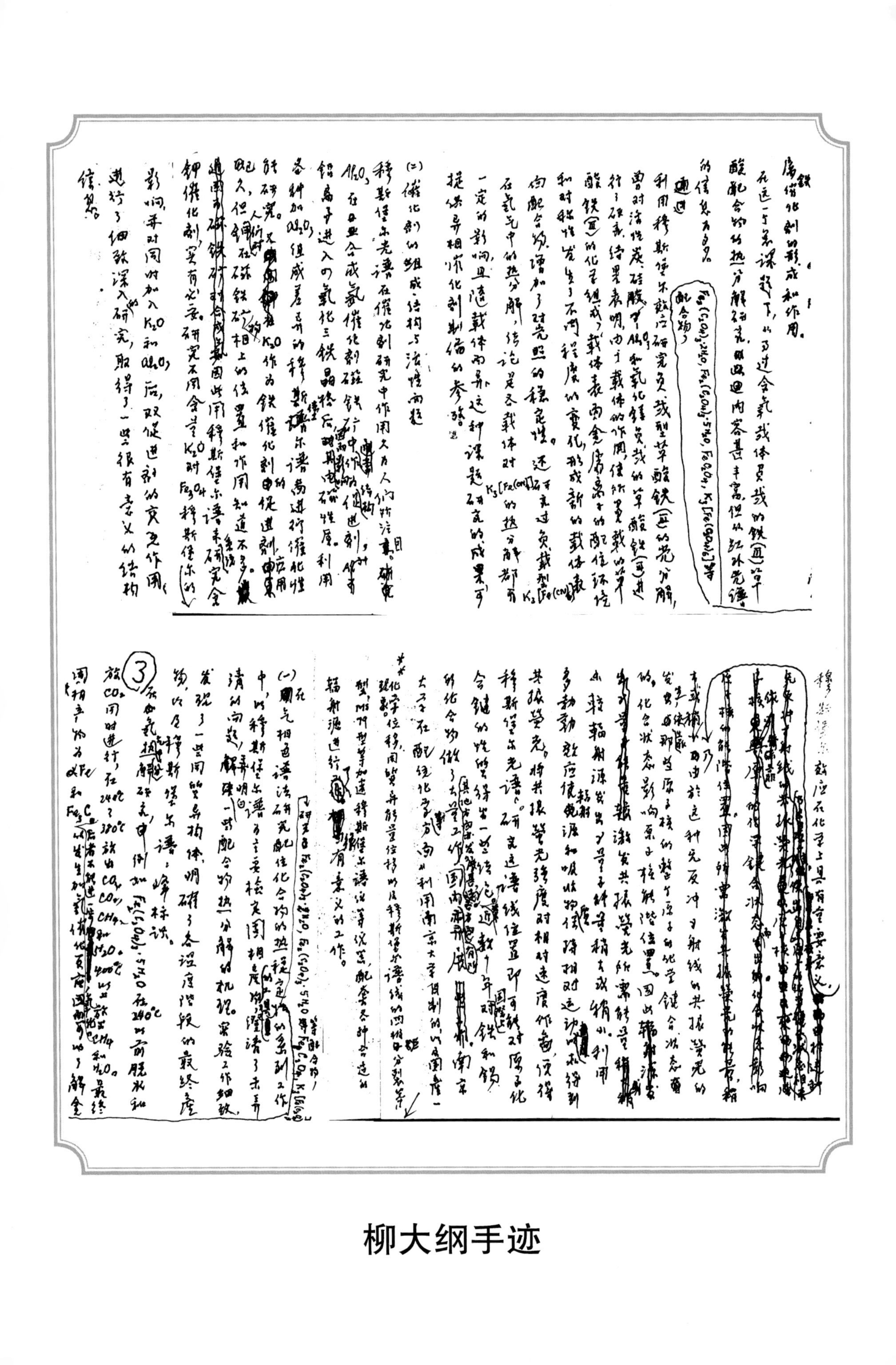

柳大纲手迹

懷念柳大綱同志

治學嚴謹

業績卓著

嚴濟慈題

一九九三年九月

严济慈（1901—1996），物理学家，教育家，中国科学院院士，曾任中国科学院副院长。中国现代物理学研究的创始人之一，中国光学研究和光学仪器研制工作的奠基人之一，中国研究水晶压电效应第一人。

赤胆忠心鞠躬尽瘁为国家发展科学技术奋斗毕生
德才兼备虚怀若谷对学人树立光辉榜样流芳百世

柳大纲先生逝世三周年纪念

贝时璋
一九九四年九月

贝时璋（1903—2009），生物学家，教育家，中国科学院院士。中国生物物理学奠基人。

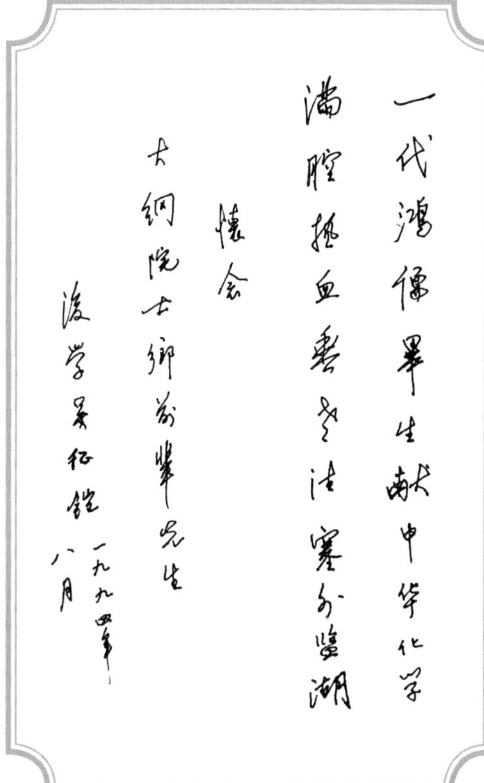

吴征铠（1913—2007），物理化学家，放射化学家，化学教育家，中国科学院院士。我国铀扩散浓缩事业、放射化学、分子光谱学的奠基者之一。

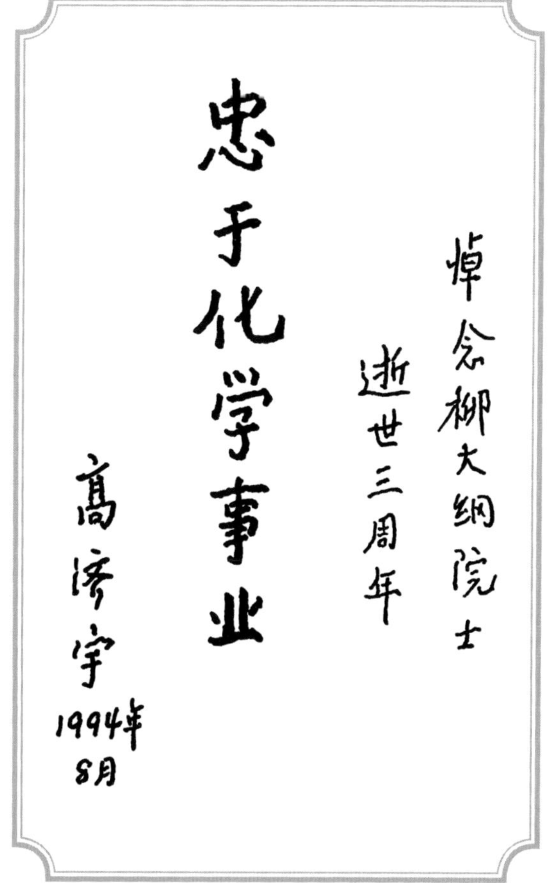

高济宇（1902—2007），有机化学家，教育家，中国科学院院士。

柳大纲先生千古

科技楷模

化学先驱

後学楊承宗謹悼

杨承宗（1911—2011），化学家，中国放射化学奠基人，中国科技大学建校元勋、原副校长。

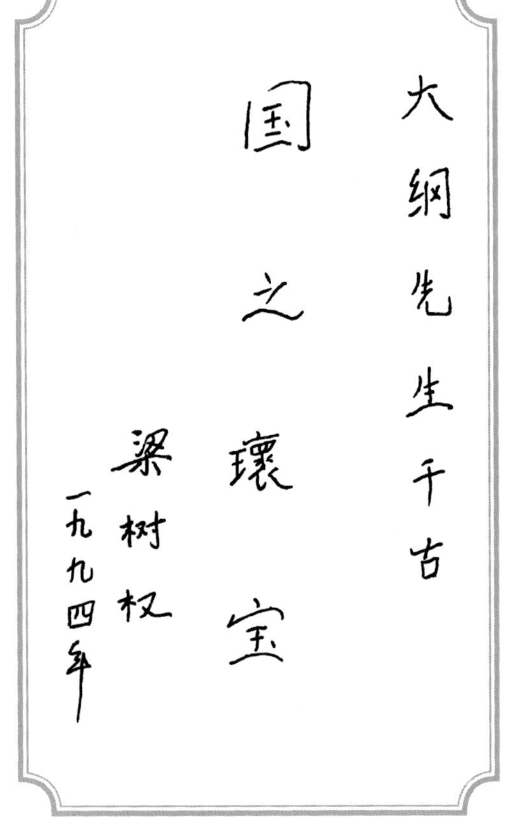

梁树权（1912—2006），分析化学家，教育家，中国科学院院士。

大纲先生作为科学家，其道德风范和奉献精神实为后来者的楷模。在其百年诞辰，谨表衷心崇敬和深切缅怀。

侯祥麟

二〇〇四年十二月

侯祥麟（1912—2008），中国化学工程学家，燃料化工专家，中国科学院院士，中国工程院院士。我国炼油技术奠基人之一。

大纲所长百岁华诞

德高望重

风范长存

张青莲九十六岁敬贺

二〇〇四年

张青莲（1928—2006），无机化学家，教育家，中国科学院院士。

化学创新元老

盐湖开拓先驱

柳大纲先生百年诞辰纪念

严东生

二〇〇四年春

严东生（1918—2016），无机化学家，材料化学家，中国科学院院士，中国工程院首批院士，我国无机材料科学技术的奠基人和开拓者。

教育青年、一代大师

深入化学、建立纲要

柳大纲先生百年诞辰

李政道敬书

二〇〇四年四月一日

李政道（1926—），美籍华裔物理学家，诺贝尔物理学奖获得者，中国科学院外籍院士、美国国家科学院院士。2006年至今任北京大学高能物理研究中心主任。

柳大纲先生百年诞辰纪念

德高望重
師表千秋

白春禮
二〇〇四年五月

白春礼（1953—），化学家，纳米科技专家，中国科学院院士，现任中国科学院院长，党组书记。

柳大纲的父亲柳承元先生

1920年毕业于扬州中学（左二为柳大纲）

1929年在中央研究院化学研究所

1929年11月于上海一品
香与樊君珊女士结婚

1929年11月于上海一品香与
樊君珊结婚时与亲友合影

1926年在吴淞口炮台湾

1927年于吴淞中国公学大学部

1928年于中国科学社《科学》编辑部（左一为柳大纲）

1929年柳大纲、樊君珊夫妇与弟弟
柳大维（右一）、弟弟柳大绰（左一）

20世纪30年代与夫人樊君珊女士

1938年于昆明市小东门外灵光街中央研究院化学所临时地址（右一为吴学周，左一为柳大纲）

1940年于昆明市棕树营桃源中央研究院化学所临时实验室

1945年11月初与夫人樊君珊及儿子柳怀祖于昆明

20世纪50年代初于长春

1950年在北京华北人民革命大学政治研究院学习
（前右三为柳大纲）

1952年上海工会组织去杭州休养
（后右二为柳大纲）

1954年在北京百万庄建委大楼门前
（三排右四为柳大纲）

1954年于河北唐山开滦煤矿临西风井
（右五为柳大纲）

1955年11月于苏联专家招待所
（左二为柳大纲）

1959年3月和杨石先先生参加苏联门
捷列夫百年纪念活动
（中为杨石先，右为柳大纲）

1959年3月参加苏联门捷列夫
百年纪念会

1964年5月30日于中国科学院兰州化学物理研究所
（二排右四为柳大纲）

1964年在青岛（右一为刘静宜，右三为柳大纲，左二为吴学周，后排中为胡克源）

1964年在首都机场送华寿俊赴西北工作（后排左一为柳大纲，后排中为华寿俊，前排左一为杨志宏，前排右一为黄晓春，前排右二为王葆仁）

1986年5月中国化学会会议期间于杭州灵隐寺（由左至右为徐晓白、樊君珊、柳大纲、高世扬）

1978年与王葆仁夫妇等在广州温泉宾馆

1979年参加全国五届人大小会组（中右为彭真，右一为柳大纲）

1979年6月20日全国五届人大第二次会议北京组（左六为华国锋，二排右四为柳大纲）

1980年春于中国科技大学研究生院教学部（化学）（左二为林一，左三为蒋丽金，左四为柳大纲）

1981年7月下旬于长春参加评议中国科学院应用化学所（左为严东生，中为胡克实，右为柳大纲）

1982年于母校扬州中学（右一为柳大纲）

1983年2月在祝贺柳大纲从事化学工作55周年会上和部分学生合影

1984年在中国科学院环境化学所了解北京市大气污染由于SO_2影响能见度问题
（中为刘静宜，右为柳大纲）

1984年10月邓小平接见部分院士
（前排左至右为邓小平、李政道、方毅， 二排左至右为汪德昭、张文裕、柳大纲、王淦昌）

20世纪70年代初周恩来接见中外科学家（二排右二为柳大纲）

20世纪70年代初周恩来会见美国科学家代表团（后排右五为柳大纲）

20世纪70年代中期与郭沫若（前排右七）、吴有训（前排右九）等在机场迎接外宾（右三为柳大纲）

20世纪70年代后期邓小平接见中外科学家（前排右一为柳大纲）

1980年于中国科学院化学所与部分科学家留影（前排由左至右为梁树权、蒋明谦、李苏、李远哲、柳大纲）

1963年与中国科学院化学所有关领导及工作人员留影（二排左一为柳大纲）

1978年与钱人元（右一）、王葆仁（左二）于广州温泉宾馆（中为柳大纲）

1978年10月于青岛与《化学通报》编委会部分编委（左起：胡亚东、张德和、苏勉曾、柳大纲、花文廷、任新民）

1979年在成都主持召开中国化学会无机化学论文报告会后与部分学生和工作人员（中为柳大纲，前左为徐晓白，右二为刘惠）

1982年于南京参加中国化学会成立50周年庆祝活动（前排右一为鲍奕珊，右三为柳大纲，后排右一为张蕴珍，右三为刘惠）

1982年3月丁南京与《化学通报》编委会合影（二排右五为柳大纲）

1982年12月于颐和园介寿堂参加中国化学会理事会
（前排左二为柳大纲，左三为卢嘉锡，左四为钱人元，左五为李苏）

1985年8月出席中国化学会科技成果交流会开幕式时与邢芮（左一）合影

1985年11月2日于北京参加全国稳定同位素学术讨论会
（前排右五为柳大纲）

1986年在杭州中国化学会会议期间柳大纲（后排右三）、樊君珊（后排右二）夫妇与部分与会者合影

1986年4月中国化学会第二十二届理事会理事合影（杭州）（前排由右至左为蔡启瑞、严东生、唐敖庆、汪猷、柳大纲、吴征铠、钱人元、黄维恒）

1958年12月与苏联全苏盐类科学研究所德鲁斯·利托夫斯基教授（左）在柴达木盐湖

1958年与侯德榜教授（中）和苏联专家（左）合影
（注：侯德榜，化学家，侯氏制碱法的创始人，中国化学工业的开拓者）

1958年与恽子强（左）以及苏联专家德鲁斯·利托夫斯基教授（中）在天安门国际庆典观礼台上（注：恽子强，化学家，中国科学院院士，中国科学院建院初期主要领导）

20世纪70年代后期与吴学周（右）合影

20世纪80年代初在中国科学院长春应用化学所与钱葆功（右）交流

1980年与美籍科学家华家熙（右二）、钱人元（左二）、胡亚东（右一）交流

20世纪80年代初与汪猷（右）合影

20世纪80年代末与蒋明谦（左）合影

1984年和严东生（左）合影

20世纪80年代初与胡日恒（左）合影

20世纪70年代初与郭沫若和竺可桢等会见外宾（前排左二为贝时璋，左四为竺可桢，左六为郭沫若，二排右三为柳大纲）

1980年与裴丽生（右）在中国科协会议上

20世纪80年代中期与顾翼东（左）在太湖

1959年3月代表中国化学会参加苏联门捷列夫百年纪念活动期间在苏联有关化学实验室
（右三为柳大纲）

1955年在苏联与杨石先（中）和苏联专家（左）交流

20世纪80年代初期在中国科学院化学所会见外宾

1961年10月于中国科学院化学所与王葆仁（左一）会见日本大河原六郎教授（右一）
（左二为柳大纲）

1958年12月与苏联全苏盐类科学研究所德鲁斯·利托夫斯基教授（左二）在柴达木盐湖

1983年与日本中条利一郎教授（左）会谈

1980年与日本三枝武夫教授（左）合影

1981年与美国简井念教授夫妇（左、右）举杯同庆

1981年7月与日本中岛章夫教授（左一）、胡亚东教授（左二）合影

1980年柳大纲与夫人樊君珊在北京寓所

1986年柳大纲与夫人樊君珊在杭州

1983年柳大纲与夫人樊君珊游览

1952年于杭州（柳大纲赠胡克源存念）

1983年与全家在北京南沙沟家中

20世纪80年代在南沙沟家中

一生常耻为身谋

纪念柳大纲院士

张德清　吴志坚　柳怀祖　主编

中国科学技术出版社
·北京·

图书在版编目(CIP)数据

一生常耻为身谋 ：纪念柳大纲院士 / 张德清，吴志坚，柳怀祖主编 . — 北京 ：中国科学技术出版社，2018.1

ISBN 978-7-5046-7850-8

Ⅰ . ①一… Ⅱ . ①张… ②吴… ③柳… Ⅲ . ①柳大纲（1904-1991）—纪念文集 Ⅳ . ① K826.13-53

中国版本图书馆 CIP 数据核字（2017）第 303608 号

策划编辑 王晓义
责任编辑 王晓义 蒋宵宵
责任校对 凌红霞
责任印制 徐 飞

出　　版 中国科学技术出版社
发　　行 中国科学技术出版社发行部
地　　址 北京市海淀区中关村南大街 16 号
邮　　编 100081
发行电话 010-62173865
传　　真 010-62179148
投稿电话 010-63581202
网　　址 http://www.cspbooks.com.cn

开　　本 787mm×1092mm 1/16
字　　数 360 千字
彩　　插 46
印　　张 12.25
版　　次 2018 年 1 月第 1 版
印　　次 2018 年 1 月第 1 次印刷
印　　刷 北京京华虎彩印刷有限公司

书　　号 ISBN 978-7-5046-7850-8/K·236
定　　价 50.00 元

序

今年（2014年）是大纲先生诞辰110周年，为了纪念这位当代中国优秀的科学家，我非常赞成出版这本缅怀他的集子。

大纲先生早年对一系列典型简单直线型分子与复杂分子的紫外线吸收光谱和真空紫外吸收光谱作了深入研究，是我国分子光谱研究的先驱者之一。他也是我国矿物原料化学如陶瓷、玻璃、制盐的较早研究者之一。

1949年初，大纲先生毅然回到祖国迎接中华人民共和国的诞生。共和国成立后，他放弃了多年的基础科学研究，满腔热情地投入国家建设急需的工农业发展和资源开发的科研工作。为打破西方国家封锁，20世纪50年代初，他领导了新型日光灯卤磷酸钙荧光材料的研制，使我国日光灯荧光材料工业达到了当时国际新型荧光材料的水平。由于我国大规模基本建设和保护古建筑的需要，大纲先生服从国家安排，又放弃了荧光材料方面的研究，率团赴波兰学习和考察土壤矽化加固技术。回国后就组织了推广，并将此技术成功运用于煤矿风井流沙层和工厂厂房地基的加固工程。

20世纪50年代中期，大纲先生还参与了科研的组织领导工作。为中国科学院化学研究所的规划、组织协调、建设以及后来由化学所分出的成都有机化学所、感光化学所、环境化学所等的组建和发展做了大量工作，花了大量心血。同时，为了工农业的需要，他积极探寻我国盐湖资源，20世纪50年代中期到60年代中期，几乎每年都率队到条件极为艰苦的青海柴达木盆地，进行大规模的、深入的盐湖资源的科学调查，是我国进入青藏高原的第一位化学家。他以渊博的地球化学和物理化学知识，分析了当地盐湖现状、特点和环境，气候对盐湖的影响和变化趋势，发现了我国最大的可溶性钾盐矿藏和丰富的硼、锂盐资源。他还对柴达木盆地盐湖资源开发所需的科研和技术准备工作提出了建议。在他的指导下，科研团队对大柴旦盐湖特征与综合开发利用途径、从盐湖卤水中提取锂盐和水盐体系相平衡方面作了大量开拓性研究，取得了丰硕成果。为使盐湖的研究从基础研究到应用形成完整的体系，1965年他创建了中国科学院青海盐湖化学研究所，更有组织地开展了我国盐湖地质与地球化学、水文地质、采矿、化学、化工等多方面的基础理论深入研究及综合开发，为今天察尔汗大规模生产钾肥提供了坚实的科学依据，也对盐湖资源的综合开发利用和盐湖化学研究奠定了基础，为国民经济做出了重大贡献，并使我国盐湖科学研究处于世界先进水平。大纲先生在开拓我国盐湖资源及盐湖化学研究方面的光辉业绩是特别令人钦佩的。

20世纪60年代初，大纲先生还领导研究了核燃料前处理与后处理中的一些化学问题。为我国核燃料的处理提供了一些重要的科学依据和工艺流程，流程的铀回收率达到了当时国际先进水平。这些研究成果，或因保密未公开发表，或因他未署名而鲜为人知。

大纲先生一生在学术、科研组织领导和培育青年科研队伍上，为我国化学的发展与应用付出了全部心血，对祖国的科学事业做出了卓越贡献。在与大纲先生40多年的交往中，我们结下了很深的友谊，我深感他品德高尚、学识渊博、治学严谨、为人忠厚正直、光明磊落；他谦虚公正、平易近人；他清贫一生、不讲名利、不计个人得失，总以大局为重。自担任研究所领导职务后，即使是直接指导完成的科研工作，他也不在工作报告或论文上署名。他十分关爱青年的成长，甘当人梯的献身精神令人敬佩。他还是改革开放后，中国科学院主动让贤、退居二线的第一位所长。大纲先生的道德风范、献身精神与卓越贡献，深得化学界乃至科学界同仁们的尊敬。

今天重将他所具有的这些杰出中华儿女的优秀品格展现于世，启迪后人，是很有意义的。为此，特作序以表示对故友大纲先生的怀念与崇敬之情。

严东生

2013年春于上海

前　言

2014年是柳大纲院士诞辰110年。按照柳老一生简朴、低调的风格，其家属不赞成搞什么纪念活动，仅打算将柳老百年（2004年）诞辰纪念时的纪念册加以充实编辑出版。该纪念册是以严东生为名誉主任，白春礼为主任的柳老百年诞辰纪念活动组委会，为缅怀柳老为我国科学事业做出巨大贡献的光辉一生，弘扬柳老追求真理、求真务实、不断开拓创新的科学精神，学习柳老爱党、爱国、无私奉献的高尚情操而编印的。此次出版以柳老一生的座右铭“一生常耻为身谋”为书名，以此来缅怀和纪念他。从人们对他的一些回忆中，把柳老那一代科学工作者在我们中华人民共和国初创阶段，一心为祖国的科学事业而艰苦奋斗、踏实工作的精神留给后人。中国科学院化学研究所和青海盐湖研究所十分赞成和支持这个意见。

本文集收入了柳老不同时期科研活动、社会活动和家庭生活的照片，记述了柳老为祖国科技事业鞠躬尽瘁的一生。而柳老友人、同事、学生饱含深情的回忆和缅怀的题词和怀念文章，更让人从另外一个方面感到了柳老人格的伟大。

柳老生前的友人——严东生院士，95岁高龄时为文集作了序。全国人大原副委员长、中国科学院前院长路甬祥院士百忙之中为本书题写书名。中国科学院院长白春礼院士专函对此表示支持，并称：“柳大纲先生是化学界尊崇的老前辈。对他老人家表示崇高的敬意和深切的缅怀。”中国科学院化学所和青海盐湖所都对本文集的编撰出版给予了很大支持。在此一并致谢。

张德清 吴志坚 柳怀祖

2017年春

目　录
CONTENTS

柳大纲传略

王治浩

一、成长经历　爱国情怀

柳大纲，字纪如，1904 年 2 月 8 日出生于江苏省仪征县。祖父是一位经营大杂货铺的生意人。父亲柳承元是一位热心教育事业的清末秀才。柳大纲 4 岁时母亲不幸去世，但他自幼聪颖好学，在父亲的指导和姐姐柳大绶的照料下，6 岁便开始学四书、五经、《尔雅》，打下了良好的古文基础。13 岁时，考入著名的扬州江苏省立第八中学，学习自然科学和英文，学校设有实验室，注意培养学生的动手能力，为学生继续深造打下了良好的基础。

1919 年，“五四运动”的革命浪潮席卷全国，柳大纲认为中国贫穷落后的根源在于政治腐败和科学落后，因此他决心用自己所学走“科学救国”“教育救国”之路。 1920 年他中学毕业后考入南京高等师范学校数理化部（南京大学的前身是东南大学，东南大学的前身是南京高等师范学校）。著名教育家陶行知、物理学家吴有训、气象学家竺可桢、数学家熊庆来、化学家张子高等都曾在这所大学任教。柳大纲在这里得到了良好的教育，于 1925 年毕业于东南大学化学系，获学士学位，留校任物理系助教。1927 年，柳大纲在上海吴淞中国公学大学部执教，并与小学教师樊君珊女士结为伉俪。

1928 年，柳大纲在中国科学社《科学》编辑部任编译员，曾与他的老师、主编王琎（字季梁）一起通过办刊物发现了华罗庚这样的杰出人才，在科学史上传为佳话。1929 年，他进入中央研究院化学研究所，开始献身于科学研究事业。他最早开展了对陶瓷、玻璃原料的研究分析，为生产优质陶瓷、玻璃提供了重要依据。他的第一篇论文是 1930 年发表的《数种著名国产陶料之分析》，之后他重点进行分子光谱研究。其间，还翻译了科尔斯著的《化学之发明与发现》(上、中、下册)，1937 年由商务印书馆发行，译序中写道：“可以略窥化学史上重要问题解决之经过，与夫伟大化学家运思之方法，足资为学之楷模。”可见他对化学史的重视与关注。

1946 年，由中央研究院选派，柳大纲赴美国罗切斯特大学研究生院进修，1948 年获博士学位。他的导师鲍尔曼很希望他留在那里继续做研究工作，有的朋友也劝他把夫人和孩子接到美国去，但为了祖国的科学事业，他还是谢绝了导师的挽留，放弃了美国优厚的工作和生活条件，于 1949 年初携带着大批图书资料回国。

中华人民共和国成立后，柳大纲任设在上海的中国科学院物理化学所研究员和副所长。为了支援东北建设，中国科学院决定将上海的物理化学所迁到长春。柳大纲坚决服从国家需要，与吴学周所长一起，克服种种困难，组织 50 多位科研人员和 30 多位家属将 300 多箱仪器药品、150 多箱图书资料，在两个多月的时间内全部完成搬迁，为发展东北的科学事业做出了重要贡献。原国家科学技术委员会副主任武衡后来说：“长期居住在上海的人不畏东北的严寒、不计生活的艰辛和工作的繁重，毅然连同家属迁往长春，是了不起的一件大事。而柳大纲为此做了大量的说服和教育工作，这是爱国主义精神的体现，是为人民服务精神的体现，是永远值得人们怀念的。”

二、开拓光谱研究　攻克荧光材料

1. 我国分子光谱研究的先驱者之一

20 世纪 30 年代，柳大纲开始研究分子光谱，该研究领域当时在国内属于萌芽阶段。他与吴学周合作，对氢氰酸（HCN）、氯化氰（CNCl）、溴化氰（CNBr）、碘化氰（CNI）、双氰、乙炔等直线分子以及异氰酸和异氰酯等复杂分子的紫外光谱进行了系统研究，标定出键振动频率，推算出键力常数，判断出这些分子的基本结构。柳大纲与吴学周、朱振钧等完成了“丁二炔的紫外吸收带”“氰酸和某些异氰酸酯的吸收光谱和解离能”“乙氰分子的基频”“乙氰分子在近紫外区的新吸收带系”和“乙炔的近紫外吸收带”等 10 多项研究工作。这些论文分别发表在美国著名的《物理评论》《化学物理》和德国的《物理化学》杂志上，开创了我国多原子分子研究的新时代。这些领域是当时国际上研究的前沿。1946 年，柳大纲赴美深造时继续从事分子光谱研究。1948 年，他获得罗切斯特大学研究院博士学位，博士论文的题目是《环氧乙炔和六氟化硫在真空紫外区的吸收光谱——关于环丙炔、二甲基碳酸酯和乙炔丙酮的光谱研究》。他的导师说他的论文较以往研究有很大突破。

2. 我国最早的新荧光材料的研制者

20 世纪 50 年代初期，我国生产日光灯用的荧光粉依靠进口，因西方国家封锁，价格昂贵。当时南京灯泡厂正在试制锌铍硅酸盐荧光粉，但由于成本高、氧化铍毒性大而难以大批量生产。这时柳大纲接受了无毒卤磷酸钙系荧光材料的研制任务。他组织了攻关小组，系统考察了荧光光谱分布与掺杂锑、锰相关的规律，从原料提纯、荧光材料制备、化学分析和荧光光学性能测试等方面开展工作，从而定向合成所需的荧光材料，为南京灯泡厂试制出中国第一支使用无毒荧光材料的日光灯。1954 年，柳大纲将从国产原料制备无毒新型卤磷酸钙日光灯荧光材料的整套工艺以及分析控制、光学性能测定等方法的全部资料和技术移交给南京灯泡厂，后又在北京推广，为发展我国的日光灯工业做出了重要贡献。这是我国最早进行的新型荧光材料的系统研究。

三、开发盐湖资源　创建盐湖化学

1. 我国系统考察盐湖的第一位化学家

20 世纪 40 年代，柳大纲就曾从事制盐化学研究。1956 年 7 月，他积极响应李富春副总理在政务院提出的中国大西北有丰富的盐湖，需要调查研究的号召，亲自到青海茶卡盐湖和柯柯盐湖进行科学调查与研究，成为我国青藏高原盐湖考察的第一位化学家。

1957 年，中国科学院成立了综合考察委员会下属的中国盐湖科学调查队，任命柳大纲为队长。1957 年 9 月，他率领由水文地质、石油勘探、化学化工、轻工盐业等领域的科技人员组成的调查队，进入青海柴达木盆地，对大柴旦湖、察尔汗湖、茫崖湖和昆特依湖等，进行了我国历史上首次大规模的盐湖资源科学考察，发现了大柴旦湖底硼矿沉积、察尔汗湖有天然卤光石，证实了大柴旦湖有含钠、钾、硼、锂盐的大型硼矿床，察尔汗湖蕴藏着上亿吨氯化钾。从而推动了地质部门的勘探工作，促使青海省在 1958 年成立了化工局，并筹建察尔汗钾肥厂和大柴旦化工厂，为我国钾肥和硼砂生产做出了重要贡献。

2. 指导盐湖研究　取得重要成果

柳大纲指导科技人员对大柴旦湖进行了系统研究，通过长期现场观测和实验室研究，揭示了湖水组成随季节变化的规律，研究了不同季节的晒盐工艺，逐步分离出钠盐、镁盐和光卤石。他指导对浓卤硼酸盐化学进行了长期深入的基础性研究，为柴达木盆地同类盐湖的综合开发提供了重要依据，并在盐卤硼酸盐化学的研究上取得了重要突破。

柳大纲、高世扬等人关于“大柴旦盐湖调查，盐卤硼酸盐化学，从卤水中分离钾盐、提取钾盐的基础研究”成果，1989 年荣获中国科学院自然科学奖一等奖，1995 年荣获国家自然科学奖二等奖。

3. 创建盐湖化学学科和中国科学院青海盐湖所

1960 年 4 月，第一届全国盐湖矿学术会议在北戴河召开。柳大纲在“盐湖化学与任务”大会报告中总结出我国柴达木盆地盐湖资源具有多、大、富、全的特点，并首次提出“盐湖化学”作为无机化学的一个分支学科的倡议，同时指出分支学科应该包括地球化学、水化学、矿物学、物理化学、成盐元素化学、盐卤分析及化工设备等 10 个方面的研究内容。这一倡议在 1985 年科学出版社出版的《中国化学五十年》一书中得到确认，并有专文载入科学史册。

1965 年，中国科学院决定成立青海盐湖化学研究所，这是我国盐湖研究唯一的专业研究机构。根据多年在盐湖考察和科研方面的贡献，柳大纲被任命为青海盐湖化学研究所首任所长。他亲自为该所确立研究体制、制定发展战略，为长期科技研究奠定了基础、指明了方向。该所科技人员在柳大纲的建所思想指导下，出版了《柴达木盆地盐湖》及《卤水和盐的分析方法》等专著，培养了一批从事盐湖研究的人才。

4. 制订科技规划 发展盐湖事业

1956 年，国家制订《1956—1967 年科学技术发展远景规划》，这是我国第一个科技规划（简称《十二年规划》），柳大纲参加了规划的制订，是盐湖科学部分的主要起草人之一。

1962 年，国家制订《1963—1972 年科学技术发展规划》（简称《十年规划》），柳大纲是十年盐湖规划的负责人。他提出了在 3 个盐湖建设 3 个工厂的构想：①在察尔汗湖建立年产 10 万吨的钾肥厂；②在柯柯湖建立年产 250 万吨的食盐厂；③在大柴旦湖建设一个生产硼锂的示范车间。在研究内容上形成一整套研究方案。这一规划，为我国盐湖化学发展与钾、镁、硼、锂资源的开发利用奠定了基础，为我国钾肥生产做出了重要贡献。

为了建设大西北，加速开发盐湖钾盐资源，1984 年 1 月，年近八旬的柳大纲与袁见齐联名写了《关于大规模开采察尔汗钾盐资源急需进行的科研准备工作建议》，上书党中央、国务院。1985 年，国家计划委员会将“青海盐湖提钾及综合利用研究”列为“七五”国家重大科技攻关76个项目之一，使我国盐湖研究有了突破性进展。柳大纲直到卧病在床，仍念念不忘这项工作。

四、精心组织管理　发展化学事业

柳大纲不仅是一位著名的科学家，而且是一位优秀的科学工作组织者和管理者，还是新中国化学事业的拓荒者。1952年，他作为副所长协助吴学周等筹建中国科学院长春应用化学研究所，此后30多年中，他相继作为筹委会副主任、副所长、代所长、所长、名誉所长和学术委员会主任，在筹建和领导中国科学院化学研究所和发展我国的化学事业中，做出了杰出贡献。

1. 筹建中国科学院化学研究所

1953年10月3日，中国科学院第31次院务常务会议建议在北京成立化学研究所，并于12月成立了筹备委员会，聘请上海有机化学所所长庄长恭和天津南开大学副校长杨石先分别为正、副主任。但由于他们都不常在北京，筹建工作进展迟缓。1954年6月，柳大纲由长春中国科学院物理化学所调到北京任中国科学院学术秘书处学术秘书并兼任化学委员会秘书，1955年又增聘为筹备委员会副主任，使筹建工作迅速推进。1954年7月6日、8日及20日分别召开了物理化学、无机化学及分析化学和有机化学方面的座谈会，讨论了建所的方向和任务。7月23—24日，筹委会举行了第一次会议。9月新实验大楼开始建设，于1955年8月竣工，9月柳大纲领导部分行政人员开始办公。其间的主要工作是大楼检修、实验室设备安装、从兄弟所调拨图书、订购期刊、采购仪器药品、酝酿高分子组从上海迁往北京工作以及联系1956年大学毕业生分配和争取国外留学生来所工作等。

化学所首任所长由高等教育部副部长曾昭抡兼任，于1955年12月到所任职，副所长由柳大纲担任，主持日常工作。根据中国科学院五年计划草案要求，院常务会议决定化学研究所于1956年正式成立。

2. 组织指导科研工作　为国民经济和国防建设做贡献

1955年，化学所筹建时期就确立为综合性研究所。化学所正式成立后设无机化学、有机化学、分析化学、物理化学和高分子化学5个研究室，柳大纲任副所长兼无机化学研究室主任，亲自组织指导和参加盐湖化学、稀土化学和原子能化学的研究，为我国资源的开发利用和国防建设做了大量工作。

在稀土方面，根据国家关于开展利用白云鄂博矿稀土元素的需要，建所初期，柳大纲组织科研人员对白云鄂博矿的分析和稀土元素的分析、分离做了大量工作。1958年在国内较早地合成了一系列稀土化合物，“稀土化合物的制备及性质的研究”获1978年中国科学院重大成果奖。

在原子能方面，根据国防建设需要，柳大纲积极承担了原子能化学研究任务，亲自组建并领导了3个研究室，开展了核燃料前处理、后处理工艺中的化学问题以及稳定同位素硼-10、锂-6的分离研究。在核燃料前处理工艺中，柳大纲指导对氯化物动力学进行研究，提出了中间化合物的生成条件；在核燃料后处理工艺中，柳大纲指导流化床氟化物挥发法处理高浓缩铀铝合金元件的研究，使铀的回收率达到了99%，与当时美国阿贡实验室发表的结果相同。

3. 改革开放中领导化学所走上更快发展之路

“文化大革命”中，化学所的科研工作受到很大冲击，柳大纲也受到了不公正的待遇。“文化大革命”后，柳大纲没有任何抱怨，而是以充沛的精力投入到加速发展化学所的工作中去，力图把“文化大革命”耽误的时间夺回来。

1971年，柳大纲恢复工作后的第一件事就是抓化学所发展规划的制订工作。他为发展规划确定了3条原则：①化学所必须是多学科协同发展的综合性研究所，一些重大攻关项目需要多学科专业配合研究；②选择对我国化学事业和国民经济未来发展有重大影响的研究方向和项目，适当布局当前国际化学研究的前沿课题；③调动和充分发挥有利于化学所各方面的科技潜力，特别是多学科人才协同“作战”的综合实力。

这3条先进而又可行的原则，充分体现了柳大纲高瞻远瞩、统筹兼顾的战略思想。他在科研工作和科研组织管理工作中，站得高、看得远，既照顾基础和应用的辩证统一，又考虑化学多分支学科的相互关系和相互影响，更看重人才的重要作用，为化学所的全面快速发展奠定了坚实基础。

在柳大纲的规划思想指导下，化学所在物理化学、高分子化学、高分子物理、有机化学和分析化学等领域都得到蓬勃发展。

柳大纲在科研组织管理工作中，十分注意开拓新领域、发展新方向，既瞄准国际前沿领域，又注重国家建设需要，是理论联系实际的表率。

在基础理论方面，他力主保留热化学研究的基本力量，并积极组织向热化学、不可逆过程热力学和石油工业中的热化学等新的领域开展研究。柳大纲在科技工作中具有前瞻思想，善于洞察学科发展新动向，在他亲自组织和带领下，化学所在国内最早开展了电子能谱的研究，较早开展了分子反应动力学、动态学和结构化学等方面研究，并取得重要成果。“光电子能谱应用基础理论研究” 获1990年中国科学院自然科学奖三等奖。 “分子反应动力学”和“动态与稳态结构化学”研究工作分别获得中国科学院科技进步奖一等奖和国家自然科学奖二等奖，并已发展成为国家重点实验室。他还较早看到计算机在化学中的应用前景，亲自派人到国外学习计算机化学。

在确定学科方向时，柳大纲坚持独立创新，注重调查研究。他认为只要对国家发展有利就力求坚持。例如，当时有机化学研究在化学所力量比较薄弱，上面要求撤掉。柳大纲则认为化学所是个综合性研究所，高分子化学研究很有特色，而恰恰有机化学的研究对高分子化学研究领域是有力支持。他坚持在化学所保留和适当发展有机化学研究，并聘请加拿大籍陈德衡教授为化学所名誉教授，指导该所的有机化学研究，使该领域形成了自己的特色。又如，有机非银盐体系的研究，经过多年发展，做出过重要贡献，但曾有一段时间，该领域是否应在化学所发展下去产生较大分歧。柳大纲组织人员调查后认为，非银盐体系在化学所发展有很多有利条件，说服大家一定要坚持。结果使该领域在有机信息材料和有机光导产业化方面有了很大进展，并正在向深度、广度发展，将为国家做出更大贡献。

在应用研究方面，1975 年我国广大农村对腐殖酸的利用热情很高，王震副总理在给柳大纲一封亲笔信中，要求化学所从研究角度给予指导。柳大纲组织有关人员到各地进行实地考察并迅速组织科研队伍，亲自开创并建立了腐殖酸研究组，对腐殖酸的组成、结构、性质和功能开展了深入研究，取得了重要成果，在石油钻井泥浆处理、水泥固化和农业增产等方面，得到广泛应用。“腐殖酸氨化机理的研究”和“腐殖酸结构与综合利用研究”在 1977 年获中国科学院重大科技成果奖。

为了结合国民经济建设需要，化学所还重点研究聚丙烯大品种，使聚丙烯纤维和催化剂在我国实现了产业化，在细旦丝及降温母粒的研发中取得重大成果。“聚丙烯降温母粒”获 1986 年第 35 届比利时布鲁塞尔尤里卡世界发明博览会最高奖——麦斯塔副首相奖，“丙纶级聚丙烯树脂的研制、工业化生产和应用”获 1989 年国家科技进步奖一等奖。

4. 尊重人才　重视学术交流

柳大纲认为，要办好一个研究所，第一要素是人才，他始终以战略眼光重视人才、培养人才和引进人才，他有海纳百川的胸怀。化学化工界的黄鸣龙、杨石先、张青莲、卢嘉锡、唐有祺、徐光宪、唐敖庆、侯祥麟等都是著名科学家，化学所的重大项目论证和学术交流活动，柳大纲都亲自邀请他们参加，共商化学所的发展大计。在开创光电子能谱工作中，他邀请有专业特长的中国科技大学梅镇岳教授参与，使该工作有了突破性进展，处于国内领先地位。当蒋明谦教授的基础理论研究工作遇到困难时，柳大纲亲自过问，并亲自带着蒋明谦的论文请有关专家进行评议，还为他创造了宽松的研究环境，关心和支持他的工作，使他的“同系线性规律”研究成果在 1982 年获国家自然科学奖二等奖。

柳大纲非常重视青年人才的培养。从“文化大革命”后期开始，他就和钱人元副所长积极推荐和支持中青年科研人员出国深造，使化学所成为当时中国科学院出国人员比例最高的单位。这批出国人员回国后都成了科研骨干，有的当选为院士，有的还成为科技部和科学院的重要领导。柳大纲经常教导青年人要很好地做学问，他说：“学问”要在“学”和“问”上下功夫。所谓“学”，不仅要掌握好基础知识，并且要学会思考问题的方法；所谓“问”，不仅要请教别人，而且要问自己，善于提出问题、思考问题、解决问题。他的这些教导使青年人深受教益。柳大纲还最早从国外引进了赵玉芬、刘泽甫、梁曦云等一批优秀青年科学家，回国参加化学所的研究工作。赵玉芬后来成为当时我国最年轻的中国科学院院士。

5. 以战略眼光发展我国化学事业

柳大纲长期任中国科学院化学所所长，但他考虑问题绝不仅限于化学所，而是以宽广的胸怀和长远的眼光考虑我们国家整个化学事业的发展和布局。

1963 年，蒋锡夔等 11 位从事氟化学研究工作的人员从化学所调到上海有机化学所。1965 年，李广年、陈荣耀率领高压化学和乙炔化学两个组的人员并入成都有机化学所，开创了该所的重要研究方向；同年，化学所的盐湖研究室分出与有关单位合并，成立了中国科学院青海盐湖研究所。1975 年，感光化学研究部分分出，单独成立了中国科学院感光化学研究所，承担了返回式卫星应用胶片的研制等重要任务；同年，在以无机化学和无机分析为主的化学所二部的基础上成立了中国科学院环境化学研究所，为我国环境科学的发展做出了重要贡献。对一次次分离出去的科研骨干和多年精心培养的研究队伍，他总是顾全大局，以国家利益为重。由此可见，柳大纲作为优秀的科学组织管理者，具有敏锐的远见卓识和可贵的大局观念。

五、热爱学术团体　关心学术刊物

1. 为学会工作的恢复和发展做贡献

中国化学会于 1932 年成立，曾于 1959 年与中国化工学会合并成为中国化学化工学会，侯德榜任理事长。1963 年两会分开，中国化学会理事长为杨石先，学会办公室设在中国科学院化学研究所，日常工作由常务理事柳大纲主持，负责筹备了 1963 年 7 月 30 日至 8 月 6 日中国化学会在青岛举行的第 19 届年会及第三次全国会员代表大会。柳大纲经常带着学会办公室的同志到天津向杨石先汇报工作，商谈解决问题。“文化大革命”开始后，学会停止活动。“文化大革命”后期，柳大纲多方奔走，并积极与杨石先联系，争取早日恢复学会工作。

1977 年 10 月 12 日，中国化学会在北京召开理事扩大座谈会，一致希望尽快恢复学会各项活动，并决定 1978 年在上海召开一次年会。杨石先理事长委托柳大纲进行常务工作，把学会工作机构组建起来。会后，柳大纲从化学所抽调干部，创造条件，建立了学会办公室，加速做好会议各项筹备工作。

1978 年 9 月 11—21 日，中国化学会在上海举行第 20 届年会，同时召开理事扩大会，修改会章，增补理事，柳大纲增补为副理事长。这是“文化大革命”后中国化学会召开的第一次年会，也是中华人民共和国成立以来我国化学界规模最大的一次盛会，共有 280 名代表和 200 位列席代表参加，会议共收到论文 540 多篇，参加各类学术报告的听众有 1000 多人，在筹备这次会议中柳大纲领导学会办公室同志做了大量工作。

1981 年 1 月 24 日，中国化学会召开北京地区常务理事会，讨论 1982 年学会成立 50 周年纪念活动及国际学术交流事项。1981 年 6 月 10 日在北京召开常务理事会，着重讨论学会成立 50 周年庆祝活动和召开全国会员代表大会的有关筹备事宜。柳大纲副理事长和鲍奕珊秘书长具体领导各项筹备工作，对学术报告的确定、会员代表的产生、理事会的改选以及外宾的邀请和会议日程的确定等事宜，做了卓有成效的安排，并于 1982 年 4 月 27—28 日向第 6 次常务理事会做了汇报，经讨论得到通过。

1982 年 9 月 20—27 日，“庆祝中国化学会成立 50 周年学术报告会”和“中国化学会第四次全国会员代表大会”在南京隆重举行，共有 891 位代表出席大会。国际纯粹与应用化学联合会 (IUPAC)、亚洲化学会联合会 (FACS)、美国化学会、日本化学会和中国香港化学会等组织的代表以及国外化学家 26 人应邀参加大会，有 12 位中外著名科学家做了大会学术报告，会议收到论文共 207 篇。

1982 年 9 月 24 日，柳大纲副理事长代表中国化学会第 20 届理事会向第四次会员代表大会做了工作报告，从组织建设、学术交流、编辑出版、化学教育与普及和经费收支 5 个方面，汇报了学会从 1978 年恢复活动以来的工作情况，并号召“我们化学界应该紧密团结，通过我们自己的组织——中国化学会，推动化学事业的发展，为全面开创社会主义现代化建设的新局面做出更大贡献”。

中国化学会成立 50 周年学术报告会，是学会在改革开放后首次组织的由中外化学家欢聚一堂的学术交流盛会。第四次会员代表大会也是代表人数最多、范围最广的一次盛会。这两个大会开得圆满成功，得到中外人士和有关部门领导的赞扬。柳大纲为此付出了大量心血。

此外，为庆祝中国化学会成立 50 周年，柳大纲还与袁翰青共同主编了《中国化学会会史》(1982)，并作为编委会副主任委员组织和参与编写了《中国化学会五十年（1932—1982）》（科学出版社，1985 年），为中国化学会和中国近代化学的发展留下了珍贵史料。

柳大纲对学会工作有着深厚的感情和强烈的责任心。他经常告诫学会办公室的同志要发扬老一辈化学家“艰苦创业，以会为家”的精神，一定要热爱学会工作。他说：“化学会的工作如果做得好，要比化学所的工作作用大得多。”

柳大纲认识到应用科学在国民经济建设中占有重要地位，在他的关心和倡议下，中国化学会 1985 年成立了应用化学专业委员会，柳大纲任首届专业委员会主任，并于 1985 年 5 月 8 日在北京主持召开了全国第一届应用化学学术报告会。为了表彰优秀青年化学家，在柳大纲提议下，中国化学会于 1982 年设立了青年化学奖，柳大纲任首届评审委员会主任。这两个组织在柳大纲的领导下做了大量工作，在促进应用化学青年科学家成长方面发挥了重要作用。

2. 为办好《化学通报》倾注大量心血

《化学通报》的前身为《化学》，于 1934 年创刊，1952 年改名为《化学通报》，1966 年“文化大革命”开始后停刊。“文化大革命”后期，时任化学所代所长的柳大纲在繁忙的工作中，仍然关心学术刊物的复刊工作。1972 年，他亲自给中国科学院写了《化学通报》复刊报告，提出组织复刊筹备委员会的方案，同时抽调人员组成编辑部，开始调研、组稿工作。柳大纲任复刊筹备委员会主任。他亲自带着编辑部的同志到北京大学化学系，与教改组负责人花文廷共商复刊事宜，因为停刊前的《化学通报》常务编委主要由中国科学院化学所和北京大学化学系人员组成，复刊后仍要继续合作。经过近一年的筹备工作，《化学通报》于 1973 年 8 月复刊，成为中国化学会第一个复刊的刊物，也是我国“文化大革命”后最早复刊的学术刊物之一。

《化学通报》复刊后，柳大纲连续任主编 14 年，亲自把握刊物方向、处理重大问题。根据周恩来总理关于重视自然科学基础理论研究的指示，柳大纲要求编辑部组织一些基础理论、基本知识方面的文章，出刊后很受读者欢迎。然而，1974 年“四人帮”掀起“批林批孔”和名为批判“热寂说”实为批判热力学第二定律的邪风，矛头指向周恩来总理。1974 年 11 月，姚文元指示《光明日报》总编辑组织批判《化学通报》第 5 期上《热力学第二定律从物理说法导出数学说法》和《熵与混乱度》两篇文章，并说“青年人对此会感兴趣的”。此时编辑部先后收到一位青年作者批判“热寂说”的来稿和一位中学生批判北京大学物理化学家黄子卿教授写的文章。面对部分青年人的挑战及其后台“四人帮”的支持，编辑部感到压力很大，对中学生的来信要不要发表、青年作者的来稿要不要刊登一时拿不定主意。在十分复杂的形势下，柳大纲先后召开了正、副主编会议和常务编委扩大会，进行反复研究。他说：“我们处理问题有两点：一是革命性，二是科学性。对新生事物要支持，但一定要注意科学性，对热力学第二定律的各种学派、多种说法以及与‘热寂说’的区别要好好研究一下，把学习和争鸣开展起来。”会议最后决定贯彻“双百”方针，开辟“理论问题研究和讨论”专栏，发表中学生的来信，刊登青年作者的来稿，同时组织发表不同意见的讨论文章，实际上是对“四人帮”进行了针锋相对的斗争，而且收到了良好的效果。这在当时的环境下是难能可贵的，也充分体现了柳大纲为首的《化学通报》编委会领导班子的勇气和胆识，以及在复杂情况下处理问题的能力。

柳大纲认为，办好一个刊物，编委会和编辑部是关键，因此非常注重发挥编委会作用，关心编辑部工作。1978 年 10 月在青岛召开《化学通报》第一次全国编委会时，柳大纲主持会议并在开幕式上致辞，他说：“《化学通报》是综合性化学期刊，对提高全民族的文化水平有很大责任。刊物是发现人才的重要媒体，编委要做伯乐。编委对《化学通报》事业很重视，对刊物很有感情，为办好刊物献计献策，做了不少工作。我要对全体编委表示衷心感谢！”1981 年 3 月，在无锡召开《化学通报》第三次全国编委会时，他在闭幕式上说：“《化学通报》编委会、编辑部是个很好的集体。无论什么事业，必须有一批同心同德的人在这里工作。编辑部经常与编委联系，注意收集读者反映，不断改进工作，这是个宝贵经验，是个群众路线问题，这个传统应该很好地发扬下去。”

1984 年是《化学通报》创刊 50 周年，柳大纲提出成立筹备小组负责筹备召开纪念大会和出版纪念专刊。在组织纪念专刊和纪念文章时，他指出：“要把 50 年来不同时期的特点做个分析，根据整个国家形势变化做了哪些工作要总结一下；还应做一些长久性的纪念，把历届主编简介和照片刊登一下，把编委会和编辑部的名单也加上。”可见柳大纲主编把工作抓得很具体，考虑得很周到。

柳大纲把刊物当成重要事业看待，为《化学通报》的复刊和发展倾注了大量心血，使编委会、编辑部成为一个民主、和谐、团结、奋进的战斗集体，使刊物具有“新基通普”特色，是在国内外有较大影响的化学学术期刊，并于 1992 年获优秀科技期刊奖一等奖、中国科学院优秀期刊奖一等奖和中国科协优秀学术期刊奖一等奖。

六、一生常耻为身谋　高风亮节存千秋

1. 高尚的境界　宽阔的胸怀

柳大纲一生光明磊落、无私奉献，具有高尚的思想境界和宽阔的博大胸怀。他把宋代爱国诗人陆游的“一生常耻为身谋”作为自己的座右铭，并以此教育家人，说人生最可耻的事就是为自己谋利益。

20 世纪 40 年代末，为了迎接中华人民共和国的建设，他放弃在美国优厚的生活待遇和良好的工作条件而回国。20 世纪 50 年代初，应发展老工业基地科学技术的需要，他带着全家从条件优越的上海迁到气候严寒的长春。1955 年柳大纲在中国科学院学术秘书处工作时，参与了我国第一批学部委员的评选工作。当他得知自己被确定为学部委员候选人时，曾两次找到有关负责人提出自己不够学部委员资格，恳请能从名单中去掉。这种不图名利、谦和礼让的高尚人格感人肺腑。20 世纪 50 年代中期至 60 年代中期，为了开发祖国的盐湖事业，他曾 6 次离开北京温暖的家庭，到条件艰苦的西北戈壁滩，每次都去好几个月；在野外调查中总是与队员们同甘苦、共患难，从不搞特殊，对荣誉、名利从不计较，并不愿意在其下属同志发表的论文上署名。一次去盐湖第一线，柳大纲因工作劳累染上了肝炎。20 世纪 70 年代前后，为了发展整个国家的化学事业，他顾全大局，先后 5 次将化学所的骨干力量和仪器设备分出去。当有人对此想不通时，他就说："我们考虑问题要从大局出发，孩子长大了如果在父母身边就很难成才，孩子分出去，如果不给他较好的条件，也一定站立不起来。"20 世纪 80 年代，他是中国科学院第一个要求退居二线的所长，也是中国化学会第一个提出退出学术刊物主编的人。

2. 严于律己　宽以待人

1951 年，在"三反五反"运动中，柳大纲的五弟柳大维与夫人一同自杀身亡，后来虽然平反昭雪，但留下 4 个不足 10 岁的孩子，最小的还不满周岁，情景十分凄惨。柳大纲得知此事后，未发半点牢骚和怨言。他和七弟柳大绰共同抚养 4 个遗孤，其中有 3 个是柳大纲抚养长大的。

"文化大革命"后，全国掀起学习外语的热潮，他自己出钱为科技处人员购买电唱机，鼓励大家学习外语。他还每月从工资中拿出钱购买书刊，看过后分送科技处的同志学习，并要求看后与他讨论。

柳大纲身为所长和中国化学会副理事长，有很多机会可以出国访问和参加学术活动，但他都把这些机会让给中青年同志，使他们到外面去见世面、加快成长，说这样对国家科学事业更有好处。

柳大纲家中摆设朴实无华，平日饮食粗茶淡饭。他两袖清风，一尘不染，公私分明，廉洁自守。他对公家的东西非常爱护。"文化大革命"中被隔离审查，一位亲戚去插队时，穿走了他去青海穿的老羊皮工作服和大头皮鞋。他从"牛棚"回家后，就让家人另买衣服把老羊皮工作服和大头皮鞋换回来弄干净收好。他说："这是我在青海的工作服和鞋，是公家的不能随便穿，只能去盐湖工作时穿。"后来他不去青海了，便交回给公家。

柳大纲和夫人互相关怀、相敬如宾，他们一生勤俭持家、乐于助人。自己家一件像样的家具都没有，但同事有困难和年轻人结婚或生孩子时，他们总是慷慨解囊，热情帮助。有一次，化学所一位同志生病，他和夫人带着礼品去看望，令这位同志及其家人都非常感动。柳大纲不吸烟、不喝酒、不讲吃、不讲穿，他除了工作就是看书学习，他的桌面上总是收拾得整整齐齐。

柳大纲平易近人、平等待人，以人之长补己之短，扬人之长、容人之短，在非原则问题上能够忍让，他能团结各方面人一道工作，有事善于同大家商量。有些同志遇到问题，愿意找他谈心，他非常理解人、体谅人，即使问题一时得不到解决，也会从他那里得到安慰和力量。

3. 永久的纪念

柳大纲是一位杰出的科学家和科学组织管理专家，也是一位教育家和社会活动家。他曾在东南大学、中国公学大学部和中国科技大学（北京）任教，并在指导科研工作中培养了大批优秀科技人才。他是第三届、第五届、第六届全国人大代表，第二届中国科协委员，九三学社社员，中国化学会第二十届理事会副理事长和第二十一、二十二届理事，《中国大百科全书·化学卷》编委会主任之一和《化学通报》主编。他做了大量的社会工作，受到了各界人士的尊重和敬仰。1981 年，他被中国科学院评为中国共产党模范党员。

1983 年 2 月 5 日，在柳大纲 80 寿辰和从事化学工作 55 周年之际，中国化学会和中国科学院化学所联合为他举行了隆重的祝贺活动，卢嘉锡理事长致辞，钱人元所长讲话，回顾了他的丰功伟绩，赞颂了他的高风亮节。

1991 年 9 月 14 日，柳大纲因患脑血栓和肺炎与世长辞，享年 87 岁。时任中国科学院院长周光召任治丧委员会主任，国内外 180 多个单位和个人发来唁电、唁函，对这位成就卓著、德高望重的化学家表示沉痛哀悼。中国科学院上海有机化学所汪猷院士和化学研究所胡亚东所长书写挽联，概括了柳大纲的一生。

汪猷的挽联是：

身在红都　殚精竭虑建成化学所　宏图已遂

心悬青海　献计输才开发盐湖源　遗愿犹存

胡亚东写的挽联是：

为科学　呕心沥血　建化学　创盐湖　丰功伟绩　芳名永垂

倡节义　训勉后学　善创新　推平等　众赞群拥　高风亮节

1994 年，柳大纲逝世 3 周年之际，他的家乡江苏仪征市市委和文史资料研究委员会编辑了《柳大纲纪念文集》，作为《仪征文史资料》（第十一集）出版，以表达故乡人民对这位著名科学家的崇敬和悼念之情。

1996 年，柳大纲逝世 5 周年之际，他生前所在的中国科学院化学研究所、青海盐湖研究所以及家属、学生整理了他在盐湖资源、无机材料方面的论著以及部分未公开发表过的研究成果，汇集为《柳大纲科学论著选集》，于 1997 年由科学出版社出版，李政道题写书名，卢嘉锡作序。

1958 年，中国科技大学成立时，柳大纲与郭永怀共同发起成立化学物理系，郭永怀任系主任、柳大纲任副主任。建系初期，他们亲自制订培养目标、办学方向和课程设置。柳大纲每年开学时都到学校与师生见面，并派中国科学院化学所的人到学校兼课，还经常到系里帮助解决教学中的问题，尤其对高速化学反应动力学专业的教学倾注了大量心血。为了缅怀两位创始人为建系所做的功绩，激励学生传承前辈的伟业，中国科技大学化学物理系于 1992 年从国内外校友中筹集经费设立了“郭永怀、柳大纲奖学金”以奖励该系品学兼优的学生。

柳大纲和夫人去世后，其家属遵照他们的遗嘱，将原籍祖宅出售后分得的款项及部分积蓄捐出，加上中国科学院化学所和中国科学院青海盐湖化学研究所等的部分资助，于 1999 年共同设立了“柳大纲优秀青年科技奖”，用于奖励国内特别是西部边远地区在无机化学、物理化学、应用化学和盐湖资源研究与开发方面做出突出贡献的青年工作者。之后，他的学生徐晓白院士又将所获何梁何利奖的部分奖金捐入。该奖每两年评选一次，对鼓励青年为建设西北做贡献具有较好的推动作用。

2004 年柳大纲诞辰 100 周年。同年 5 月 21 日，中国科学院化学研究所、中国化学会、中国科学院青海盐湖研究所、仪征市人民政府、九三学社和柳大纲优秀青年科技奖理事会 6 家单位，联合在北京举行隆重纪念活动，缅怀他爱党、爱国、乐于奉献的高尚情操和求真务实、不断创新的科学精神。同时出版了文集、画册，收录了照片、题词和纪念文章，记述了柳大纲为中国科技事业鞠躬尽瘁的光辉一生。他的卓越贡献，永载史册，他的人格魅力，风范长存！

本文原载于2012年科学出版社《20世纪中国知名科学家学术成就概览》（化学卷·第二分册），现做了适当修改。

作者简介　王治浩（1927—2014），中国化学会《化学通报》编辑部原主任。

柳大纲科技生涯

胡克源　胡亚东　徐晓白

柳大纲字纪如，1904 年 2 月 8 日生于江苏仪征，1991 年 9 月 14 日卒于北京。物理化学家、无机化学家。

柳大纲幼年丧母，其父柳承元系前清秀才，执教小学，严家教。柳大纲在其姐柳大绥照顾下自幼聪颖勤奋、沉静善思，学习成绩优异。1920 年毕业于位于扬州的江苏省立第八中学。1925 年毕业于东南大学化学系（前身为国立南京高等师范数理化学部）获学士学位，并被该校留任物理系助教。后任中国公学大学部教员和中国科学社《科学》杂志编辑部编译员。1927 年与小学教师樊君珊结婚。

1929 年，柳大纲受聘到中央研究院化学研究所工作，直至 1949 年上海解放。他先后任助理研究员、副研究员、研究员。1946 年曾由中央研究院选派赴美进修，1948 年获美国罗切斯特大学研究院博士学位，1949 年初携带大批图书资料回国。从 1950 年起，柳大纲在新建的中国科学院物理化学研究所任研究员，该所于 1952 年迁到长春后，柳大纲任副所长。1954 年调回北京，任中国科学院学术秘书处学术秘书至 1956 年。1956 年中国科学院化学研究所成立，他先后任该所研究员、副所长、代所长、所长，从 1981 年起任名誉所长。1955 年，当选为中国科学院学部委员。

1957—1963 年，他曾兼任中国科学院综合考察委员会中国盐湖调查队队长。1958 年，兼任中国科学技术大学化学物理系主任。1965—1991 年，先后兼任中国科学院青海盐湖化学研究所所长、名誉所长。1974—1982 年，兼任国务院环境保护领导小组顾问。

柳大纲热心社会工作，曾任中国化学会第二十届副理事长、中国科学技术协会第二届委员。1984 年任中国化学会应用化学委员会主任委员，1985 年后任名誉主任委员。1983—1990 年任中国化学会青年化学奖评选委员会主任委员。1973—1986 年担任《化学通报》主编。1985 年起担任《无机化学》（后改名为《无机化学学报》）顾问。是《中国大百科全书》化学卷主任编委之一。

柳大纲历任第三届、第五届、第六届全国人大代表。1951 年参加九三学社。1959 年 9 月加入中国共产党。

柳大纲早期主要从事基础理论研究。中华人民共和国成立后，他以满腔热情投入国民经济建设所需课题的研究，长期致力于科研组织和学术领导工作。他一贯重视解决重大应用问题，但又不忽视必要的基础研究。他认为前者是“根”，科学发展必须生根于社会需要。后者是“本”，即各个学科都有其自身规律。不去研究新现象、寻找新方法、揭示新规律、形成新概念，科学则得不到发展，技术也不会有新的突破。他在学术方面的主要工作如下。

一、分子光谱研究

20 世纪 30 年代，柳大纲与其挚友——物理化学家吴学周合作，研究了一系列直线形分子：HCN，CNCl，CNBr，CNI，双氰，乙炔，以及复杂分子异氰酸和异氰酯的紫外光谱，标定出相应的键振动频率，并推算出键力常数。在求得 XCN，HNCO，RNCO 等分子受光激发的分解能和断键位置后，判断出这些分子的基本结构。他们通过改进实验技术，所摄取的双氰分子紫外吸收光谱展现得十分详尽。在 3020—2000 埃获得 900 余条谱带。从 3022—2500 埃两个主要谱带级和两个频差率，判定双氰分子处于两种分子结构的共振状态。受激后，其中一种结构转占优势，导致双氰分子的 C≡N 键变弱，C—C 键增强。这些有重要意义的结果，是在技术设备差的条件下取得的，当时国内此类研究还处于萌芽阶段。

柳大纲是我国分子光谱研究的开创者之一，他不仅理论基础深厚，实验技巧也十分精湛。他还研究了 CuH 水下发射光谱和复杂分子环氧乙烷、六氟化硫的真空紫外吸收光谱。所摄取的环氧乙烷在可见至 600 埃的高分辨光谱中，1713 埃以上无连续吸收。还发现两组里德伯谱系（Rydberg Series）分别开始于 1435 埃和 1382 埃，并都收敛于电离势约 10.81 电子伏。他们还发现两组开始于 1713.4 埃和 1572.4 埃的非里德伯谱系。分析所得光谱诸特征参数后，得出如下结论：里德伯跃迁是由一个键合分子轨道受激所致，这个轨道与导致乙烯以及相关化合物的里德伯谱系的分子轨道十分相似。在六氟化硫的研究中，他们定性地分析了此化合物的解离，并建立了它的电离势值。

二、无机材料化学

20 世纪 30 年代初期，柳大纲曾对我国著名的古代和现代陶瓷，以及玻璃原料作过较系统的化学研究，为弘扬中华文明以及开展陶瓷研究与优质化学玻璃制造，提供了有价值的依据。20 世纪 50 年代初期，由于西方国家的封锁，我国必须迅速建立自己的发光材料科学和工业。柳大纲带领一批中青年化学家，试制了以硫化锌、镉为基底的 X 射线荧光料。研究了当时苏联也刚起步的新型发光材料——卤磷酸钙日光灯荧光料。他们系统地考察了荧光料发光性质对其组成和制备条件的依赖关系，揭示出荧光光谱分布与掺杂锑、锰相关的规律，从而实现了按荧光色泽和色较温度要求，定向合成所需的荧光料，并在南京灯泡厂成功试制荧光灯管。1953 年底，他们将全套技术资料（包括制备、原料提纯、光学性能测试和化学分析控制）移交南京灯泡厂，为发展我国日光灯工业做出了重要贡献。这是我国最早进行的新型荧光材料的系统研究，后因柳大纲及其研究组接受了国家下达的土壤矽化加固任务而使此项研究工作中止。土壤矽化加固是一项波兰技术，由柳大纲负责组织建工部、中国水利科学院、中国科学院以及生产部门进行了大协作。该技术在唐山林西煤矿风井流沙层加固和佳木斯糖厂厂房地基加固工程上得到了应用，并为有关部门培养了技术力量。

20 世纪 60 年代初，柳大纲指导一批中青年化学家研究了核燃料前处理和后处理中的一些化学问题，深入考察了铀—氟体系中的化学反应过程、中间物形成条件以及有关的动力学、热化学与结构鉴定，为生产过程中消除烧结现象提供了科学依据。他又指导了流化床氟化物挥发法处理浓缩铀铝合金元件的研究，使铀的回收率达到 99.5%，这与当时美国阿贡实验室发表的结果相同。1960 年前后，他还领导了稀土化合物制备及性质的研究，为促进我国稀土资源的利用做出了贡献。这 3 项研究工作："四氟化铀氟化动力学""流化床氟化物挥发法处理铀铝合金元件""稀土化合物的制备及性质的研究"，均获 1978 年中国科学院重大成果奖。

此外，他还指导了与湿法后处理有关的一些铀酰水盐体系中化学反应的研究。

三、盐湖资源与盐湖化学

柳大纲曾从事过制盐化学研究。他深知我国缺乏可溶性钾矿资源，但国内很少有人对西藏及西北地区的大盐湖进行研究。为探寻钾盐资源，他于 20 世纪 50 年代初就搜集我国盐湖与地下卤水资料，并与有关机构和人员建立了联系，安排了实验室工作。1953—1956 年，他先后派人对山西省运城盐池、青海省茶卡以及柯柯盐湖作了探索性考察。在我国第一个五年计划的中期，他组织和领导了由中国科学院化学研究所以及地质、化工、高校、轻工、盐业等部门的科技人员组建的中国科学院中国盐湖科学调查队，开展了对青海柴达木盆地盐湖资源的调查。他曾先后 6 次进入柴达木盆地，指导一批青年化学家开展盐湖化学的研究，并制订出各时期盐湖研究的全局规划，创建了中国科学院青海盐湖化学研究所。

1. 柴达木盆地盐湖物理化学调查

1957 年，柳大纲率盐湖科学调查队进入柴达木，开展了我国历史上首次大规模的盐湖资源科学调查。在这次考察中，柳大纲以其从事理论研究的执着精神，发现了察尔汗湖的天然光卤石，从而判定该湖内大量晶间卤水已处于钾盐结晶阶段。他还发现大柴旦湖底硼矿沉积，这为在盐湖地区寻找硼矿探明了方向。他的这两项重大发现，加速和推动了地质部门在柴达木盆地大规模进行钾盐和硼矿的勘探工作，终于证实了察尔汗湖群蕴藏着上亿吨氯化钾，是至今为止我国最大的可溶性钾盐矿床，也证实了大柴旦湖区确是一个富含钠、钾、硼、锂盐的大型硼矿床。他们在盐湖考察中，还陆续发现了其他一些巨大的锂盐资源，揭示出柴达木盐湖按水化学特征分类的分布规律和演化过程。提出了按钾、镁、硼、锂盐的分离提取价值而制订的盐湖分类。

2. 典型盐湖研究

柳大纲认为，开发盐湖资源必须充分利用当地天然蒸发量大大超过降水量的有利条件，结合盐湖特征和生产目的，为生产提供稳定而价廉的原料，并尽可能保护资源和实现综合利用。

他指导研究了察尔汗湖群。由于钾盐的主要储量是在盐湖晶间卤水和达布逊湖水中，开发该湖的主要任务是如何从卤水中大量获得制钾盐的原料——光卤石。为此，他们研究了盐田建造和各种卤水在不同条件下的天然蒸发结晶过程，制订了盐田日晒制取光卤石工艺，为获取光卤石原料确定了基本技术。

他指导研究的另一个典型盐湖是大柴旦盐湖。该湖卤水组成复杂，钾盐、硼酸盐、锂盐含量甚丰，是研究综合利用的典型硫酸盐型湖。他们对此湖作了长期的现场观测和实验室研究，揭示了湖水组成随季节变化的规律，研究了不同季节湖水的天然蒸发结晶规律和盐田日晒工艺，逐步分离出大量钠盐、镁盐、光卤石，获得了提取硼酸与锂盐的高浓度原料卤水（硼酸、锂盐全部富集于母卤中），还进一步研究和确定了直接提取硼酸和锂盐的工艺，并深入研究了浓卤硼酸盐化学。此项已坚持了 30 余年的研究，是我国盐湖资源开发与盐湖化学研究的典范，大量的基础研究为柴达木盆地同类盐湖的综合开发提供了重要依据。他们研究制订的整套盐田日晒分离各种盐类和从浓卤提取硼酸及锂盐的工艺，比国外同类方案的提出早 5—25 年，并且部分工艺方法已得到实际应用。在盐卤硼酸盐化学研究上他们也取得了重要突破：首先提出了硼酸离子以两种或两种以上的不同聚合态存在于饱和氯化镁卤水中，而且它们因条件变化而互变的新概念；发现浓卤经稀释可加速硼酸镁盐的结晶析出，并在常温常压下获得多种不同的硼酸镁盐矿物；又进一步建立了研究难溶硼酸盐非热力平衡相关系的新方法——结晶动力学法，从而使研究盐湖化学大难题之一的盐卤硼酸盐化学成为可能。这些突破，进一步支持了所提出的青藏高原盐湖硼酸盐矿成矿新理论——稀释成矿理论。鉴于上述这些在国际上领先的成就，以及发现大柴旦盐湖综合钠、钾、硼、锂矿床本身这一重大成果，1989 年柳大纲、高世扬等人获中国科学院自然科学奖一等奖，获奖项目是“大柴旦盐湖调查，盐卤硼酸盐化学，从卤水中分离钾盐、提取锂盐的基础研究”。该项目 1995 年又获国家自然科学奖二等奖。

3. 锂盐提取及相应水盐体系相平衡研究

为从各种卤水中直接提取锂盐，柳大纲还指导研究了铝酸钠法直接提锂，并进行了铝酸钠、氯化锂、氯化镁水盐体系中化学反应过程的研究，于 20 世纪 60 年代提出了我国第一个直接提取锂盐的工艺流程。此外，他还指导研究了氯化氢、氯化锂、氯化镁水盐体系中固、液、气诸相平衡关系。此工作为用盐析法分离氯化镁，高度富集氯化锂，进而制取氯化锂的工艺奠定了理论基础。

4. 建立盐湖化学分支学科，制订盐湖科研规划，创建青海盐湖研究所

柳大纲是 1956 年我国第一个十二年科学技术发展远景规划中有关盐湖科学部分的主要起草人之一。

盐湖资源的开发与研究涉及多种专业与学科。1960 年，他倡议在无机化学中建立盐湖化学分支学科，指出其重要性类似海洋化学。与此同时，他还提出该分支学科所涉及的盐湖地球化学、水化学、矿物学、物理化学、成盐元素化学、化学工艺学、同位素化学、稀有元素化学、盐卤分析化学以及工程设备 10 个方面的任务与研究内容。柳大纲还提出了发展我国盐湖化学的规划，其中包括：基础水盐体系中相关系的研究；利用天然能源分离大量盐类的研究；发展提取微量稀散元素硼、锂、溴、碘、铷、铯、钍、铀及重水的新技术；兼顾青海、西藏、新疆等地区的盐湖调查与研究；建立现场实验基地等。

1963 年，国家科委成立盐湖专业组，制订盐湖科学十年规划。柳大纲提出分别在 3 个盐湖建立 3 个工厂的构想：在察尔汗建一个年产 10 万吨钾肥的工厂；在柯柯湖建立年产 250 万吨食盐的工厂；在大柴旦湖建立生产硼盐、锂盐的示范车间。

围绕这一构想，他还提出一整套的研究工作方案。为实现此规划，国家科委责成地质部、化工部和中国科学院分别成立 3 个研究所。后由化工部与中国科学院成立的研究所合并为中国科学院青海盐湖研究所，柳大纲任所长。该所已成为我国盐湖科研的主要机构。他们遵循柳大纲的建所指导思想与规划，在青藏盐湖调查、盐湖水化学、盐类资源综合利用、稀散元素分离提取、水盐体系相平衡（特别是介稳平衡）、浓盐溶液化学和盐卤分析化学等方面完成了大量研究工作，取得了丰硕成果，为我国盐湖资源开发利用奠定了坚实基础，也为进行大规模钾肥生产做出了重要贡献。

柳大纲后半生情系我国盐湖与钾肥工业，直至病重卧床之际还关心盐湖“七五”攻关任务的进展。今天，青海省察尔汗建起了颇具规模的现代化钾肥厂，大柴旦湖也建成了中试车间，这里面都倾注了柳大纲的心血。他几十年的心愿和梦想，逐一得到实现。

四、领导中国科学院化学研究所30年

在柳大纲领导下，中国科学院化学研究所从筹建、成长、壮大，直至成为一个具有高水平和强大科研队伍的综合性化学研究所的 30 年中，先后孕育出中国科学院成都有机化学研究所、中国科学院青海盐湖研究所、中国科学院感光化学研究所和中国科学院环境化学研究所等多学科的化学研究机构。多年来，柳大纲在规划研究领域、开拓方向、组建研究室组，以及延聘人才等方面，付出了后半生的精力，使中国科学院化学研究所在物理化学、分析化学、有机化学、无机化学、高分子化学、高分子物理化学等各个研究领域都得到蓬勃发展。

柳大纲的办所指导思想是应用与理论并重，重视开拓新领域，重视学科之间的渗透与协作，注意国际前沿研究动向，注意研究所内各学科的均衡发展，积极引导并创造条件，使科研人员的科研积极性得到充分发挥。

改革开放前，科研工作经常受到偏激思潮的冲击，尤以基础理论研究工作受到的冲击为甚。“文化大革命”中，化学所物理化学方面的研究工作几乎停顿。1971 年柳大纲恢复工作后，他极力说明物理化学研究工作的重要性，力主保存热化学研究的基本力量，终于使这一学科领域的研究工作得以恢复。他积极组织热化学研究向新的领域（如不可逆过程热力学）扩展，并建议结合生物学问题、石油工业中的问题开展研究。在他的组织、扶持下，不仅热化学、反应动力学与结构化学的研究得到恢复，而且还开展了量子化学方面的工作。

柳大纲十分关心物理化学研究的布局。1971 年，他筹划在中国科学院化学研究所开展电子能谱的研究工作，亲自组织文献调研与方案论证，并邀请中国科技大学教授梅镇岳和沈阳科学仪器厂参加这项工作。这是一项在我国最早开展这一领域研究的工作，至今已形成一支有高学术水平的科研力量。十几年来，该课题组的同志们在柳大纲领导下，开展了光电子能谱应用的基础理论研究，特别是在生物大分子和络合物结构的 ESCA 研究、材料表面和深度的 ESCA 分析，以及光电子能谱学的基础和实验方法研究等几个领域，均取得突出进展，处于国内领先地位，其中一些新发现和新见解亦属国际水平。有关这方面的研究工作已出版专著两部，在国内外一级刊物上发表论文近百篇。其中，“有关生物大分子方面的光电子能谱研究”获 1981 年卫生部二等奖；“光电子能谱应用基础理论研究”获 1990 年中国科学院自然科学奖三等奖。

在柳大纲积极支持下，中国科学院化学研究所于 20 世纪 70 年代末开创性地开展了分子反应动力学与动态学的研究，现在已发展成分子反应动力学国家重点实验室。

在应用科学方面，柳大纲开创并建立了腐殖酸研究组。这个研究组在柳大纲的关怀和指导下，系统地开展了腐殖酸的组成、结构、性质与功能的深入研究。在用色谱法分离腐殖酸这类结构十分复杂的物质，以及对复杂的羟基、羧基进行结构分析方面，所取得的成果在国内是唯一的，并发表论文多篇，在国际会议上也多次获得好评。将腐殖酸应用于石油钻进泥浆处理、水泥固化促进剂、植物生长调节剂等研究，也取得重要成就；腐殖酸的推广，对农业增产也起到了一定的作用。

柳大纲数十年如一日地辛勤耕耘，使中国科学院化学研究所不断拓展了新的研究领域，培养了大批人才，在承担国民经济建设所需要的科研任务方面，取得了极其丰硕的成果。

1949 年以前，柳大纲发表论文近 20 篇。中华人民共和国成立后，他所从事的科研工作均系国家任务，由于保密限制而未公开发表。而且，他从不在以所长身份直接指导的研究报告和论文上署名。

柳大纲在他从事科研和科学组织领导工作的近 60 年中，以其渊博的学识、强烈的社会责任感和献身于科学事业的精神，为我国的化学发展与应用，为我国盐湖资源的研究和开发，付出了全部心血和毕生精力。他治学严谨，学术思想活跃，富有远见卓识，并且有坚忍不拔的精神。

他十分重视应用研究，但不忽视基础理论工作，认为只有两者并重，才不致将科学发展导入歧途。

柳大纲为人公正、厚道、心怀坦荡、严于律己、宽以待人。在工作中，他平易近人、学风民主、无门户之见。对求教或与之论学者，无论长幼均一视同仁、热情相待、共同探讨、耐心指点。与其他单位合作，素以全局为重。他对学生循循善诱、要求严格，十分关心青年的成长和科研队伍的建设，培养了一批又一批中青年化学家。他正是以高尚的道德风貌和赤诚的献身精神，赢得了中国科学院化学研究所广大员工的爱戴，受到化学界同行们的敬重。

作者简介 胡克源（1926—），无机化学家、环境化学家，中国科学院生态环境研究中心研究员。

胡亚东（1927—），高分子化学家，中国科学院化学研究所原所长、研究员。

徐晓白（1927—2014），无机化学家、环境化学家，中国科学院生态环境研究中心研究员、中国科学院院士。

柳大纲主要论著目录

[1] 吴学周，柳大纲，朱振钧. 双氰分子的基本频率 [J]. 中国化学会会志，1935：301—307 .

[2] Sho-Chow Woo，Ta-Kong Liu. The new absorption system of cyanogen gas in the near ultraviolet system I.Errata[J] . Chem.Phys.，1937, 5(3)：161—165.

[3] Sho-Chow Woo，Ta-Kong Liu，C.Chu and Wu Chih. The near ultraviolet bands of acetylene[J] . Chem.Phys.，1938，6(5)：240—246.

[4] Sho-Chow Woo，Ta-Kong Liu. The absorption spectra and dissociation energies of cyanic acid and some isocyanate[J] . Chem.Phys.，1935(3)：544—546.

[5] 周同庆，吴学周，柳大纲. CuH 的水下放电吸收谱带 [Z]. 中国物理学会杂志，1937(3)：20—26.

[6]Ta-Kong Liu ，A.B.F.Duncan. The absorption spectrum of ethylene oxide in the vacuum ultraviolet[J] . Chem.Phys.，1949，17(3)：241—244 .

[7] Ta-Kong Liu，George Moe，A.B.F.Dancan. The absorption spectrum of sulfur hexafluoride in the vacuum region[J] . Chem. Phys.，1951，19(1)：71—72.

[8] 柳大纲. 数种著名国产陶料之分析 [Z]. 中央研究院化学研究所集刊，第二号，1930：25—45.

[9] 王琎，柳大纲. 宜兴陶业之初步化学观察 [Z]. 中央研究院化学研究所集刊，第七号，1932：1—44.

[10] 万镇，柳大纲．玻璃原料之分析 [Z]．国立中央研究院民国二十一年度总报告，1933：81.

[11] 中国科学物理化学研究所．新型卤磷酸钙系日光灯荧光料试制研究成功 [J]．科学通报，1954(5)：54．

[12] 柳大纲，徐晓白，朱晋昌，等．卤磷酸钙系日光灯荧光料制备研究 [C]//《柳大纲科学论著选集》编辑委员会．柳大纲科学论著选集．北京：科学出版社，1997：12—28.

[13] 柳大纲，钟焕邦．云南中部岩盐矿的化学研究 [Z]．中国化学工程会志，1942（9）：42．（未出版）

[14] 柳大纲，钟焕邦．云南－平浪精盐厂制作法的化学研究 [Z]．中国化学工程会志，1945（12）：11．（未出版）

[15] 柳大纲，钟焕邦．云南中部元永井含硫酸根卤水的纯化精制 [Z]．中国化学工程会志，1945（12）：17．（未出版）

[16] 柳大纲．柴达木盆地盐湖资源丰富 [N]．光明日报，1959-03-01.

[17] 柳大纲，陈敬清，张长美．各类型盐湖的分布 [C]// 第一届全国盐湖学术会议论文摘要汇编，1965：33．（未出版）

[18] 柳大纲，胡克源．盐湖化学 [C]// 中国化学五十年．北京：科学出版社，1985：37—42.

[19] 柳大纲，陈敬清．察尔汗盐滩及达布逊湖区的物理化学调查 [C]// 第一届全国盐湖学术会议论文摘要汇编，1965：36.

[20] 柳大纲，高世扬．大柴旦盐湖地表卤水底部沉积中硼酸盐的发现 [C] //《柳大纲科学论著选集》编辑委员会．柳大纲科学论著选集．北京：科学出版社，1997：29—35.

[21] 高世扬，王建中，柳大纲．大柴旦盐湖的物理化学条件 [C]//《柳大纲科学论著选集》编辑委员会．柳大纲科学论著选集．北京：科学出版社，1997：36—43.

[22] 高世扬，柳大纲，等．大柴旦盐湖夏季组成卤水的天然蒸发（含硼海水型盐湖卤水的天然蒸发）[C]//《柳大纲科学论著选集》编辑委员会．柳大纲科学论著选集．北京：科学出版社，1997：44—58.

[23] 高世扬，柳大纲．大柴旦盐湖冬季组成卤水的天然蒸发 [C]//《柳大纲科学论著选集》编辑委员会．柳大纲科学论著选集．北京：科学出版社，1997：59—63.

[24] 高世扬，柳大纲，王旅伦．大柴旦湖滨日晒盐田的建造 [C]//《柳大纲科学论著选集》编辑委员会．柳大纲科学论著选集．北京：科学出版社，1997：64—71.

[25] 高世扬，柳大纲，张济仁，等．大柴旦盐湖卤水日晒工艺扩大试验 [C]//

《柳大纲科学论著选集》编辑委员会．柳大纲科学论著选集．北京：科学出版社，1997：72—86.

[26] 柳大纲，陈敬清. 察尔汗盐湖的物理化学调查 [C]//《柳大纲科学论著选集》编辑委员会．柳大纲科学论著选集．北京：科学出版社，1997：87—97.

[27] 陈敬清，刘子琴，柳大纲. 氯化物类型盐湖卤水等温蒸发和天然蒸发 [C]//《柳大纲科学论著选集》编辑委员会．柳大纲科学论著选集．北京：科学出版社，1997：98—108.

[28] 陈敬清，刘子琴，符廷进，柳大纲. 硫酸盐类型盐湖卤水25℃等温蒸发 [C]//《柳大纲科学论著选集》编辑委员会．柳大纲科学论著选集．北京：科学出版社，1997：109—116.

[29] 陈敬清，刘子琴，符廷进，柳大纲. 东台吉乃尔湖晶间卤水25℃等温蒸发和天然蒸发 [C]//《柳大纲科学论著选集》编辑委员会．柳大纲科学论著选集．北京：科学出版社，1997：117—124.

[30] 柳大纲，胡克源，程祖良，等. 锂、镁铝酸盐沉淀化学与自卤水中直接提取微量锂盐研究 [C]//《柳大纲科学论著选集》编辑委员会．柳大纲科学论著选集．北京：科学出版社，1997：125—161.

[31] 胡克源，柴文琦，柳大纲. 四元水盐体系 H^+，Li^+，Mg^{2+}//Cl^- $-H_2O$，0℃，20℃，40℃相平衡的研究 [C]//《柳大纲科学论著选集》编辑委员会．柳大纲科学论著选集．北京：科学出版社，1997：162—183.

[32] 胡克源，陈祖耀，柴文琦，陈大贤，柳大纲. 四元水盐体系 H^+，Li^+，Ca^{2+}// Cl^- $-H_2O$，25℃相平衡的研究 [C]//《柳大纲科学论著选集》编辑委员会．柳大纲科学论著选集．北京：科学出版社，1997：184—196.

[33] 胡克源，周泽兴，柳大纲. 简单碱金属、碱土金属氯化物三元水盐体系中的盐析效应 [C]//《柳大纲科学论著选集》编辑委员会．柳大纲科学论著选集．北京：科学出版社，1997：197—205.

[34] 柳大纲，袁见齐. 关于大规模开采察尔汗钾盐资源急需进行的科研准备工作建议（1984 年 1 月呈中央的建议）[C]//《柳大纲科学论著选集》编辑委员会．柳大纲科学论著选集．北京：科学出版社，1997：3—5.

柳大纲部分科研成果说明

胡克源

中华人民共和国建国初期，柳大纲除承担繁重的科研组织领导工作外，还直接指导一批中青年科技人员，结合国家建设，在化学领域做了多方面工作。现将他在荧光材料和盐湖资源及其开发途径方面的主要研究成果和背景简介如下。

一、日光灯荧光材料研制

中华人民共和国建国初期，我国的日光灯生产依靠进口的荧光粉，因西方国家封锁，价格十分昂贵。当时，仅南京灯泡厂在试制锌铍硅酸盐荧光粉，但由于成本高，氧化铍毒性大而难于批量生产。因此，柳大纲选定研制国际新型无毒卤磷酸钙系荧光材料。为结合我国实际，尽快投入批量生产，研制组从原料提纯、荧光材料制备、化学分析和荧光光学性能测试四方面开展工作，齐头并进。在X射线荧光材料研制的已有基础上，此项目从1953年年初至同年年底即完成实验室研究。提出了制备性能良好，定向合成不同色泽的荧光材料的工艺方法，其规模从克级到百克级。在试涂荧光灯管成功后，邀请了南京灯泡厂谢宝树工程师到中国科学院应用化学研究所实验室工作一个月，接收全套技术和资料。这是一项突击性集体“攻关”工作，是我国最早的新型日光灯荧光材料系统研究。该研究不仅揭示出荧光性质与材料组成和制备条件的依赖规律，且有多方面创造，如快速烧制、鞣酸除重金属以及界面沉淀法制备氟化钙等。柳大纲原拟将发光材料作为一个研究方向，但因国家其他任务而中断了此项极有前途和应用价值的研究。

二、盐湖资源研究

柳大纲一直关心我国农业钾肥问题。1953 年，他即开始我国盐湖资源研究的准备工作，先后进行了几个盐湖的探索性考察。1957 年，他率队赴柴达木盆地开展了我国盐湖资源的首次大规模科学调查。在调查的基础上开展了两个典型盐湖的研究。《柴达木盆地盐湖资源丰富》一文概述了盐湖科学调查的主要结果。

1. 大柴旦盐湖

1957 年 9 月，柳大纲在调查现场，根据科学推断，亲自安排在大柴旦湖湖表卤水区钻探，对钻样作了分析鉴定，首次发现了盐湖湖底硼矿沉积。后经地质部门勘查评价，证实该湖是以硼、锂、钾、镁盐为主的大型综合盐湖矿床。这一发现促进了地质部门在柴达木盆地寻找盐湖硼矿资源，也推动了对此典型盐湖的综合开发利用及矿物学、盐湖化学，特别是硼酸盐化学的研究。中国科学院青海盐湖研究所对大柴旦盐湖的研究坚持了 30 余年。大柴旦盐湖调查、盐类分离综合利用以及盐卤硼酸盐化学的基础研究取得了一系列重大突破。这些成果反映出我国盐湖化学研究与国际先进水平并驾齐驱，且独具特色的高水平，从而获得了 1989 年中国科学院自然科学奖一等奖和 1995 年国家自然科学奖二等奖。

2. 察尔汗湖群

1957 年 10 月，柳大纲在察尔汗湖首先发现光卤石结晶，据此线索进一步发现了这个大湖的光卤石沉积和大量高含钾盐卤水。系统勘察证实，该湖是我国迄今为止最大可溶性钾盐矿藏。柳大纲早就指出，该湖的主要利用价值是充分利用当地特殊气候条件，就地从卤水中获取生产钾盐的廉价原料光卤石，研究光卤石进一步加工工艺与工程问题。他还特别强调在大规模生产钾盐、大量抽取晶间卤水的情况下，应当注意如何保证不断补给盐田日晒生产光卤石所需的合适组成卤水，而又不破坏大面积盐沉积与晶间卤水的平衡状态。1984 年，柳大纲与袁见齐教授联名向中央提出了《关于大规模开采察尔汗钾盐资源急需进行的科研准备工作建议》。该建议后被纳入了国家“七五”规划，并得到实施。

3. 锂盐分离提取与水盐体系相平衡

从卤水中直接提取锂盐以及硼、溴、碘等低含量元素，是开发盐湖和地下卤水资源的一项重要课题。柳大纲对此十分关注，在 20 世纪 60 年代初即安排并指导从卤水直接提取锂盐的研究。

通过对镁、锂铝酸盐沉淀化学的研究找到了锂、镁分离的有效途径，提出了我国第一个直接提取锂盐的工艺流程。它推动了我国后来开展的沉淀法、吸附法直接从卤水中提取锂盐的研究。在提取锂盐方面，还从相平衡角度来探索锂与镁、锂与钙分离的可能性。研究了氢、锂、镁氯化物与氢、锂、钙氯化物水盐体系相平衡。这些研究工作反映了柳大纲在研究工作布局上不忽视基础性工作，并用以指导工艺研究的科研思想。有关《数种著名国产陶料之分析》等论文，也说明柳大纲注重应用研究的一贯性。

柳大纲的论文贯穿了科研首先服务于国家建设，理论联系实际，应用与基础并重的指导思想。“文化大革命”前，他一直是中国科学院化学研究所关于盐湖资源开发及有关研究的第一负责人，曾亲自制订计划、选题和指导研究。

本文摘自《柳大纲科学论著选集》，有文字性改动。

作者简介　胡克源（1926—），无机化学家、环境化学家，中国科学院生态环境研究中心研究员。

化学界一位高尚的人

卢嘉锡

1991 年 9 月 14 日，柳大纲先生不幸因病与世长辞，适逢我出差外地。当我归来惊悉此噩耗时，柳大纲先生的遗体告别仪式正在八宝山革命公墓举行。我怀着沉痛的心情，匆忙奔赴公墓礼堂，瞻仰了他的遗容，向他作了最后告别。望着柳大纲先生安详的遗容，我的心情久久不能平静，沉浸在无限惋惜与怀念之中。

柳大纲先生是我国老一辈的化学家，是化学界的老前辈。1904 年，他出生于江苏省仪征县，大我 11 岁，可以说是我敬爱的一位学长。柳大纲先生自幼勤奋好学，成绩优异。1925 年毕业于东南大学化学系后留校任教。1929 年开始进入中央研究院化学研究所，长期从事物理化学与无机化学领域的科研工作。1946 年被该院选送出国深造，于 1948 年获美国罗切斯特大学研究院博士学位。他是我国分子光谱研究的先驱者之一，曾从事过紫外光区和远红外光区分子吸收光谱的研究。柳大纲先生特别强调应用化学的重要性。他早期曾从事矿物原料化学的研究，为我国 20 世纪 30 年代制造陶瓷和优质化学玻璃提供了丰富的资料。他十分重视科学研究与工业发展的关系，认为科研任务应与国家资源、生产建设相结合，这是他一贯的学术思想。20 世纪 50 年代初期，他从光谱分子结构研究出发，领导 X 射线荧光屏硫化锌系荧光料的试制和日光灯荧光料的研制与推广工作。1954 年，他将整套从国产原料制备无毒新型卤磷酸钙日光灯荧光料的工艺及分析控制、光学性能测定等技术首先推广到南京、北京等灯泡厂应用生产，结束了我国生产有毒、价格昂贵的硅酸铍系日光灯荧光料的历史，促进了我国照明业的发展。1952 年，柳大纲先生根据我国大规模工业建设和保护古建筑的需要，不计较个人专业，服从组织安排，亲自组团赴波兰学习电动矽化加固土壤的经验，回国后不仅组织学习班推广了这一技术，而且完成了唐山林西煤矿风井流沙层和佳木斯糖厂厂房地基的加固工程。尤其令人敬佩的是柳大纲先生20世纪50年代中期开始便投身于盐湖事业的光辉业绩。他是我国赴青藏高原盐湖系统考察工作的第一位化学家。他不顾年老体弱，曾先后六次到盐湖现场做调查研究和指导、检查工作。他根据地球化学、无机化学及物理化学的原理来研究盐湖资源的存在与变化等情况，提出了许多有价值的见解和建议，从事了大量开拓性的工作，总结出我国盐湖资源的特点，成为我国盐湖化学的奠基人，并为我国钾肥生产做出了重要贡献。青海大柴旦盐湖的发现和硼酸盐的综合利用研究曾荣获中国科学院1989年度自然科学奖一等奖。

柳大纲先生不仅是一位知名的化学家，而且是一位优秀的科学组织家。1955年他受命参与筹建和领导中国科学院化学研究所，付出了大量心血。通过他长期不懈的努力和勤恳、正直、求实的领导作风，现在化学所已成为我国具有一定规模与水平的综合性研究所。他还以大局为重，先后从化学所培育出了感光化学研究所、环境化学研究所、成都有机化学研究所、青海盐湖研究所和上海有机氟材料研究所等科研机构，使中国科学院所属的化学学科方面的科研工作不断发展壮大，人才济济、硕果累累。他很重视、很注意提拔中青年科技骨干来担任科技组织和领导工作，使之后继有人。柳大纲先生还担负着许多社会工作，他曾长期担任中国化学会副理事长，一直积极配合杨石先先生认真抓好化学会工作。还担任《化学通报》主编、《中国大百科全书》总编辑委员会委员兼化学编辑委员会主任等职务。他都是极端认真负责，做出了贡献，博得了好评。

我和柳大纲先生是1949年在上海相识的，后来我们共同参与制订国家《1956—1967年科学技术发展远景规划》，相处了一段时间。此后，由于工作关系，我们经常联系。在40多年的友谊中，我感受到柳大纲先生有许多优良品德。他为人公正、学风正派、谦虚谨慎、平易近人。他从不讲名利，不计较个人得失。当他离开实验室，走上领导岗位后，从不在被领导人的论文上署名。20世纪80年代初，他率先在中国科学院化学所领导岗位上让贤，成为中国科学院退居二线的第一位所长。他的这些崇高思想品质，深受化学界同仁的尊敬。

作者简介 卢嘉锡（1915—2001），物理化学家、教育家，中国农工民主党第十届、第十一届中央委员会主席、第十二届中央委员会名誉主席，中国人民政治协商会议第七届、第九届全国委员会副主席，第八届全国人民代表大会常务委员会副委员长，中国科学院原院长、研究员，中国科学院院士。

德高望重的长者

钱人元

首先让我代表中国科学院化学所的同志们，向柳大纲同志从事化学工作55周年表示热烈的祝贺。柳大纲同志是我国化学界的老前辈。55年来，柳大纲同志在教学、科研、科学管理、中国化学学会活动等方面，为我国化学科学发展做出了贡献。今天，中国化学会和中国科学院化学所一起隆重集会，向柳大纲同志表示热烈的祝贺。

柳大纲同志早年就学东南大学，毕业后留校任教，后来参加中央研究院化学研究所的化学研究工作，在抗日战争艰苦岁月中积极从事化学研究和组织工作。战后到美国罗切斯特大学从事研究并获得博士学位。中华人民共和国成立前回国，以极大的热情迎接解放，并投入共和国建设事业中。从以前的中央研究院化学研究所到中华人民共和国成立后的物理化学研究所，柳大纲同志从事有机分子的紫外光谱和分子结构的研究。后来同吴学周先生到东北开辟共和国科研基地，在长春应用化学所从事荧光材料的研究，在合成分子结构同性能关系方面做了大量工作。把基础研究和应用研究密切结合在一起。首先在我国研制成功卤磷酸钙荧光材料，并付之于应用。此后又去波兰从事土壤硅酸化学研究，准备回国开展土壤加固应用研究，这个项目已应用于唐山林西煤矿工程和佳木斯糖厂厂房地基加固工程。

1954年，柳大纲同志被中国科学院聘为数理化学部学术秘书，并协助曾昭抡、杨石先具体负责筹建化学所。1956年化学所正式成立，柳大纲同志担任副所长并兼无机化学研究室主任，具体指导并参加盐湖和稀土化学的研究。这两项工作都涉及我国重要资源的开发应用，意义重大。他科学眼光远大，从物理化学基础研究出发，到盐湖的开发应用，经过对我国内陆盐湖数千里调查，长途跋涉，不辞辛苦，提出我国盐湖资源开发研究方案和规划，成为我国盐湖研究奠基人。这项工作已经发展壮大，并成立了青海盐湖研究所，柳大纲同志一直关心这项工作并任这个研究所的名誉所长。

1958 年，柳大纲同志任中国科学院化学所所长，担负起全面领导的责任。20 世纪 50 年代以来的 1/4 个世纪，正是我国科学事业的飞速发展时期，同时也是科学事业走我国自己道路的摸索时期，科研体制、政策方法在实践中不断发展革新。道路是曲折的，柳大纲同志主持化学所工作的 25 年中，一直坚持理论联系实际，应用同理论并重的发展指导思想，特别重视物理化学的发展。经常密切关注化学基础理论的国际动向，并亲自承担化学热力学、化学动力学、结构化学等研究工作。当科学事业被“四人帮”破坏后，他认为基础工作亟待恢复和加强，亲自组织了量子化学协作组，具体关心动力学的研究。与此同时，他又十分关心注重应用研究。他过去领导的盐湖、稀土等研究工作，都是密切结合实际的。近年来，他对腐殖酸的研究工作十分关心，从基础到应用并重，尤其强调应用研究，特别在农业及生物方面的应用。

1982 年在《化学通报》编委会上，他特别提出多多开辟引导应用研究方面的稿源。柳大纲同志在科研发展工作方面，特别强调注意理论联系实际，以及特别注意结合国家资源的综合利用。中国科学院化学所建所初期，大部分工作都体现了这一精神。如：无机化学、物理化学围绕青海盐湖综合利用和黄河泥沙的问题开展盐湖化学和胶体化学等科研工作。分析化学结合我国稀土元素、稀有元素的最大富矿包头的白云矿开展综合矿的分析方法及稀土化学。在有机化学方面，为高分子单体开展研究，等等。

柳大纲同志一贯重视青年，重视培养新生力量，中国科学院化学所的很多年轻同志，只要在工作中努力，有成绩或有新的想法，都曾得到过他的支持和鼓励。柳大纲同志对周围的年轻同志特别热情，不仅在学术上，而且在学风上也给予热情指导，没有门户之见，这是值得大家学习的。

学术指导思想与柳大纲同志早年的文化修养有关。他一贯尊重别人的工作，公正评价别人的成果，同时不计较个人得失。他从不热衷于文章的署名。

柳大纲同志在化学界最早提出年纪大的同志应该及早把领导工作交给较年富力强的同志去做。他是在各个化学研究机构中，第一个要求退居二线的有建树的革新者。

中国科学院化学所熟悉柳大纲同志的同志都认为他是一位踏实、积极、严谨、忠厚的长者。他的高尚品质值得大家学习。

总之，在进行科研工作和科研组织管理工作中，他站得高、看得远，总是把化学作为一个整体学科来考虑。照顾各个分支学科的相互关系和相互影响，照顾基础和应用的辩证统一，而不是把基础和应用割裂开来。

柳大纲同志除了在中国科学院学部和化学所的工作外，还十分关心学术交流和中国化学会的工作。早在20世纪30年代，他就是中国化学会的积极分子，1949年后更加关心学会工作。“文化大革命”破坏了学会工作。1977年，他多方奔走，为恢复中国化学会付出了很大努力，此后6年中，中国化学会的工作一直是他的主要工作之一。1978年中国化学会年会、1982年中国化学会成立50周年纪念会，他亲自策划、指挥，协助杨石先理事长做了大量组织工作。

柳大纲同志对化学科学普及工作也很关心。他担任《化学通报》主编多年。《化学通报》在交流、宣传、发现人才等方面做了大量工作。

他是严于律己、宽厚待人的科学工作者，同时也是热爱祖国、坚信马克思列宁主义的革命者。青年时代，他以献身化学事业发展为己任，不仅关心科学本身的发展，还进行过多种社会和工业调查。他相信当时的所谓“科学救国”，但不满足于科学救国，所以他才能在中华人民共和国成立后以全部热情投身到科学事业中去。

他先后3次被选为全国人大代表，在人大代表会议上积极发言，为科学事业发展积极提出建设性意见。

1981年，他被中国科学院评选为模范党员，为我们树立了良好的榜样。

中国科学院化学所的同志都了解柳大纲同志，尊敬他追求真理的精神、严谨的作风、广博的知识，对新方向的敏感和支持，关心青年化学家的高尚人格和情操。

今天，我代表中国科学院化学所全体同志向柳大纲同志表示热烈祝贺，祝柳大纲同志继续焕发战斗的青春。

在1983年2月柳大纲先生从事化学工作55周年庆祝会上的讲话。

作者简介 钱人元（1917—2003），物理化学家、高分子物理学家，原中国科学院化学研究所所长、中国科学院院士。

青藏高原永远铭记着他

武　衡

柳大纲同志是我国著名的化学家、卓越的科学组织管理工作者。从1949年起他长期担任中国科学院物理化学研究所、化学研究所、青海盐湖研究所的副所长、所长、名誉所长等职务，但他从未离开过实验室，一直进行科学研究，并取得丰硕的成果，为我国化学研究事业做出了重要贡献。

我是1951年9月认识柳大纲同志的。当时，东北科学研究所在大连召开科学研究工作第四次报告会，他应邀参加。会后，他去长春参观，我作为主人接待了他，并向他和其他科学家介绍了东北——这个当时全国最重要的工业基地的经济建设情况、工农业恢复情况与发展中对科学研究工作的迫切需要和人才缺乏的严重矛盾，他们都表示同情和支持。

为了充实和提高东北科学研究工作的水平，我多次到北京、到中国科学院呼吁，请关内的科学家到东北工作。经过多次酝酿，中国科学院郭沫若院长和吴有训副院长同意，将上海物理化学研究所迁往东北。当时，吴学周、柳大纲是该所的正、副所长。他们响应“科学为国家建设服务”的号召，以实际行动支持东北经济建设和科学研究（见柳大纲同志的《回忆散记》，原载《东北科学技术发展史资料2》第449页）。在吴学周、柳大纲的领导下，上海物理化学研究所于1952年迁往长春。这年，解放初期“思想改造”运动不久，长期居住在上海的人不畏东北的严寒、不计生活的艰苦和工作的繁重，毅然连同家属迁往长春，是了不起的一件大事。柳大纲同志为此做了大量的说服和教育工作。这是爱国主义精神的体现，是为人民服务精神的体现，是永远值得人们怀念的。

20世纪50年代，抗美援朝战争结束不久，台湾与大陆仍处于军事对峙状态。中国科学院原有各所大多数设在沿海和东北地区，为了改变这种局面和开发青海省盐湖资源，中国科学院决定将上海钾盐研究室和天津的化工部食盐研究所的一部分，合并成立青海盐湖研究所。1957—1963年，柳大纲同志以中国科学院综合考察委员会盐湖科学调查队队长的兼职，先后六次到青海盐湖现场调查研究，取得了重要科研成果，并对盐湖的开发利用提出建议。从1963年起，他兼任青海盐湖研究所所长、名誉所长直到他与世长辞。

我国盐湖资源的开发利用，盐湖科学的调查研究以及现在在青海省屹立的几个钾盐和其他无机盐工厂，无不凝聚着柳大纲同志的劳动和智慧。青藏高原永远铭记着柳大纲同志的业绩。

本文选自《柳大纲纪念文集》。

作者简介　武衡（1914—1999），地质学家、科学管理学家、国家科委原副主任、国家南极考察委员会原主任。

怀念柳大纲先生

侯祥麟

1935 年，我被中央研究院化学所录取为研究生。是年 9 月到该所报到后，在几个题目组学习了解工作情况。吴学周先生领导的题目组是柳大纲先生接见介绍的。他平易近人，热情接待，给我留下良好的深刻印象。离开化学所后我们未在一起工作过，但几十年来仍断断续续有所接触。我对他不仅保持着当年的第一印象，还逐渐了解他刚直不阿的正气，实事求是的精神和一丝不苟、锲而不舍，直到取得科研成果的学风，使我对他的为人十分钦佩。柳大纲先生离开我们已经 3 年了，我对他仍怀念不已。值此忌辰，略表哀思。

1994年9月14日

作者简介　侯祥麟（1912—2008），中国化学工程学家、燃料化学家，石油工业部原副部长、研究员，中国科学院院士、中国工程院院士。

纪念敬爱的柳大纲先生

洪绂曾

柳大纲先生是中国科学院院士，在科学界硕果累累，功绩卓著。他 1904 年出生于江苏仪征一书香门第，从小喜爱读书，聪颖好学。在他青少年求学时，正值清朝、民国交替之际，政治腐败，生灵涂炭，民族的灾难萦绕于他心间，挥之不去。“天下兴亡，匹夫有责”成为他立身砥行的推动力。他立志走“科学救国”之路，学习更加刻苦、勤奋。1925 年，他以优异成绩毕业于东南大学化学系。1929 年入中央研究院化学研究所，从此开始献身于我国科学研究事业。

柳大纲先生是我国分子光谱研究的开拓者之一。20 世纪 30 年代中期，他和著名物理化学家吴学周（我社社员）一起从事紫外光区、远紫外光区分子吸收光谱的研究。在技术设备很差的条件下，他们取得了有着重要意义的成果。

1946 年，他被中央研究院选送出国深造。短短两年时间，他获得了美国罗切斯特大学研究院博士学位。他以报效祖国的赤子之心，毕业后即行归国。

中华人民共和国的成立在他的眼前展现出美好的前景，他憧憬着未来并把满腔热忱投入到我国的科学事业中。他以国家、人民的需要作为自己的选择宗旨。他从光谱分子结构研究基础出发，领导了 X 射线荧光硫化锌系荧光料和日光灯荧光料的研制。1954 年，他把整套从国产原料制备无毒新型卤磷酸钙日光灯荧光料的工艺及分析控制、光学性能测定方法等资料交给工厂，并允许厂方派工程师到实验室学习，使之得到推广。他所做的这些研究及成果一开始就建立在无毒、价廉的新型日光灯荧光料基础上，这个基本体系沿用至今。

柳大纲先生是我国盐湖化学的奠基人。他毕生重视科学研究和工农业发展的联系。他多次说，科研必须服从国家建设的需要。因此20世纪50年代中期，他从国家资源开发利用的需要和我国缺少可溶性钾矿资源的情况出发，把国家行将开发的青海省柴达木盆地盐湖作为研究对象，进行了系统准备工作。1957年，柳大纲先生在著名地质学家袁见齐（我社社员）的支持与协作下，组织和领导了由地质、石油、化工、盐业、轻工及地方部门的科技人员组成的中国盐湖科学调查队，进入青海省柴达木盆地，开展了我国历史上首次大规模的盐湖资源科学调查。柳大纲先生是我国赴青藏高原进行盐湖系统考察的第一位著名化学家。考察中，他有两项重大发现：其一，发现了我国最大的可溶性钾盐矿藏——察尔汗盐湖，其大量晶间卤水已处于钾盐结晶阶段；其二，发现大柴旦湖底硼矿沉积，这为在盐湖地区寻找硼矿探明了方向。他们还陆续发现其他一些巨大的锂盐资源，揭示出柴达木盐湖按水化学特征分类的分布规律和演化过程，加速和推动了地质部门在柴达木盆地大规模进行钾盐和硼矿的勘探工作。调查中，柳大纲先生在大柴旦湖最低洼地区布置钻探，亲自挑选所得岩心，并在偏光显微镜下进行分析，终于获得氧化硼（B_2O_3）品位为13%的柱硼镁石，后来确定大柴旦湖为我国大型硼矿矿床之一。这一发现和大柴旦盐湖调查、盐类分离、综合利用以及盐卤硼酸盐化学基础研究成果获1989年中国科学院自然科学奖一等奖和1995年国家自然科学奖二等奖。

1958年，苏联单方撕毁协议，撤走专家，停止了有关原子能科学研究的援助。柳大纲先生积极组织、领导中国科学院化学所的力量，承担并圆满完成了大量有关原子能化学的研究任务。这些任务包括：核燃料前处理、后处理工艺中部分关键问题和高浓度硼同位素的富集研究，并为中国第一次核爆炸试验提供了测定中子流所需要的材料。可以说，在20世纪五六十年代极端落后、艰苦的条件下创造的“两弹一星”等一系列轰动世界的重大成就，是当年各方人士团结协作共同努力的结果，也无一不凝聚着各行各业、不同学科、无数像柳大纲先生这样的爱国志士的心血和科学家对人类的博爱！

1960—1962年，由于三年自然灾害，不少科研部门纷纷撤离了柴达木盆地，而柳大纲先生领导的化学研究所盐湖组坚持留守阵地，并制订出基础研究方向、发展盐湖化学的规划。长期以来，柳大纲先生不顾年老体弱，不畏艰辛，多次到条件非常恶劣的盐湖现场调查研究、指导、检查工作。他因高原反应，甚至有时夜里不能平躺，只能斜靠着休息几个小时，但他从没搞过特殊。他指导盐湖所同志所从事的盐湖物理化学调查、盐卤资源综合利用、稀散元素的分离提取，以及水盐体系、浓盐溶液化学、盐湖水化学、盐卤分析化学等多方面的工作，均取得了丰硕成果，为我国盐湖化学的发展和钾、镁、硼、锂资源的开发利用奠定了坚实的基础，为我国钾肥生产做出了极其重要的贡献。

柳大纲先生在化学领域涉猎广泛，他积极倡导开拓新的领域，一贯重视方向之间、学科之间的结合与协作，不为偏激思潮所左右。尽管他长期担当着中国科学院化学所领导的重任，但他数十年如一日，坚持在科研第一线。“文化大革命”中，他身心受到严重摧残，却依然惦念着研究开发青海盐湖资源。他所领导的中国科学院盐湖所，顶着重重压力，排除干扰，竭尽所能仍按照规划要求的内容和进度，一丝不苟地进行科学研究，从而在 1978 年全国科技大会上荣获先进集体光荣称号。

柳大纲先生始终以实事求是的科学态度和科学家敏锐的目光关注着世界科技前沿的发展。他首先提出察尔汗湖约有 2 亿吨氯化钾的大型可溶性钾盐矿床的预测并得到证实。在我国第一次盐湖学术研讨会上，柳大纲先生作《盐湖化学任务》大会报告，首次提出盐湖化学与海水化学同样要作为一个分支学科。并指出该分支学科包括盐湖地球化学、水化学、矿物学、物理化学、成盐无机化学、化学工艺学、同位素及稀有元素化学、盐卤分析化学及化工设备 10 个方面的任务与研究内容。

耄耋之年，柳大纲先生仍以惊人的毅力不断向新的高度和广度开拓进取，不断攀登，为我国科学技术，为他所从事的科研事业不懈地努力奋斗。1983 年，他与袁见齐联名上书党中央、国务院，使青海钾肥厂建成后稳定生产需要解决的重大技术问题列为“七五”国家重大科技攻关项目，盐湖研究因此有了突破性进展。

伟大的事业需要伟人的精神，伟大的实践丰富伟大的精神。柳大纲先生学识渊博，学风严谨，光明磊落，心地赤诚、坦荡。他关心、爱护青年人，走上组织领导岗位后，从不在被领导人的论文上署名。20 世纪 80 年代初，他又主动让贤，成为中国科学院退居二线的第一位所长。他不计较名与利，不言索取，默默无闻，以精卫填海之志，尽愚公移山之力，百折不挠，自强不息，直到生命的最后依然关心着祖国的科学事业，惦念着“西北盐湖要发展”和“要关心、培养年轻人”。他为党为国家做了那么多的贡献却不事张扬。他的高风亮节、道德风范，特别是在今天，更加令人深为钦佩，有着现实教育意义。

柳大纲先生在 20 世纪 50 年代初期即加入九三学社。虽然他是我社一名普通社员，但在他的身上却彰显着九三学社老一辈社员的光荣传统和人品风貌。他不仅在科学界为民造福，而且为党的爱国统一战线工作做出了巨大贡献，是我们衷心爱戴的良师益友。他热爱祖国，热爱社会主义，热爱中国共产党。他的高尚情怀、思想境界，素为九三学社全体同志所敬仰、所尊重。柳大纲先生的名字就像他以全部身心铸就的事业，光辉，不朽！

千里之行，始于足下。他是中华人民共和国宏伟大厦的一砖一瓦，是为中华民族的崛起、腾飞立下刻石勒碑功绩之人。在开发大西北的千秋伟业中，留有他艰苦跋涉的足迹；在推动人类科学发展史进程的丰碑上，镌刻有他顽强拼搏、无私奉献和卓然业绩。柳大纲先生堪称是鲁迅所说“民族的脊梁”。我们为九三学社有这样优秀的知识分子代表而骄傲，为祖国有这样杰出的科学家而自豪！他身上所体现所昂扬的中华民族精神，一定会被我们代代相承，发扬光大。

今天，我们正处在“求我国社会主义初级阶段基本国情之真，务坚持长期艰苦奋斗之实”全面建设小康社会过程中，薪火相承，柳大纲先生及我社老一辈社员同中国共产党长期亲密合作风雨同舟的优良传统，显得愈加重要。让我们更加紧密地团结在以胡锦涛同志为总书记的中共中央周围，以柳大纲先生为榜样，奋发向上，与时俱进，为开创中国特色社会主义事业做出我们不懈的努力和贡献！谨以此纪念我们敬爱的柳大纲先生。

作者简介　洪绂曾（1932—2012），农业科学家，农业部原部长，九三学社第九届、第十届、第十二届中央委员会副主席。

 永远的怀念

胡亚东

今年（2004年）是柳大纲先生百年诞辰。中国科学院化学所、盐湖所和中国化学会等单位，组织编辑了文集、画集送给远在西方极乐世界的大纲先生。这里，朋友和学生们都在怀念他。大纲先生离开我们已经13年了，这13年的变化是巨大的。中国科学院化学所在这些年中发展迅速，和大纲先生生前的理想又相同又不同。这是由于时代的变化，大纲先生不可能预见到科学的发展和研究风尚的变化。如今化学所大楼林立，绿草花木成荫，也许，这就是大纲先生生前的梦想。化学所建设得越漂亮，发展得越好，我们越怀念大纲先生！

化学所从1955年大楼建成时就开始了研究工作，大纲先生的研究组胡克源和徐晓白等的实验室当时还借用左邻先建成的地球物理所大楼。我是第一个在化学所三层搭起了实验的各种架子，大楼空空的只有我一间实验室。很快，到年底，就有梁树权先生的实验室和大纲先生的实验室搬入大楼，人丁兴旺，热闹起来了。转年，王葆仁先生、钱人元先生带着大批人马从上海迁来。两年内从美国、苏联又回来多位同行，那时的大楼里人来人往，搬仪器、搭设备，图书馆也坐得满满的，一片激情，令人难忘。福利楼的四川饭馆和西点部也常常在麻辣味和浓浓的咖啡香气中充满了欢声笑语。50年过去了，这些情景由于世界的变化，风尚的变化，再也无法重现了，只成追忆了。对于这些，大纲先生是熟悉的，也许他在西方极乐世界还常常想起这些。

大纲先生于20世纪30年代即开始了分子光谱的研究。20世纪是中国社会不停动荡的时代，那时，能在实验室静心进行如此基础性的研究绝非易事，需要一种

理想。我和大纲先生相识 50 年，能够常常在他的身上发现对科学事业关注的执着精神，对科学发展有一个非常开阔的视野。大纲先生对基础研究情有独钟，第一次见面就向我询问起苏联的基础研究，我当时真的所知甚少，只能尽我所知谈了一些。另外，大纲先生对科学史的关注也影响了我。第一次来中关村是和大纲先生、袁翰青先生同来的，那是 1955 年 8 月下旬，柳、袁两位一路就谈化学史，津津有味，当时我对化学史还毫不感兴趣。但是回想起来，正是大纲先生的谈话使我对基础研究和科学史产生了兴趣，这都是对科学发展的宏观思考，对于一个科学工作者来说，确实是非常重要的。大纲先生于 20 世纪 30 年代翻译出版了一本《化学之发明与发见》，序中写道："可以略窥化学史上重要问题解决之经过，与夫化学家运思之方法，足资为学之楷模。"这是 70 年前大纲先生之先知之声也。

纪念大纲先生百年诞辰，令人想起先生那种淳厚、诚实、质朴、宽容、无私、无畏、民主的品德。大纲先生把科学融入做人中去。他对化学研究的理论与应用并重的思想，是科学思考的结果。他倡导应用研究，在中国化学会成立了"应用化学委员会"，并任第一届主任。他并无功利主义，思考的是科学和社会。大纲先生对青年化学家的关注也是一种人文的关怀；同时，对老一辈科学家的尊重使化学所和北京大学等单位科学家的合作十分密切，又是一种海纳百川的精神。大纲先生是质朴和诚实的，不追求无原则的时尚，在"左"的年代他虽被批斗，但绝不妥协，实事求是，不说假话或献媚的话。大纲先生的人格魅力是巨大的，对于曾对他不敬的同志，采取的却是宽容的态度。他是非常典型的中国知识分子，身上带有一种儒家的气质。到了晚年，白发、寿眉、清瘦的面孔和身材，眼光中充满着闪闪的乐观情绪，待人接物永远是平等、民主、和谐、宽容的，是一位带着对人鼓励和期望的忠厚长者，令人肃然起敬。和大纲先生相识的 50 年中，我受到的熏陶和教育最大，但是大纲先生却从来不以教训人的方式表达他的希望，而是言传身教，从不强加于人，有时却以他的谦虚而赢得你的认同。

大纲先生对于科学事业的态度是既理性又感情的。他对新的科学成就不仅十分关注，而且是全面的，他在 20 世纪 50 年代末就组织年轻化学家自己研制磁共振设备，60 年代又和中国科技大学协作研制光电子能谱，他已经看到新的研究手段的重要性。以当时中国的水平研制这些设备谈何容易，然而大纲先生却坚持不懈，终于在化学所建立起了这些重要的研究领域，并坚持到今天。对热化学、量热学的支持更是大纲先生对基础性研究的尊重。化学所的量热学研究曾有很高的水平，并曾在诸如火箭技术以及否定电解核聚变的工作中发挥了巨大作用。看准新的或基础的研究是科学的，而坚持下去又是感情的。这种精神值得我们学习。

在纪念大纲先生百年诞辰的时刻，令人们忆起许多许多，科学的、人文的、理性的、感情的、朋友的、师生的。科学的进步总应该和社会的进步相辅相成，这是我们高兴向大纲先生告慰的。这其中或许仍有不足，或许仍有他不喜欢之处，但是中国科学院化学所的同仁们总应该记起和怀念他老人家！

概述他老人家的一生：

为科学 呕心沥血 建化学 创盐湖 丰功伟绩 芳名永垂

倡节义 训勉后学 善创新 推平等 众赞群拥 高风亮节

作者简介　胡亚东（1927—），高分子化学家，中国科学院化学研究所原所长、研究员。

深切怀念柳大纲先生

朱道本

柳大纲先生是一位德高望重，受人尊敬的老前辈。他对年轻人的关心和培养深为晚辈怀念。

30 多年前，我还是刚出校门不久的青年，而柳大纲先生已是久享盛誉的大科学家。许是由于我爱读书和爱搞研究的特点深得柳大纲先生关心，他经常找我谈话，话题并不确定，是那种漫谈性质的，有时在办公室，有时则邀我去他家里，谈得最多的是关于科学发展，关于对科学一些基本问题的看法。柳大纲先生对科学问题的思考和独到见解让我折服，并深受影响，柳大纲先生推荐我看了很多介绍当时科学前沿的著作，还送了我一些他珍藏的书籍。记得在 20 世纪 70 年代初，他分别找钱文藻同志和我谈话，希望我们能到科研管理部门锻炼（当时称“生产组”）。他认为这样对年轻人发展大有帮助，并详细给我分析搞好研究工作不仅要有扎实的业务基础，而且要有一定视野和组织能力，若经过组织管理的训练，对今后的研究工作定有好处，并做了半天管理、半天业务学习的具体安排。从那时起，我有更多机会受到柳大纲先生的指导、启发和帮助。柳大纲先生是那种严于律己、宽以待人的人，对科学问题一丝不苟。我从柳大纲先生身上不仅学到了科学工作与对科学事业的奉献精神，更明白了许多做人的道理。

1977 年初，在柳大纲先生关心下，中国科学院化学所派我去德国马普协会海德堡研究所进修，师从著名的化学家斯塔巴（H.A.Staab）教授。从事有机电荷转移复合物的研究。1979 年底回到化学所，柳大纲先生曾先后多次听取我进修的汇报，并要求我写了一份汇报材料。他经过慎重考虑，向钱人元先生推荐，让我跟随钱人元先生从事有机固体研究。他的意见竟成为我一生投入这个前沿研究领域的决定。回首我的 30 多年的科研生涯，我感到十分幸运，生活在一个非常好的环境中，得遇像柳大纲先生这样的很多前辈、老师和朋友的教育、启蒙和帮助。柳大纲先生对年轻人的关心、培养绝非我一人，而是当时在化学所的一代人，他的人品、学问永远是我们学习的典范。

作者简介　朱道本（1942—），有机化学家、物理化学家，国家自然科学基金委员会原副主任、中国科学院化学研究所原所长、中国科学院院士。

淡泊名利、热爱后生的柳大纲先生

钱文藻

柳大纲先生是一位博学、善良、对人宽厚的长者，中国老知识分子的典型，所有老科学家的优秀品德在他身上有集中的体现。他一生以国家事业为重，时刻关心他人，从不想到自己。

自我从中国科技大学毕业进入中国科学院化学研究所工作，一直到离开化学研究所到中国科学院院部从事科研管理的近 20 年时间里，柳大纲先生是化学研究所的代所长、所长，在所里我几乎天天能够见到他。如果往前说，他还兼任过中国科技大学化学物理系和化学教研室的主任，是我的老师，尽管柳大纲先生没有直接教过我课。再往后说，我在中国科学院院部先后参与主持化学、数理化和基础研究等领域的科研组织工作和中国科学院学部的管理工作，也始终没有离开过他的视线和帮助。特别是我在化学研究所业务处工作的时候，更是经常在柳大纲先生身边，我们的办公室就是里外间。即使我到中国科学院院部工作之后，他还不时把我叫到他家里（中国科学院院部离他在南沙沟的家很近），给予了许多亲切的教诲。他是我最敬重的前辈，也是悉心培育、教导我的恩师，只可惜我这个人记忆力不是很好，特别是现在老了更加忘事，很多具体的事、完整的话都记不准确了，在我的脑海里，只留下了一个崇高的形象永远不能淡去，我的感恩之心永远不能忘记。

柳大纲先生一生爱国、为民、爱化学，只要是国家的需要，科学发展的需要，他便毫不迟疑地勇挑重担：从生活条件优越的上海奔赴冰天雪地的长春，再转战北京，从零开始创建中国科学院化学研究所，他从不讲究生活和工作条件，从不强调自己的学科专业，国家需要日光灯，他在长春研制了荧光粉并成功地替代了进口；

农业需要钾肥，他以接近花甲的高龄率队前往条件异常艰苦的青海盐湖考察资源，开展研究，并创建了青海盐湖所（他亲自兼任所长）；原子能事业需要，他组织科研队伍进行了核燃料前、后处理相关化学问题的研究；由于化学所全所工作的需要、中国化学研究发展的需要，他可以义不容辞地放弃自己心爱的研究专业，担当起组织、领导科研工作的重任，长期担任中国科学院化学所、盐湖所两个研究所的所长和中国化学会的理事长。柳大纲先生后来老了，不能够去盐湖所视察工作了，但他的关心从来就没有间断过，盐湖所的科研人员也随时到北京来向他汇报工作。我后来联系盐湖所的工作时，该所的高世扬院士、张长美所长等都会与我说起柳大纲先生对盐湖所的工作有哪些哪些意见和指示。所以，在柳大纲先生过世之后，作为后辈的我们和他的儿子、我的老同学和好友柳怀祖先生，都一致赞同以柳大纲先生的名义设立科学基金，用以支持盐湖化学领域的年轻科研工作者。

从柳大纲先生一生的工作经历和成就，我们不仅可以看到他始终以国家利益为重的爱国情怀，还可以看到他作为一位难得的、知识全面的化学家所具有的扎实学科基础，这使他有能力去组织、领导那么多完全不同领域的研究工作，规划一个庞大科研实体的长远发展。除了上面已经阐述过的领域之外，他对化学所主要研究领域高分子化学与物理、化学热力学和热化学、宏微观化学动力学、结构化学和分析化学以及后来的分子电子学等学科的现状和前瞻都是熟能详知、洞察秋毫。在科研条件非常艰苦的年代里，他排除万难、千方百计地保护了许多基础研究领域的种子，如化学热力学和热化学，等等。我在所里的时候，还看到他亲自努力推动分子反应动力学和电子能谱学等新领域的创建，包括学术带头人的遴选和实验装置的建立等。柳大纲先生为邀请李远哲先生作为化学所的名誉研究员，以帮助我们开拓分子反应动力学领域的研究工作耗费了许多心血。我还记得李远哲先生在广州专门去宾馆看望柳大纲先生的场景。他对柳大纲先生非常尊重。柳大纲先生除了与之叙旧（柳大纲先生与其父是故友）之外，还再三嘱咐和拜托。他还为所里请来了朱起鹤院士领导该领域的研究。我想柳大纲先生的这些作用是无人可以取代的。没有对化学领域全局最新发展的了解和判断，没有对其学术内涵的深刻理解，是不可能在研究所作出这些前瞻性布局的。化学研究所成长发展的数十年里，先后分流出盐湖化学所、感光化学所、环境化学所等多个科研实体，这从中也可以看出柳大纲先生不囿于一所之私利，推助新生的广博胸怀。

柳大纲先生热爱事业、工作勤奋、处事公正。他当所长，总是从全所发展的大局出发，统筹各个学科领域的研究工作，每年分配经费、人员任用、外事活动安排，从来没有亲疏、好恶之分，从不“优待”自己的“领地”(他也从不认为有自己的领地)，哪怕对自己最心爱的学生（如研究工作出色、后来当选为中国科学院院士的徐晓白先生）也一视同仁，甚至对他们的要求还更加苛刻一些。我都不记得他什么时候出国参加过学术活动，这种机会在我国实施改革开放政策以前是非常难得的。柳大纲先生对名誉地位淡若清水、视作粪土，他的研究员级别数十年间就没有长过，对于他过去的工作成就，我就从来没有听他说起过。

柳大纲先生心地善良、待人宽厚，我从来没有看见他发过脾气（唯一例外的情况是在他病重住院的时候，我看到过他对家人说话有点急躁，这大概是人老了以后的通病，我自己现在也比以前固执了），对年轻人（应该说是对任何人）遇事总是谆谆说理、诱导，连大声说话的时候都没有，更不用说训斥。他爱惜、尊重人才，不管别人怎么对待自己，他对人都是始终如一。化学所里有一位老科学家对他表现得不够尊重，连我们看着都觉得心里不舒服，而柳大纲先生却总是满不在乎，一如既往地尊重他、关心他的工作、生活，后来这位老科学家深受感动而改变了态度。“文化大革命”期间，中国科学院长春应用化学所的一位前辈科学家在严刑拷打、遭受迫害的情况下，违心地假供老朋友柳大纲先生和其他一些老先生是特务，使柳大纲先生受到很大牵连。这位老先生在被平反昭雪之后，亲自登门向柳大纲先生和其他先生赔礼道歉。柳大纲先生毫不介意，老朋友还是原来的老朋友，足见柳大纲先生的心胸有多么宽大。

柳大纲先生的慈眉善目（他十分爱护他的寿眉，我们晚辈也非常喜欢他的寿眉，有一次他笑着跟我说，这根眉毛可不能拔掉）给接触过他的人都留下了深刻的印象。他总是关心所有的人。我在所业务处工作的时候，经常看到他给周围结婚、生病、有困难的同志以真诚的关心和经济上的帮助，好像他的工资就是为此用途准备的。他有时候就整个工资袋原封不动地放在办公室的抽屉里备着，以至于后来担任化学所党委书记的马福荣都随时会替他做主“花销”了。我有一次生病在家，他老人家居然不顾路远亲自到我家里来看望，让我们全家到现在说起来还热泪盈眶、感动万分。

柳大纲先生是一位特别热爱青年人才、关心青年人才成长的长者。记得他曾经跟我们说起过当年华罗庚先生发表第一篇论文的故事。柳大纲先生当时就在那个编辑部工作。华罗庚先生就是因为那篇论文的发表才为数学界所认识。柳大纲先生是从两个角度谈这件事的：一是学术刊物、出版工作的重要性；二是对有才华的青年要爱护。不要认为编辑工作是一种普普通通的案头工作，这里能够发现人才。你的工作做得好坏，影响科技人才的成长，甚至他的学术生命，也会影响科学事业的发展。如果华罗庚先生没有那篇论文的发表，世界也许就将少一位数学大师。

我从事科研组织工作的经历，渗透着柳大纲先生无数关怀和指点的心血。当年化学所从工作需要出发，将朱道本先生和我调入所业务处工作。当时，我们俩都比较喜欢研究工作，对科研组织工作还不是十分了解而心存疑虑。记得柳大纲先生亲自找我们谈话，从自己的亲身经历出发，讲述了科研组织工作的重要性，指出它如何影响一个所当前和长远的发展。正是这次谈话，使我对科研组织工作有了一个初步的认识，并在以后的不断实践中，接触到了许多像柳大纲先生那样无私、尽心、献身科研组织工作的前辈（从严济慈、钱三强等中国科学院老院长到我所敬佩的戴立信院士，等等）以及他们的组织工作业绩之后，才坚定了从事科研组织工作的决心，现在我不仅不后悔，反而庆幸自己当年的选择，并感谢柳大纲先生的引领和教诲。柳大纲先生在我从事科研组织工作之后，始终关心、指导我的工作，即使我离所去院部工作以后也一样。记得在“文化大革命”结束、科学春天来临，制订学科发展规划的时候，人们对材料科学十分重视，柳大纲先生叫我到他家里去，给了我一本薄薄的原版书，是关于材料科学方面的，他给我讲了一席话，大概说了两个意思：一是材料科学的确非常重要，美国在 20 世纪 50 年代就提出了材料科学的名词了（他给我的书里就已指出）；二是材料科学不能替代化学学科，20 世纪 50 年代出现材料科学之后，化学学科仍然在此后的几十年里取得了很大的发展。他要我认真看这本书并好好思考。我想，他是既要我重视材料科学的发展，关注它怎么发展，同时也要我注意它与化学学科的辩证关系。相较当时在制订学科规划时有些人的观点和表现，柳大纲先生的见解是非常科学、有远见卓识的。当时某位物理学家，在强调应用重要性的时候，居然说物理学就是材料科学，在制订规划的后期强调基础研究时，又说物理学与材料科学没有关系，实在是太让人啼笑皆非了。我在柳大纲先生的影响下，坚持了两者既密切相关又互不能替代的观点。对于这件事我的印象很深，柳大纲先生送我的这本书我至今还妥善保存着，我觉得这是对他最好的纪念。

柳大纲先生的身体一直非常好，无论是坐、站或走，始终是腰板笔直，两眼炯炯有神。他也没有什么特殊的锻炼活动，就是走走路。当然，他的好身体也是他夫人悉心照料和他儿子尽心孝顺的结果。但毕竟后来老了，好像由于牙齿的缘故，饮食消化有点问题，体质的下降可能与此有关。我还记得柳大纲先生在病床上跟我讲过饮食的重要性，他以南开大学的杨石先先生为例。杨石先先生的身体原来一直很好，他比柳大纲先生的年纪还大，但后来突然身体就不行了，原来是他听取了他的邻居、一位医学方面专家的意见，认为身体过胖（其实我觉得杨石先先生从来就没有胖过），应该节食。从此，杨石先先生就开始减少食量，结果身体平衡就出现了问题，体内不协调了，居然没过多久就去世了。柳大纲先生跟我说这个例子，大概也是希望我转告现在还健在的老先生们对此要引以为戒吧。老了确实只能吃个七分饱，但绝不是要减肥。

如今，柳大纲先生已经远离我们登入天堂，我们这些写纪念文章的人大多也已离开为科学奋斗的一线战场。相信被他寄予厚望的新一代化学人，一定能够学习、继承和发扬柳大纲先生的高贵品质和奋斗精神，为我们所在的研究所和中国化学事业的发展，尽心尽力、耕耘不止。

作者简介　钱文藻（1942—），中国科学院主席团原秘书长，基础研究局原局长。

纪念柳大纲同志

黄耀曾

1934 年我大学毕业，进入中央研究院化学研究所，开始与柳大纲同志相识，屈指整整 60 年。由于我们从事的专业不同，当我遇到物理化学上的问题时，向他求教，他都会不吝赐教。第二次世界大战爆发，他随化学所去昆明，我因故未去，在上海第一医学院教了几年书。后来听说他被中央研究院委派去美国了。一次，我写信给他，请他为我推荐去美国某大学进修。他来信告知联系成功，但我因患肺结核，没能成行。

1945 年抗战结束，他于 1948 年回国。因为我们同住一个院子内，过从渐多。1950 年中国科学院建立，他被分配到物理化学所，我被分配到有机化学所。

1951 年院所调整，我被委派去北京接收北平研究院化学研究所，下榻位于东黄城根的中国科学院应用物理所。他被委派在北京颐和园附近的华北人民革命大学学习，因为我们之间有业务上的联系，他进城时也下榻在中国科学院应用物理所。我们对榻长谈，常深夜不倦。这样我们加深了相互了解，他说人生在世，总得为国家做出一点贡献。

他自奉俭朴，加之他还需负担他二弟柳大维的遗孤几人的生活，于是显得格外清寒。

他晚岁奔波青藏高原，为盐湖开拓奠定了基础，我以诗纪念思念之忱。

淡泊明志　不慕名利

开拓盐湖　丹心所寄

朴实无华　古道君子

楷式长存　高山仰止

本文选自《柳大纲纪念文集》。

作者简介　黄耀曾（1912—2002），有机化学家、中国科学院上海有机化学研究所原副所长、中国科学院院士。

缅怀柳大纲先生

周同惠

我第一次见到柳大纲先生是在 1955 年夏天，那时我刚从美国回来，在锦什坊街留学生招待所内学习。当时不少单位听说有一批留学生陆续回国，都派人去招待所找这些留学生谈话，介绍情况，争取他们到本单位工作。有一天，柳大纲先生也来到了招待所，找一些化学专业的留学生谈话，当他知道我是学分析化学的时候，很是高兴，就说我去中国科学院长春应用化学研究所工作最合适，并讲了一些情况，还要我把近来发表的论文和简历整理出来，交给中国科学院，又说正好不久中国科学院将要组织召开全国第一次分析化学学术报告会，他很希望我能参加，以便我可以了解国内分析化学领域内所进行的工作和一般情况。后来还专门派人把会议的资料和开会通知等送到我家，使我能够在刚回国就能对国内的分析化学概况有个大体了解，并结识一些同行。这第一次接触就使我对柳大纲先生有了很深的印象，觉得他待人和蔼、热情、关心年轻人、爱才，很有学者、长者之风。以后虽然我的工作受到中央卫生研究院沈其震院长的关注而未能去中国科学院，但从此在我的心目中深深地留下了柳大纲先生的形象。以后，因为工作关系及参加中国化学会等的活动又多次与柳大纲先生见面。柳大纲先生也一直记得与我这一段交谈的历史，每次见面他都是主动热情地与我交谈，问长问短，关怀备至。许多年后，他还对别人说起我未能去中国科学院工作，似有惋惜之意。现在，柳大纲先生虽然已经离开了我们，但他那慈祥的面容、对人和蔼热情的态度，将永远留在我的心中。

本文选自《柳大纲纪念文集》。

作者简介　周同惠（1924—），分析化学家、药物分析家、色谱学专家，中国医学科学院药物研究所研究员、中国科学院院士。

缅怀柳大纲先生

蒋丽金

柳大纲先生已离开我们3年多了，但我们仍清晰地记得他的音容笑貌。我第一次见到他是在1955年的秋冬之交，那时回国不久住在招待所里，对到哪个单位工作还举棋不定。为了不致和丈夫国志分居两地，我考虑去中国科学院化学所，所以就拜访了化学所的领导柳大纲先生。他除了介绍化学所当时的情况外，还提到了“中国大漆”的课题。这个课题符合我的专业——有机化学。大漆是中国特产，是涂料之王，涂层耐腐蚀，埋藏地下，百年不腐，是人工合成的涂料难以媲美的。日本科学家认为它有发展前途，在20世纪初，就有人对其主要成分、成膜机理进行系统研究和实际应用。大漆产自中国，但我国对这方面的研究却落在日本的后面，这于情于理都有些说不过去，因此我就接受了这项研究。柳大纲先生也促成了我和中国科学院长春应用化学所黄葆同先生的合作。但是后来，由于漆酚的毒性太大、引起过敏，又涉及原料的采集和分类，研究内容虽属应用基础，但绝大部分还偏重工业应用，我们都不得不放弃这项试验。但柳大纲先生为国为民，为发展我国涂料工业而提出这个课题，却是令人敬佩的。

柳大纲先生是我国盐湖化学的创始者和奠基人。在一段时间里，他把主要精力放在盐湖资源的开发和利用上。他的远见卓识和无私奉献的精神，是值得我们学习的。我曾趁全国政协组织的去青海考察之便，参观了青海盐湖所。该所的地理位置、生活条件、气候和工作环境等是身处内地的人们所难以想象的。柳大纲先生说服并带动不少从北京支援大西北边远艰苦地区的同志们，克服一切思想上和物质环境上的艰难困苦，为开发盐湖，充分利用开发我国短缺资源做出了贡献。柳大纲先生为我国盐湖的开发利用，呕心沥血，做出了难以磨灭的贡献。

柳大纲先生在“文化大革命”期间所受的不实的指责，不去说它了，他也经历了劳动锻炼。当时，我们每天参加劳动和被批判。不论暑天还是寒冬腊月，常常看到他独自一人在场地上劳动。那时，他已年近古稀。看到他的背影，我感到十分凄楚，这样一位正直、严谨、热爱祖国、无私奉献、道德高尚的学者，受到如此的对待，不觉潸然泪下。

柳大纲先生的为人处世，道德风范一直为科学界同志们所推崇和景仰。在他晚年卧病期间，更能反映他生活的节俭和清贫。家中摆设朴实无华，平日粗茶淡饭，过着安贫乐业的生活，从不向组织提任何要求或申请补助。这些美德，都是我们有目共睹的。

柳大纲先生关心青年科技人员的成长，心系边远和艰苦地区资源的开发和利用。他为解决国家急待开发的矿产资源堪称竭尽心力，不求个人名利，很少有人能做到这点。不仅如此，更令人敬佩的是他生前两袖清风，一尘不染。去世之后，家人遵照他的遗嘱，将他原籍祖宅出售的款项及微薄积蓄共两万元设立奖励基金会，加上盐湖所出资若干，其总利息作为“柳大纲优秀青年科学奖”的颁奖基金。而目前柳师母和其家人仍过着清贫的生活。

本文选自《柳大纲纪念文集》。

作者简介　蒋丽金（1919—2008），化学家，中国科学院化学研究所研究员、中国科学院院士。

深切怀念柳大纲先生

郑绵平

柳大纲先生是我国分子光谱学的先驱者、盐湖化学的奠基人、德高望重的中国科学院院士、著名的化学家。他为我国化学的发展和应用，为我国盐湖科学的发展做出了杰出的贡献。

1956年，我从南京大学毕业后，先分配到化学工业部地质矿山局工作，并于同年被派往柴达木盆地进行盐湖调查。次年4月，我在安徽马鞍山硫铁矿调查期间，突然接到局里来电，要我赶快回北京，参加中国科学院牵头组织的柴达木盐湖科学调查队。回京后，我局的李悦言总工程师要我去中国科学院化学所找队长柳大纲所长联系。柳大纲先生很和蔼地接见了我。他平易近人的神态一下就把我这个初出茅庐的小青年的顾虑全打消了。他很认真地听我讲述了我们1956年赴柴达木盐湖调查的情况，然后以平等的口吻同我商议和草拟了1957年赴柴达木调查盐湖区的重点事宜，并要我去征求一下袁见齐教授的意见。袁见齐教授已被内定为盐湖队的副队长，但因另有要事，1957年的调查他未能参加。

1957年8月初，中国科学院柴达木盐湖科学调查队正式成立，由中国科学院化学所、化工部地矿局（1957年第四季度后，因中央地质机构合并，我代表地质部矿物原料研究所参加）、上海化工研究院和轻工部盐务局的化学、化工和地质及钻探科技人员组成，由柳大纲先生担任调查队队长。这时候我才知道，柳大纲先生早年留学美国，从事过分子光谱研究，回国后很重视化学的应用研究。由于他很重视科研要为发展国民经济服务，所以他积极响应李富春副总理在政务院提出的中国大西北有丰富的盐湖需要调查研究的号召，十分热心地要推动开展我国的盐湖调查研究。1955 年，柳大纲先生就曾安排徐晓白、陈敬清等同志做过青海茶卡盐湖卤水的物化分析预研究。这次盐湖科学调查队成立后，由柳大纲先生亲自率队出发。调查队先在西宁集中。利用这段逗留时间，柳大纲先生安排大家就盐类物理化学（高世扬、陈敬清）、盐卤化学分析（张长美）、盐化工（黄康吉）、明矾石提钾（曹兆汉）和盐湖沉积（郑绵平）等方面进行了广泛交流。在会上，柳大纲先生作了开场指导性发言，强调同学们要以相互学习和渗透的方法来研究盐湖。柳大纲先生这种学术思想，以及我参加中国科学院综合科调队与地质部多学科组队时与他的接触，不仅使我学习到许多本专业以外的知识，而且使我能够重视以多学科综合的观点和方法来研究地质客体。后来，我从追溯盐湖锂、硼、铯、钾等来源研究温泉成分、进而推测和首次发现地热型铯硅华超大型新型矿床，提出盐境地质生态学（geoecology）和盐湖学（salinology) 的研究方向等，都是与柳大纲先生的言传身教有关的。

在柳大纲先生率领下，1957 年 9 月中下旬，我们首先在大柴旦湖（又称伊克柴达木湖）工作。根据 1956 年取得的卤水含硼量高等线索，我们在柳大纲先生主持下，在湖中布置了一条勘查线。用轻工业部资源勘探队手摇钻施工，在厚 1—3 米的盐层下发现了透镜状镁硼酸盐层，后来在室内工作中确定为柱硼镁石（pinnoite)，这是我国新类型镁硼酸盐矿床发现和研究的开端。1957 年 10 月 1 日傍晚，盐湖科学调查队到达察尔汗，借宿于察尔汗东南筑于盐滩上的飞机场活动房内。第二天清早，我到外面活动，在机场盐壳铺成的大路上，迎面遇上正在散步的柳大纲先生。我们边走边聊时，注意到路边每距 10 来米就有一个浅坑，在浅坑距地面 20 余厘米以下，均已为晶间卤水充满。我蹲下仔细观察，见浅坑四壁有蚕虫大小的闪亮透明的斜方双锥晶体附着。我抠下几颗观察后，用舌尖舔舐，感到有叮舌的“辣味”，赶紧递给柳大纲先生观察。根据该矿物的晶体特征，再经张长美同志的现场等化学分析验证，很快确定为钾镁矿物，一种新沉积的光卤石（$KCl \cdot MgCl_2 \cdot 6H_2O$)。于是，在柳大纲先生领导下，调查队部署了察尔汗全湖的坑探和钻探工作及路线调查。我和高世扬等同志一道首先调查察尔汗东部盐壳区含钾性，圈定了机场附近面积达 120 平方千米的断续分布的烟黄色老光卤石沉积区。尔后，又调查了霍布逊和达布逊等地段。我们在赴霍布逊调查时，吉普车陷入沙堆中，只好在野地当“团长”过夜。柳大纲先生当晚看我们迟迟未归，心急如焚。后来，他退居二线，有时间浏览他以往日记时，还专门对我讲他记述这件事时关切的心情，使我深受感动。通过调查，根据全湖卤水含钾量和航空照片，匡算了全湖钾盐的资源量达 2.4 亿吨。我们当时查阅了许多文献，找不到内陆盐湖形成光卤石的先例，教科书中都强调钾盐矿床的海相成因，但是美国塞尔斯（Searles）湖即已用含钾卤水进行钾硼碱联产。根据察尔汗的实际地质资料，在地质报告中确定其为陆相成因，认为是具有工业价值的钾盐矿床。在当时，世界上绝大部分钾盐矿床都呈固体矿石产出，因此有人对察尔汗是否属钾盐矿床表示怀疑。在柳大纲先生指导下，我和化学、化工科技人员曹兆汉、陈敬清等创出了一种很简便的氯化钾的加工方法，这一创新帮助海西州在1958年土法上马，成功地用光卤石加淡水分解生产氯化钾。尔后，柳大纲先生又一直领导我们进行察尔汗的物理化学和化工基础研究，为今天该湖成为我国最大的钾盐基地提供了坚实的科学依据。

柳大纲先生十分讲究学术民主，鼓励青年科技人员的创造精神。1958年我在柴达木工作时，听说根据周恩来总理批示，由青海地质局组建西藏班戈湖地质队准备进藏勘查硼矿。我向柳大纲先生建议派一小组随同该队前往。柳大纲先生非常支持，让我和高世扬、陈秉模三人组成藏北工作调查组进藏。从此，我一发不可收。一直到现在还在搞西藏盐湖研究，如果可称得上有所成就，也是与柳大纲先生的支持和教诲有很大关系。柳大纲先生十分爱护青年科技人员，已故的高世扬同志善于钻研、艰苦奋斗、成绩卓著，但由于出身不好，常成“运动员”，有一次还险些被打成“反革命分子”，幸亏柳大纲先生出于公心，挺身而出，才使高世扬过了关，高世扬同志常以感激之情念及于此。1999年，高世扬同志被选为中国科学院院士，然十分可惜的是，高世扬同志过早辞世。

记得1990年夏天，柳大纲先生唤我去讲《中国科学进展（化学）》英文版约稿，嘱我同高世扬、陈敬清三人写一篇《青藏高原盐湖科学调查和综合利用》的论文"scientific investigation and utilization of Salt Lakes on the Qinghai-Xizang (Tibet) Plateau"。该文按说应当由柳大纲先生署名第一，他却不同意，交代按高世扬、陈敬清、郑绵平署名。柳大纲先生这种不讲名利、谦虚公正、甘为人梯的精神，对今天的学术界仍有现实教育意义。

柳大纲先生廉洁奉公、光明磊落、清贫一生。他是中国科学院主动让贤的第一位所长。值此柳大纲先生百年诞辰之际，我怀着十分崇敬的心情，怀念柳大纲先生的亲切教诲。柳大纲先生的道德风范和卓越贡献，永远值得我们后人学习。

作者简介　郑绵平（1934—），地质学家，中国工程院院士。

忆纪如老师

胡克源　徐晓白

纪如老师是我国盐湖资源研究开发的开拓者，最先的倡导人和组织者。他领导中国科学院化学所 30 年，创建了中国科学院青海盐湖研究所。在近 6 年的科研工作与科研组织领导工作中，纪如老师以渊博的学识、科学的远见、强烈的社会责任感和献身科学事业的无私精神，为我国化学发展与应用，为我国盐湖资源研究与开发，付出了全部心血，做出了重大贡献并培育出一批又一批中青年化学家。我们有幸从 1949 年初即先后跟随纪如老师工作直到"文化大革命"，直接聆听教诲近 20 年。本文谨从另一侧面来追忆纪如老师的献身精神和高尚的道德风范。

1949 年初，纪如老师由美返国，当时他对中国共产党了解甚少，但他对国民党腐败深刻不满，他支持吴学周所长不迁中央研究院化学所去台湾的主张。上海解放前夕，纪如老师积极参加了群众性"应变护院"活动，由于有高级研究人员参加，护院斗争得以较顺利开展。在中央研究院员工中，特别是高级研究人员中不问政治的所谓清高思想十分严重，因而开展工作的阻力颇大。此时，在中共党组织的领导以及青年群众支持下，纪如老师和陈芳允教授等高级研究人员组织了新思想学习，领导了群众自愿参加的政治学习并推动了原中央研究院上海各单位的群众活动。

1950 年，正值分子光谱研究步入正轨并开始筹组 X 射线荧光料研制时，中国科学院突然调纪如老师和其他 3 位高级研究人员去华北人民革命大学（简称"革大"）学习。虽然纪如老师认为此时离开，于工作十分不利，但仍服从了组织安排。经半年学习，纪如老师认为收获甚丰，不仅对中国革命与中国共产党有了一定的理性认识，而且在与工农干部的共同生活过程中，深感他们诚恳、朴实和无私奉献精神实在可亲、可敬。纪如老师认为这样一大批品质优秀、情操高尚的工农干部正是中国共产党取得胜利的基本保证。从此，这些人就成为他学习的榜样。从“革大”回上海后纪如老师热情参加群众活动并领导政治学习和工会工作。1951 年，纪如老师参加了在上海的中国科学院“三反、五反”运动领导小组。当时其弟柳大维因对运动不理解又突然受到冲击，想不通，与夫人一道自杀身亡。纪如老师在领导小组会上得知此噩耗时镇静地说：“大维太糊涂。”柳大维夫妇死后，其遗孤 4 人均不足 10 岁，其中 3 人由纪如老师抚养。此事纪如老师从未对组织有过怨言与要求，也未影响他要求进步，靠近中共党组织的决心。他曾说过：“大维夫妇的死，我不难过吗？但‘三反’‘五反’是大局，他明知自己无问题，为何去自杀？真太糊涂。我能说什么，只能从大局来考虑。”

纪如老师处理问题总是顾大局。1952 年，他积极支持中国科学院安排物理化学所从上海迁往长春。迁后不久，工作刚就绪，新型日光灯荧光料研究正不断取得进展，中国科学院领导突然要纪如老师带领一个小组去波兰接受土壤矽化加固地基技术。纪如老师并非专长胶体化学，更不是土建工程师，但当得知无更合适人选时他就毅然从命。回来后认真组织了中国科学院应用化学所、建工部、水利部等部门和生产单位的大协作，使该技术在煤矿风井流沙层加固和佳木斯糖厂地基加固工程上得到应用，并为协作单位培植了力量。

为了全局，纪如老师有时不得不对自己领导的科研工作进行调整。但他对重大的科研方向却以极其坚韧的毅力，用细水长流的方式，循序渐进，促其最终实现。他早有志于解决我国农肥缺钾的问题，准备寻找大型钾盐资源，并从国外带回了相应图书资料。1953 年即布置个别学生作准备，1954 年开始搜集我国盐湖、盐卤资源材料。后又派人并亲自作现场调查，组织实验准备工作。经 4 年筹备，终于在 1957 年秋，中国科学院化学所会同化工、地质、盐业等部门和生产单位组成中国科学院盐湖科学调查队，纪如老师亲自率队进入柴达木盆地，进行了我国历史上首次大规模盐湖科学考察，掀起了一个热潮。三年困难期间，盐湖调查与研究仍未间断，研究成果后来在相关单位得到应有发展。1965 年，纪如老师又创建了中国科学院青海盐湖研究所，这个多科性专业所为青海盐湖资源开发与大规模生产完成了多项必不可少的基础工作。1956—1966 年，纪如老师六次进入柴达木盆地指导工作。今日察尔汗已建成百万吨现代化钾肥厂，柴达木盆地丰富硼、锂资源的发现，饮水思源，首先想到的应是这项宏伟事业的最早倡导人、组织者、开拓者纪如老师。

纪如老师领导科研工作的基本原则是：既要重视重大应用需求，又不忽视必要的基础研究；既要解决眼前问题，又必须为下一步奠定基础。“文化大革命”前，纪如老师直接指导的科研项目，有的短暂完成后停止，有的是临时任务，有的则延续数十年，无论哪项，他都遵循自己的基本原则，即使像土壤加固那样的临时任务他也周密计划，精心组织，从解决当时某些厂矿地基加固的工程技术入手，又为以后我国地基加固技术研究建立一些基础。盐湖资源研究几十年的发展史更充分体现了纪如老师所坚持的科研基本原则与路线。

纪如老师规划科研，富于远见卓识，又善于发现人才。他本着循序渐进的求实作风，用先培育种子或保留种子的方式使不少重要基础研究坚持下来并建立起一些重要的新科研领域。鉴于发展胶体化学的重要性，纪如老师在1954年就派毕业不久的江龙同志回南京大学跟随戴安邦教授做研究。鉴于发展我国波谱研究的需要，他于20世纪60年代初组织两位青年同志，一位负责基础研究，另一位负责仪器研制，从顺磁共振开始，在中国科学院化学所将顺磁、核磁共振谱的研究开展起来。当时这两位同志处境相当困难，纪如老师不顾偏激思潮与舆论压力，在业务工作上给他们创造条件以使其治学才能充分发挥。他还关心他们的生活，嘱人事处将其中一位同志的女友留所工作。有人问他为何此事也管，他说："要帮助他们，使他们安心工作。我若不管，谁会过问？！"仅此数例已可见纪如老师知人善任，对人才成长关怀备至。纪如老师扶持弱势室、组、个人，开辟新科研方向的事例比比皆是。

在对身边的学生，纪如老师严而不苛，态度像家中长辈那样和蔼可亲。初参加工作时他总是亲自示范，带我们做实验。稍后渐渐放手，但布置任务明确细致并耐心指点要津。他辅导学生阅读理论书籍和专著，通过交谈，考察和了解学生的基础、思维特点和工作能力并在安排工作时因才而异，发挥特长。当工作走上正轨后，他总让学生尽早独立。他不以"顺我"取人，对学生一视同仁。他学风民主，无论定方向、选题、定计划都很尊重被领导人的意见，鼓励学生提出自己的工作思路。他对我们的微小进步都会感到高兴，而对我们的错误从未严以斥责。

纪如老师主持过多次大协作，从不以自我为中心，不搞本位主义，真诚与人合作，充分发挥协作单位的积极性，各尽其能。

论语有句名言"君子务本，本立而道生"。所谓君子应是忘我无私的智者。对于他，人民、国家利益、社会需求是"本"；发展科学，遵循科学规律，务实求真是"本"；培育人，团结人，充分发挥人的作用是"本"。在他的"本"中唯独无"我"。这些基本观念已融入他的思想感情，自然地支配着他的志趣、行事、治学、待人接物。因而，他大公无私，光明磊落；识大体，明大义、顾大局；公正厚道，待人真诚；躬自厚而薄责人；择正道而拒邪门，朴实无华，胸怀坦荡。他曾说世路已熟知，此心到处悠悠。纪如老师心中无我，因而对成功、挫折、毁誉、生活拮据、突发事件都泰然处之。但是，他并非处处此心悠悠。

他对科研事业、对研究工作的进展，内心都充满激情，喜忧系之。他赞叹广阔无垠的柴达木盐湖群，要把不可计量的盐类资源发掘出来造福人民。他担心大规模开发可能使盐湖资源破坏。1984年向中央提出了《关于大规模开采察尔汗钾盐资源急需进行的科研准备工作建议》。纪如老师在病中还问起察尔汗钾肥厂与外资联合开发一事。他对合资开发深感惋惜。他认为我国在这方面已积累了几十年的科研基础和生产技术经验，完全有能力自主开发，大规模生产钾肥。纪如老师在病中还十分关心西北年轻人的培养和成长。不是此心悠悠，而是牵肠挂肚。

值此纪如老师百岁寿辰之际，追忆往事，倍感纪如老师高尚道德风范随岁月流逝而更光辉灿烂。

作者简介　胡克源（1926—），无机化学家、环境化学家，中国科学院生态环境研究中心研究员。

徐晓白（1927—2014），无机化学家、环境化学家，中国科学院生态环境研究中心研究员、中国科学院院士。

缅怀柳大纲先生发展我国的盐湖化学

高世扬

大学毕业后，我被分配到中国科学院长春应用化学研究所（当时的东北长春综合研究所），就在柳大纲先生领导的课题组。当时，我参与完成的卤磷酸钙日光灯荧光料研究，于 1954 年在南京灯泡厂推广成功，并投入生产。接着，我又参加了硅酸钠制备新方法研究。在这短短的 3 年中，柳大纲先生不仅在实验工作中给了我严格的训练和知识补充（参加俄语学习和唐敖庆教授在中国科学院应用化学所主讲的热力学、统计热力学基础课在职学习），而且在如何把自己的知识、研究工作与新中国的社会主义建设事业的需要自觉地结合起来方面，柳大纲先生也给了我言传身教的启蒙式教诲，使我终生难忘，致力仿效。

1955 年，我随课题组从长春搬到北京柳大纲先生负责筹建的中国科学院化学研究所。中华人民共和国成立以前柳大纲先生在中央研究院物理研究所从事光谱研究，曾留学美国。中华人民共和国成立之后，柳大纲先生身为学部委员，1956 年参加由国务院主持制定的我国第一个 12 年科学发展长远规划，之后为了寻找和发展矿物肥料——钾肥，他带领他的一批青年学生，开始对青藏高原盐湖资源的化学研究进行准备。在他的指导和徐晓白老师的帮助下，完成茶卡盐湖卤水等温蒸发，对结晶析出的各种盐，尤其对光卤石晶体有了一番训练性认识，接着参加盐湖科学调查。

一、具有现代意义的发现

1956 年，在柳大纲先生和袁见齐教授两位学部委员的领导下，以中国科学院化学所盐湖组和北京地质学院钾盐组为核心技术力量，组织了中国科学院盐湖科学调查队。调查队在柳大纲先生的带领下，于 1957 年 9 月 18 日到达大柴旦镇（距大柴旦盐湖仅几千米）。这时候，大柴旦地质队正按照苏联专家尤金博士（地质部顾问）制订的方案，在湖区进行硼矿找硼工作（在湖区外围的山边和丘陵地带），但一直未能找到任何硼酸盐矿物。柳大纲先生在安排调查队员们进行湖区、湖滨和周边水文地质和水化学勘探的基础上，在了解并对已有资料进行综合分析研究后认为：既然大柴旦盐湖湖滨利用硼土生产硼砂已有多年历史，每年北山温泉水把百吨计的硼带入湖表卤水，至今却没有在湖区找到除硼土之外的任何一种天然硼酸盐矿物，“根据盐水无机物理化学的原理推断，硼应该在地表卤水中富集，有可能在湖表卤水的底部沉积物中找到天然硼酸盐沉积”。于是，我们在湖表卤水积水区内布置了 3 个钻探点，进行湖水底部沉积物的简易钻探工作，不出所料，终于在湖表卤水区内的第二号钻孔中 3.6—4.2 米深处，发现由硼酸盐、碳酸盐、硫酸盐和黑色淤泥胶结成的坚硬岩芯。野外分析（张长美同志负责）结果表明，水溶物中硼（B_2O_3）含量不到 1%，而酸溶物中含硼（B_2O_3）3%。年底回到中国科学院化学所，我们对该钻孔岩芯分层进行化学分析、X 射线粉晶衍射分析、热分析和偏光显微镜下矿物鉴定，确定该胶结层中的硼酸盐矿物是柱硼镁石。

同年 10 月 2 日，盐湖调查队来到察尔汗盐滩，住宿在察尔汗南边盐桥公路东侧兰州空军飞机场的工地上。刚分配好住宿房间，我到汽车公路旁的卤坑边上厕所，在夕阳西下时分，见到卤水表面漂浮着片状六边形新结晶光卤石晶体，立即向队长报告了这一喜讯。柳大纲先生根据这一发现，布置调查队员和钻勘组进行了大面积勘探和简易钻探。通过调查，固定了能够生成光卤石含钾卤水的分布面积，进行了含量估算，认为察尔汗和达布逊湖区卤水是钾镁盐含量特高（到达光卤石结晶阶段）的氯化物型卤水。这一重大发现为地质部门提供了正式进行钾盐勘探的科学依据，经过地质勘探表明，察尔汗湖区是我国现代沉积型大型钾盐盐湖矿床。

1958 年，中国科学院与苏联科学院进行“柴达木盐湖勘探与利用”国际合作。在全面展开对青海盐湖资源的地质勘探和科学研究的同时，柳大纲先生安排调查队员——化工部上海化工研究院钾肥研究室主任曹兆汉工程师和中国科学院化学所陈敬清各自领导的小组，在察尔汗开始进行沟槽晒卤结晶光卤石、加水分解生产钾肥的工作，同时帮助地方建成盐湖上的第一家钾肥厂，当年生产近百吨钾肥。现在的年产 20 万吨察尔汗钾肥厂正是在这样的基础上发展壮大起来的。

1957 年，中国科学院盐湖科学调查队到达大柴旦盐湖进行调查时，当地一位转业军人（孙连胜）正带着十几名工人沿用农民使用多年的办法收集硼土，在铁锅中加热熔浸，再在地坑中过夜冷却结晶粗硼砂，回溶再结晶精制成粒径 1—2 厘米的硼砂晶体（此即《本草纲目》中所述北路硼砂）。当年 10 月盐湖科学调查队在这里发现湖底硼酸盐沉积之后，大柴旦地质队队长范敏中同志立即改变原有计划，把力量从外围集中到湖区。是年冬，陆续在湖表卤水东边发现大量地表钠硼解石和其他硼酸盐沉积，后经地质勘探表明，大柴旦盐湖是一个国内外少有的盐湖综合硼矿床。

1958 年，柳大纲先生安排调查队中的化工部天津化工研究院工程师张伦和化学所高世扬各自领导的课题组，利用当地天然碱进行碱解钠硼解石生产硼砂的试验。在此基础上，帮助组建大柴旦化工厂，开采湖滨钠硼解石，加碱分解生产硼砂。该厂使用该工艺生产硼砂近 40 年。柳大纲先生是开创柴达木盐湖企业生产钾肥和硼砂的科学家。

二、盐湖化学的奠基人

柳大纲先生在 1959 年北戴河召开的第一届盐湖和盐矿学术报告会上作的《发展我国的盐湖化学》报告中指出，柴达木盐湖中蕴藏大量食盐，可供全世界食用 1000 年，尤其是钾、镁、硼、锂是社会主义工农业发展必需的无机化工矿物原料。盐湖矿是一种活矿，对气候条件变化很敏感，不同于金属矿是死矿。为了科学而又经济地开发利用这些宝贵的资源，要求对矿产储量进行地质勘探，对各种矿产的形成条件、过程和机制开展矿物学、地质学、地球化学研究。针对我国盐湖特点，进行我国盐湖特有的盐水体系相平衡研究，针对柴达木盐湖地势高、温差大，年蒸发量远大于降水量的特点，应当考虑最大限度地利用自然能，发展就地盐田工艺，进行盐类包括钾硼和锂盐的相分离技术研究，要求我国的矿物学、地质学和地球化学、成盐元素化学、盐溶液化学、化学工艺、采矿和选矿的科学研究和工程人员彼此配合、协同工作，为建立和发展我国的盐湖化学和盐湖产业而努力奋斗。

在此之前，他就为我们选定察尔汗为钾镁氯化物型盐湖的典型代表，并在制订卤水日晒光卤石生产氯化钾的工艺方案同时，利用氯化镁的研究方案，确定大柴旦为新类型硼酸盐盐湖的典型代表，研究工作的任务在于认识该盐湖卤水年变化规律，对盐卤化学和硼酸盐化学，卤水太阳池相分离和硼、锂综合利用等展开研究，达到开发利用盐湖资源的目的。近 40 年来，我们基本上按照他制定的盐湖化学发展规划不遗余力地工作，在条件异常艰苦而又十分困难的高原盐湖工作中提出了柴达木盐湖的物理化学成盐，尤其是硼酸镁盐的稀释成盐的解释，同时为盐卤中钾、镁、硼、锂的综合利用铺筑了一条发展盐湖产业的道路，为建立和发展我国盐湖化学完成了基本的框架模型。

三、循循善诱的良师

回想当年，在大柴旦盐湖发现柱硼镁石后，来到茫崖镇的一天晚上，我在帐篷里向柳大纲先生提出“我愿意从事大柴旦盐湖研究”，当即得到他的应允。从第二年（1958 年）开始，我就成了主持大柴旦盐湖课题组的组长，一直从事这项工作近 40 年之久，可见，他对年轻人的培养、支持和信赖。1958 年，在进行“柴达木盐湖勘探和开发利用”中苏国际合作过程中，在苏方盐卤综合利用专家来华期间，我一直被派去跟他工作。在困难时期，中国科学院化学所在大柴旦成立盐湖研究室，他亲自到那里看望大家，指导工作。

我平时言谈既不注意场合，也比较随便。在“反右”和“四清”运动中，每当运动有明显迹象要轮到我头上时，柳大纲先生总是以野外工作需要，派我去柴达木。对此我心领神会，这促使我对盐湖化学研究不仅是十分认真，竭尽全力，而且是忠心耿耿。

三年困难时期一过，我被柳大纲先生选定为在职研究生培养对象。他帮助我制订详细的培养计划，安排我参加梁树权先生主讲的“科技德语”的学习，去北京大学听唐有祺先生主讲的“结晶化学”，并要求我自学《无机化学》和《无机分析化学》等书，负责从事“大柴旦盐湖卤水日晒工艺研究”。所有这些，在他的精心指导和关照下，不到 3 年我便全部完成，并于 1965 年上报国家科委登记成为重大科技成果。

“文化大革命”前夕，中国科学院在青海西宁组建盐湖研究所，柳大纲先生任所长。每年他都要到西宁，并去柴达木现场。他不仅视察野外工作，关心野外工作人员的生活和工作，详细询问大柴旦盐湖工作情况，帮助制订科研计划，还一再指示要尽快把钾盐生产促上去，把硼锂综合利用搞上去。“文化大革命”期间，他受到冲击。到 20 世纪 80 年代，他虽然年事已高，行动不便，但是还经常关心着柴达木盐湖的研究和开发，关心着盐湖研究所的同志们和学生们的工作。我们每次去看望他时，他总要给我们讲述盐湖调查中的重大发现和盐湖化学研究的重大意义，他在近 80 岁高龄之际，还与中国科学院院士袁见齐联名上书国务院，建议在进行年产 20 万吨钾肥厂建设过程中，应当考察察尔汗盐湖水化学和水动态等重大科技课题的基础研究，为盐湖事业、为盐湖所的科研工作和发展操劳。

时至今日，人们已经对高原盐湖钾、镁、硼、锂资源的重大意义及其对开发利用的复杂性有了共识，而且已经看到青海盐湖的希望在于盐产品生产的规模化和硼、锂、镁等盐类的综合利用。

柳大纲先生是一位对我国天然盐资源化学研究和产业发展都具有重大贡献却不求名利的化学家。

本文选自《柳大纲纪念文集》。

作者简介 高世扬（1931—2002），无机化学家，中国科学院盐湖研究所研究员、中国科学院院士。

盐湖之魂

——怀念我国青海盐湖科研的开拓者柳大纲先生

陈敬清　李洪海

中华人民共和国成立不久，随着社会主义建设和科学技术的发展，盐湖资源系统的调查和研究开发提上了日程。

1957 年 5 月，中国科学院综合考察委员会为落实 1956 年制定的十二年国家重大科技规划，成立了以柳大纲先生为队长，袁见齐、韩沉石为副队长的中国科学院盐湖科学调查队。调查队首次对青海柴达木盆地主要盐湖进行了长达 8 年的调查和研究，发现了大柴旦大型硼矿和察尔汗以钾为主的资源及其储量，揭开了这沉睡万年孤独的盐湖奥秘。

一是 1957 年 10 月柳大纲先生在察尔汗盐湖机场周围卤水中发现了光卤石沉积，并打孔钻探，确定了察尔汗为钾盐湖，储量初步估算在 2 亿吨，可定为钾盐基地。加之发现的大柴旦硼矿基地，促使青海省于 1958 年成立省化工局及察尔汗钾肥厂，大柴旦是化工厂生产硼砂的基地。

1958 年，在察尔汗钾肥厂盐湖队的上海化工院曹兆汉工程师指导钾肥厂干部、工人识别光卤石并用氯化镁不饱和卤水冷分解光卤石生产钾肥。

1964 年，察尔汗钾肥厂为提高产量和质量，引进并采用了盐湖所曹兆汉研究的生产钾肥工艺——光卤石冷分解洗涤法，使钾肥产品合格生产工业级氯化钾产品。1968—1972 年，在盐湖所的技术指导下筹建了冷分解浮选法生产工业氯化钾车间，同时配套使用隔离盐田生产光卤石，采卤、输卤设施和光卤石采矿机的研制，为该厂机械化生产，提高劳动生产率创造了技术条件，使察尔汗钾肥厂年产量由 2000 吨逐年提高到 5000 吨、8000 吨，到 1972 年突破了年产万吨大关。质量 A 级产品也由过去的50%左右提高为80%—90%，为向大型生产企业发展打下了坚实的基础。

二是1962年中共八届十中全会后，柳大纲先生向中国科学院副院长竺可桢提出要继续促进开发察尔汗钾盐生产工作的建议。1963年，在他领导下制定的盐湖十年科技规划中明确地提出了三大任务，即在察尔汗建设年产10万吨钾肥厂，在柯柯盐湖建年产250万吨的盐厂（NaCl)，以及在大柴旦建立硼、锂等综合利用的示范车间。上述三项任务为盐湖发展制定了一个完整的科技规划。即使在“文化大革命”期间中国科学院盐湖所仍按这个规划积极工作，其成果为年产20万吨氯化钾生产打下坚实基础，并在1978年全国科学大会上获奖，中国科学院盐湖所被评为两个先进集体之一。柳大纲先生因为发现大柴旦硼矿和其学生们的综合性工作获得了中国科学院自然科学奖一等奖和国家自然科学奖二等奖。

三是柳大纲先生在1972年、1982年讨论中国科学院盐湖所的方向任务时都坚持以盐湖综合利用为重点，这对钾盐开发尤为重要。1983年，他还与袁见齐院士联名上书党中央，就开发察尔汗钾盐提出建议，1984年，国家计委将青海盐湖钾和综合利用列为国家“七五”攻关项目。此时，柳大纲先生已年逾80岁，仍不时关心着攻关项目的进展。笔者每次从青海调查工作回来向他汇报工作时，他都细心听，并不时问一些项目的瓶颈问题的解决办法。当听到年产20万吨的钾肥厂已经建成，正在试车运转时，他不时地说：“这好，这好，我们国家的缺钾问题可以解决了。”并一再叮嘱：“你们管理项目一定要把好关，要少花钱，多办事。要把钱用在刀刃上。”

现在国家投资年产100万吨的钾肥厂正在察尔汗盐湖上建设，高楼林立，厂房一片，并在此基础上建成青海盐湖工业集团有限公司，党和国家领导人胡耀邦、江泽民、胡锦涛、乔石、李瑞环、曾庆红都分别到厂视察和指导工作。

笔者后来又赴察尔汗盐湖，望着浩瀚的盐田，听着厂房隆隆的机械轰鸣，看着传送带上成包成包的产品，内心无比激动。正如前青海省委书记尹克升说的“创业的历史是用血汗写成的，光荣的传统是靠奉献铸就的”。柳大纲先生一生，艰苦创业，高瞻远瞩，科学求实，无私奉献，盐湖之魂，万古长青！

作者简介 陈敬清，柳大纲青年科技奖理事会理事、原中国科学院青海盐湖所副所长。
李洪海，柳大纲青年科技奖理事会理事、原中国科学院高技术局化工处处长。

沿着柳大纲先生开创的事业不断攀登新高峰

万立骏　王梅祥

2004 年是柳大纲先生诞辰 100 周年。柳大纲先生从参与中国科学院化学所筹建到 1991 年仙逝，近 40 年的时间一直领导化学所的工作。化学所的建立和发展凝聚了柳大纲先生毕生心血，化学所的全体职工和学生深情怀念柳大纲先生。

从 1954 年起，柳大纲先生就协助曾昭抡、杨石先具体负责筹建中国科学院化学所的工作。1956 年化学所正式成立，柳大纲先生担任副所长并兼无机化学研究室主任。1957 年柳大纲先生担任化学所的所长，直至 1981 年主动退居二线，一直领导化学所的工作。

这个时期，既有中华人民共和国成立初期全国热火朝天的建设热潮，又经历了“文化大革命”，到 1978 年全国科学大会召开，迎来科学的春天。柳大纲先生在科研实践和科研管理工作中，坚持按照科学研究服务于国家建设、尊重科学规律的宗旨，不断探索有中国特点的科学道路。他坚持理论联系实际、理论研究与应用发展并重的指导思想，密切注意化学基础理论的国际动向，并亲自指导化学热力学、化学动力学、结构化学等工作。这些方面的工作已经在化学所得到很大发展，相继建立了分子反应动力学国家重点实验室和分子动态与稳态国家重点实验室。柳大纲先生还特别重视结合国家资源的综合利用。中国科学院化学所建所初期，很多工作都体现了这种思想，如青海盐湖综合利用和黄河泥沙的问题，盐湖化学和胶体化学，结合矿产资源开展的分析方法及稀土化学工作，为高分子单体开展的重有机化学研究，等等。在柳大纲先生倡导下，中国化学会成立了应用化学委员会。

在柳大纲先生的领导下，中国科学院化学所逐步发展成为实力雄厚的多学科综合性研究机构。在他的领导和筹划下，中国科学院化学所相继分出部分学科队伍，组建了中国科学院感光化学研究所、环境化学研究所、青海盐湖研究所，为我国化学科学的发展做出了重要贡献。

柳大纲先生知识渊博，治学严谨，学术思想活跃，倡导学术民主、办事公正，以自己良好的学风，调动了广大科技人员的积极性。柳大纲先生特别关注科学队伍的建设，培养和造就了一批业绩卓著的中青年科学家。他为人正直，严于律己、光明磊落、坚持原则、刚直不阿的一身正气，以及淡泊名利、大公无私的思想境界，赢得了人们的敬重，深受大家的爱戴和尊敬。

岁月如梭，中国科学院化学所已经走过近 50 个春秋。在几代科学家的努力下，化学所蓬勃发展，定位于以基础研究为主，有重点地开展国家急需的、有重大战略需求的高新技术创新研究，并与高新技术应用和转化工作相协调发展的多学科、综合性研究所，已发展成为在国际上有影响的化学研究和人才培养的重要基地。目前，化学所拥有 3 个国家重点实验室、5 个中国科学院重点实验室，并已被科技部批准筹建“北京分子科学国家实验室”。现在化学所拥有一支包括 9 位院士和一批杰出青年基金获得者和百人计划入选者的优秀科研队伍，研究工作包括物理化学及理论化学、高分子科学与材料、分子聚集体化学、纳米科学与技术、化学生物学和仿生科学、高新技术材料等多个研究领域。

近年来，化学所取得了一批重要成果，如 C_{60} 的化学和物理基本问题研究和高分子稳定金属纳米簇的合成及催化的研究两项工作获得了 2002 年国家自然科学奖二等奖。科学论文数量和质量得到很大提高，居全国科研机构前列。同时，化学所积极开展以国家需求为导向的高技术创新研究，积极推进国防军工研究。

展望未来，化学所将不断凝练创新科技目标，加强重点学科领域和新布点学科领域的建设，不断提高科研产出，增强化学所的竞争力，为化学科学的发展、中国科学院的发展和国家的发展做出贡献。同时，通过 10—15 年的努力，把化学所建设成为国际一流的化学研究机构。

柳大纲先生一生为发展祖国的科学教育事业，为我国化学学科以及化学所的发展做出了杰出的贡献。我们将循着柳大纲先生的足迹，将我们对他的怀念化为力量，不断促进我国化学科学事业的发展，把中国科学院化学所建设得更好。这应该是对柳大纲先生最好的缅怀。

作者简介 万立骏（1957—），物理化学家，中国科学院化学研究所原所长、研究员，中国科学院院士，中国科学技术大学原校长。

王梅祥（1960—），中国科学院化学研究所原所长、研究员。

盐湖科技事业的奠基者
柳大纲先生

陈敬清　刘德江　马海州

我国著名化学家、中国科学院院士柳大纲先生诞辰100周年了，我们以真挚的感情，深深地怀念他。他生前在工作非常繁忙的情况下，开拓了盐湖科技工作的新领域。倡导和创建了中国科学院青海盐湖研究所，并先后兼任所长和名誉所长，直至他生命的最后一刻。现在国家正在实施西部大开发战略，青海柴达木盆地矗立着的几个大、中、小型钾肥企业和其他无机盐工厂，以及盐湖所，这些都凝聚着柳大纲先生的劳动和智慧。我们将铭记他为西部地区的经济建设和盐湖科技工作所做的卓越贡献，缅怀这位开发青藏高原的先驱、盐湖科技事业的奠基者和领导人。

早在1955年，柳大纲先生已年过半百，但他从国民经济发展的大局出发，毅然放弃了长期从事的分子光谱和荧光材料方面的研究工作，转战大西北富饶的青藏高原，率先开展盐湖资源调查研究与开发利用工作。为了探寻农业发展急需的钾资源，1956—1966年，他几乎每年都亲自带队，并联合组织科研、生产、高校等多个单位，从北京奔赴条件艰苦的青海柴达木盆地，对盐湖资源进行大规模、深入的科学调查。即使在1960—1962年三年自然灾害时期，因生活困难，大部分科研单位已撤离野外现场的情况下，唯独柳大纲先生领导的中国科学院化学所盐湖组仍然奋斗在柴达木盆地，并建立了野外工作站和实验室。1966年，63岁的柳大纲先生身体状况不大好，同志们劝他在西宁中国科学院青海盐湖所检查工作就可以了，但他还是执意到柴达木盆地现场指导工作，详细询问盐湖科研工作的进展情况，帮助制订科研计划，一再强调要尽快把钾盐生产促上去，把硼、锂综合利用起来。

1957年，他和袁见齐先生带领中国科学院青海盐湖科学调查队对柴达木盆地盐湖进行大规模的、系统的、多学科的考察工作。他以物理化学和地球化学的渊博知识，分析盆地盐湖现状、特点及环境气候对盐湖的影响和变化趋势，通过细心观察和实验，终于在察尔汗发现了光卤石沉积，在大柴旦湖底发现硼矿沉积，并经勘探证实：察尔汗盐湖是一个大型的钾镁液体矿床，大柴旦盐湖也是一个富含钠、钾、硼、锂盐的大型矿床。据此，第二年就兴起了生产钾肥和生产硼砂的两个小企业，为钾肥工业的起步和盐湖资源的综合利用既提供了科技依据，又提供了生产工艺的流程。此外，调查队还陆续发现其他一些盐湖的锂矿资源，对西藏、新疆、内蒙古等地的盐湖也安排进行调查工作，从而获得了大量基本资料。经过这几年的科研积累，中国和苏联两国科学院于1958—1960年合作开展了“柴达木盆地盐湖资源勘探与利用”的研究项目，柳大纲先生是这个合作项目的中方负责人。

1960年，在北戴河召开的第一届全国盐湖盐矿学术会议上，柳大纲先生作了“盐湖化学与任务”的学术报告，指出我国盐湖具有多、大、富、全四大特点，首次提议盐湖化学与海水化学一样可以作为无机化学中的一个分支学科，而且比海水浓十几倍的盐湖卤水更具有开发的前景。他还论述了盐湖化学所涉及的盐湖地球化学、水化学、矿物学、物理化学、成盐元素化学、化学工艺学、同位素化学、稀有元素化学、盐卤分析化学以及工程设备10个方面，都是盐湖工作者的研究任务与内容。1963年，通过柳大纲先生的积极建议，国家科委设立了盐湖专业组，他负责组织起草制定了“盐湖科技发展十年规划”，明确提出成立盐湖专业研究机构，以察尔汗和大柴旦两个不同类型的盐湖为重点，围绕“综合开发利用”开展相应的工作。在研究内容上还应包括矿产地质、水文、地质、采卤、输卤、盐田结构工艺、采运机械、产品再加工、老卤综合利用等。柳大纲先生勾画的这一整套研究、应用、开发、产业化的思路确具先见之明，是科学的、正确的，为以后几十年的科研和生产实践所证实。

由于找到了我国最大的察尔汗钾镁盐矿床，钾肥生产便提到了国家议事日程。“七五”期间，国家投资5亿多元建设年产20万吨的青海钾肥厂。年逾八旬的柳大纲先生对此事十分关心重视，并倾注了很大的精力和心血。1984年他约袁见齐院士一起商量，充分考虑到我国盐湖和国外盐湖的不同特点和大规模开采的复杂性、艰巨性，他们编写了《关于大规模开采察尔汗钾盐资源急需进行的科研准备工作建议》，希望国家组织有关部门、单位，共同研究解决卤水动态及其水变化规律等三个方面的问题，以确保钾肥生产有长期稳定的卤水原料，其他资源合理综合利用，环境也受到有效保护。这些建议很快为国家有关部门所采纳。将“青海盐湖提钾和综合利用”列为国家“七五”期间重点科技攻关项目，其中一些主要内容还延续列为“八五”“九五”期间的攻关项目，这就大大加快了盐湖科技工作的步伐和促进成果向生产力的转化。近几年内，青海钾肥生产已超过百万吨，为我国农业发展做出了很大的贡献。

自 1965 年组建中国科学院青海盐湖所以来，遵循柳大纲先生建所的指导思想和规划方向，更有组织、有计划地开展研究工作，较好完成了“六五”至“九五”期间的国家重点科研任务。在盐湖资源考察、成盐演化和成矿规律、水化学、水盐体系相平衡、浓盐溶液化学和盐卤分析化学、无机材料、盐湖资源分离提取与综合利用以及开发高值化工新产品等方面，取得了一批重要成果，培养、锻炼和形成了一支事业心很强，能够艰苦奋斗的盐湖专业队伍，为发展我国的工业、农业和青藏铁路通过盐湖地段的建设做出了很大贡献，并获得了显著的经济效益和社会效益。目前，通过研究所改革，作为科研基地型的中国科学院青海盐湖所正在高值开发和综合利用上做文章，向产业化迈进。

柳大纲先生在盐湖工作中，特别关心和重视年轻人的成长。对年轻的科研骨干，亲自选定研究生，制订培养计划，确定科研课题，并精心指导。对新分配来的大学生他都亲自谈话，询问健康状况，胆量怎么样，怕不怕去野外，能不能吃苦，并介绍说：“盐湖资源丰富得很，宝藏特别多，风光也很美，你们到柴达木去看一看，我相信你们一定会爱上它的。”他还热情鼓励年轻人到边远、艰苦地区工作，直到临终清醒时还特别叮嘱此事。柳大纲先生不仅学识渊博，而且品德高尚，在野外工作期间与同志们同甘苦、共患难，从不搞特殊化。对成绩、荣誉、名利从不计较，并不愿意在其下属人员发表的论文上署名，跟随他多年的同志都十分感动，都乐意在这位导师的指导下开展工作，同柳大纲先生在一起工作过的人都很崇敬他、爱戴他。中国科学院盐湖所成立后，由于以老带新，年轻人一批批到野外工作，形成了“热爱盐湖、艰苦奋斗、团结协作、开拓进取”的好风气。1993 年江泽民总书记在视察中国科学院盐湖所时，看到了该所的工作状态和精神面貌，说：“你们是 Pioneer（先锋），老同志来这里很不容易，是为了事业，不为名、不为利，艰苦创业，搞国家建设就需要这种精神”，并挥毫题词：“发扬无私奉献精神，发展盐湖科技事业，做艰苦创业的无名英雄。”柳大纲先生就是这种无私奉献、艰苦创业的科学家代表。我们深信，柳大纲先生开创的盐湖事业和盐湖精神将发扬光大。

作者简介 陈敬清、刘德江、马海州，中国科学院青海盐湖研究所研究员。

继承传统 坚持创新 为国家化学事业贡献力量

——纪念柳大纲先生诞辰110周年

张德清　王笃金

时光荏苒，白驹过隙，今年（2014年）已是柳大纲先生诞辰110周年。60年前柳大纲先生由中国科学院长春物理化学所调到北京任中国科学院学术秘书并兼化学委员会秘书时，便非常关心中国科学院化学所的筹建工作。他先后组织召开物理化学、无机及分析化学和有机化学方面的座谈会，讨论化学所建所的方向和任务。转年，柳大纲先生又被增聘为化学所筹委会副主任，为化学所的建立做出了重要贡献。

我们感谢柳大纲先生有这样的信心和决心，与众多化学界先辈一起筹划建立起这样的化学基业。柳大纲先生领导化学所工作30年，在规划研究领域、开拓科研方向、组建研究室组、延聘优秀人才等方面，付出了大量心血和精力，使化学所在物理化学、分析化学、有机化学、无机化学、高分子化学、高分子物理学等各个学科领域都得到了蓬勃发展，同时培养了一大批科研人才，承担了大量科研任务，取得了丰硕的研究成果。柳大纲先生的办所指导思想今天仍在研究所的定位和发展中起指导作用。

柳大纲先生曾说过，化学与祖国建设的许多事业密切相关，只有不断地推动化学事业发展，才能使我们国家建设事业更快地完成。在几代人的努力下，化学所蓬勃发展，还以化学所某些学科方向为主先后组建了中国科学院青海盐湖研究所、成都有机化学研究所、感光化学研究所和生态环境研究中心等多个化学研究机构，为中国化学事业的发展贡献了巨大的力量。

我们敬佩柳大纲先生为化学事业奉献的勇气和恒心。作为我国系统考察盐湖的第一位化学家，柳大纲先生率领中国盐湖科学调查队，深入柴达木盆地进行了我国历史上首次大规模的盐湖资源科学考察。柳大纲先生一生心系盐湖科学发展，创建了盐湖化学学科和中国科学院青海盐湖所，制定科技规划发展盐湖事业，使我国盐湖研究有了突破性进展，取得大量重要成果。

基于以柳大纲先生为代表的中国科学院化学所前辈们开创的科学事业，今天的化学所已经成为中国化学领域最重要的研究机构之一，它是以基础研究为主，有重点地开展国家急需的、有重大战略目标的高新技术创新研究，并与高新技术应用和转化工作相协调发展的多学科、综合性研究所。在中国科学院新时期办院方针的指导下，按照“创新 2020”的总体部署，化学所深入实施“一三五”规划，在分子反应基础与器件、纳米绿色打印制版技术、高性能高分子材料“三个重大突破”方面已经形成重要影响，在“绿色制备新方法和新技术”等五个重点培育方向方面也进展显著。

展望未来，我们必定继承柳大纲先生的优良传统，沿着先辈开创的事业，进一步凝聚合力，加快实施创新驱动发展战略，扎实推进“一三五”规划实施，努力建设“分子科学卓越创新中心”，不断提升原始创新能力，创造更多国际一流的研究成果，更好地满足国家重大需求，进一步提升化学所的学术和社会影响力，为化学科学发展和国民经济建设做出更大的贡献！

唯有如此，才是对柳大纲先生最大的缅怀！

作者简介　张德清，中国科学院化学研究所所长、研究员。

王笃金，中国科学院化学研究所党委书记、研究员。

一生常耻为身谋　致学报国励后人

——深切缅怀柳大纲先生诞辰110周年

段东平

柳大纲先生离开我们已经23年了。他是德高望重的中国科学院院士、著名的化学家，也是中国盐湖化学的开创者、中国钾盐科技的奠基人和卓越的组织领导人。

柳大纲先生毕生重视科学研究和工农业发展的联系，为我国化学的发展和应用、为我国盐湖科学的发展做出了杰出的贡献，在科学界硕果累累、功绩卓著。他多次说，科研必须服从国家建设的需要。因此20世纪50年代中期，他从国家资源开发利用的需要和我国缺少可溶性钾矿资源的情况出发，把国家即将开发的青海省柴达木盆地盐湖作为研究对象，组织中国盐湖科学调查队进入青海省柴达木盆地，开展了我国历史上首次大规模的盐湖资源科学调查，并倡导和创建了中国科学院盐湖研究所，开创了我国盐湖科学和技术的新领域，为我国盐湖科技事业的发展奠定了坚实的基础。

柳大纲先生积极倡导开拓新的研究领域，一贯重视方向之间、学科之间的结合与协作。早在1959年，柳大纲先生在《光明日报》发表文章说："从柴达木盆地的盐湖资源，展望这一地区化学工业的远景，是令人兴奋的。首先是食盐氯化钠，除食用外，是制取金属钠、烧碱、纯碱、氯气、漂白粉等重化工产品的原料。钾盐如光卤石氯化钾是农业肥料与制取其他钾的盐类的原料。硼是许多工业及新技术材料所必需的，锂是原子能工业所必需的，镁是轻金属及其合金的重要组成等。这些盐类在国民经济、国防及人民生活中具有重大的意义。盆地尚有丰富的多金属矿和石油、天然气的蕴藏。有了石油和天然气，再加以从食盐而来的氯气，人们可以制造出多品种的人造材料，如塑料、合成纤维和合成橡胶，等等。盆地内多种原料产地彼此距离又不是很远，将来南水北调其他的水源问题得到解决。实是一个理想的化工联合生产的巨大基地。”三年自然灾害时期，不少科研部门纷纷撤离了柴达木盆地，而柳大纲先生坚持留守阵地，并制定出基础研究方向与发展盐湖化学的规划。

柳大纲先生集研究、应用、开发、综合利用及盐湖产业化等形成的众多方面完整的思想充满了战略性、前瞻性、科学性，为以后几十年的盐湖科研和生产实践所证实。时至今日，人们还在沿着柳大纲先生的思路向更新、更高的发展方向努力。

柳大纲先生注重研究队伍的建设，对年轻人尤为关心和帮助，甘当人梯，是很多年轻科学家的良师益友。他对年轻的科研骨干精心指导，对新分配来的大学生他都亲自谈话，并介绍说：“盐湖资源丰富得很，宝藏特别多，风光也很美，你们到柴达木去看一看，我相信你们一定会爱上它的。”他还热情鼓励年轻人到边远、艰苦的地区工作，培养和造就了一批业绩卓著的中、青年杰出科学家，但他自己却从不居功自傲，始终保持着谦虚谨慎的学者风度。由于他学识渊博、学风严谨、学术民主、坦诚厚道，一批年轻人都乐意在他的指导下开展工作，凡是和他一起工作过的人都为他甘当人梯的精神所感动。

柳大纲先生的一生是顽强拼搏、无私奉献的一生。耄耋之年，柳大纲先生仍以惊人的毅力不断向新的高度和广度开拓进取，为我国科学技术、为他所从事的科研事业不懈地努力奋斗。在生命的最后时刻，依然关心着祖国的科学事业，惦念着“西北盐湖要发展” 和“要关心、培养年轻人”。他献身科学研究事业 60 余载，始终把国家的需要和人民的利益放在首位，“一生常耻为身谋”是他一生的座右铭。

作为我国盐湖化学的奠基人、中国科学院青海盐湖所的创始人，柳大纲先生倡导的“艰苦奋斗、无私奉献、团结协作、开拓创新”的盐湖精神也代代相传、延续至今。岁月如梭，中国科学院青海盐湖所已经走过近 50 个春秋，在一代又一代盐湖科学家的努力下，有了今天的蓬勃发展，迄今为止依然是我国唯一专门从事盐湖研究的科研机构。该所定位于面向国家战略需求和区域经济发展，立足世界盐湖科学和技术前沿，以解决盐湖资源综合开发与持续利用的重大科技问题为主攻方向，引领我国盐湖应用基础研究和高技术研究。通过不断的改革、发展和创新，密切结合我国盐湖资源和特点，研究和开发综合利用盐湖钾、锂、镁、硼资源的关键技术和产业化系统工程，实现盐湖资源产品的精细化、高值化，形成中国盐湖资源综合利用和可持续发展的科学技术体系，开创了我国盐湖科技事业发展的新局面。

展望未来，当今世界已经进入一个大变革、大调整、大创新、大发展的新时期，科学技术正孕育着重大突破。如果说“创新 2020”为我们提供了提升创新能力、奉献国家、服务人民的大舞台，那么习近平总书记对中国科学院提出的“四个率先”要求，就为中国科学院乃至全国科技发展指明了方向。我们必须坚持面向国际发展前沿和面向国家战略需求的有机统一，正确认识自身承担的责任和使命，继承发扬柳大纲先生等老一辈科学家高尚的精神和品格，全面深化研究所改革，激发创新动力与率先潜能，这也是青海盐湖所加快实现“四个率先”的根本途径。只有抢抓机遇，全面深化改革，不断凝练创新科技目标，加强重点学科领域的建设，推动重大科研产出，增强大局意识、机遇意识、责任意识和开放意识，进一步明确定位、找准发展路径，才能从根本上解决长期影响和制约创新发展的一系列重大问题，加快实现盐湖所的“四个率先”，才能在发挥自身优势、满足区域重大需求、发展特色学科等方面发挥不可替代的作用，继续为盐湖科技事业的发展、为中国科学院的发展和为国家的发展做出贡献。我相信这也是我们对柳大纲先生最好的缅怀。

2014年2月

作者简介　段东平，2014年中国科学院青海盐湖研究所主持工作的副所长。

忆老师

张长美

1955 年，我被分配到中国科学院化学研究所，并安排在柳大纲老师领导下的盐湖研究组工作。初涉研究工作的大门，老师给我真挚而热情的第一课是："科学要为社会主义祖国服务，科学工作者要从事国家最重要的任务，到国家最需要的地方去！"1957 年，老师受命组织领导中国科学院盐湖科学调查队，又以言传身教、身体力行的感召力，磁铁般地吸引影响着我们这一批中青年科学工作者，使我们自豪而又愉快地跟着老师踏上勘察和开发利用青藏高原盐湖资源的科学征途。当时我有幸随考察队来到了青海柴达木盆地，在老师的指导下承担无机分析化学工作。

在大柴旦盐湖区，考察队在大柴旦盐湖北山的山凹下找到一口温泉，泉水出口处水温高达 82℃，泉水中硼元素含量很高（B_2O_3= 148 毫克／升），据判断这口泉千百万年来就以远大于目前的流量，携带着数以亿吨计的硼元素，通过地表或地下流入大柴旦盐湖区。按照元素地球化学运移的规律，老师指示我们取盐湖湖水进行分析化验，测得硼（B_2O_3）含量为 2300 毫克／升，然而，经过初步估算，单从温泉一处补给大柴旦盐湖湖水的硼元素就远远大于目前盐湖湖水中硼元素实存含量的总和，硼元素的补给和实存量有着巨大的不平衡，其多余量又将移向何方？大柴旦盐湖湖区的深部是否有硼盐的沉积？这些问题强烈地萦绕在老师的脑际。经过深思熟虑，老师当即布置对大柴旦盐湖中部湖区进行钻探。开钻的第一天，取出的岩芯都是一些食盐、芒硝和淤泥的混合物。第二天，当钻机进到某一深度时，遇到一个硬质层，简易的冲击钻很难继续推进。老师了解到这一情况时当即指示："不管岩层多硬，要继续往下钻，并要求取好'岩芯'。"经过两天的努力，钻机终于钻透了这个硬质“岩”层，可是取出的岩芯都是些褐黑色的硬块。现场野外人员描述为“淤泥石膏胶结物”。老师以锲而不舍的精神，取回“淤泥石膏胶结物”，并亲自取出一块小样置于烧杯中，注入蒸馏水将其淹没，小心拌搅后放置。翌日早晨，包裹于样品的黑色淤泥胶状物脱离样品并沉降于烧杯底部，样品表面显露出透明的结晶体，用水冲洗后取样分析化验，样品中硼（B_2O_3）含量为12%以上。根据这一信息，1958年地质部门即对该湖区进行了系统的地质钻探，证实湖底部沉积大量含镁硼酸盐，表明该湖区是我国的一个大型硼矿。1959年，国家即在该地建立炼硼厂生产硼砂。

1959年10月，考察队又凭借着多学科组合的优势和深入细致的工作作风，在很短的时间内，于察尔汗盐湖区发现了国内最大的液体和固体光卤石（$KCl \cdot MgCl_2 \cdot 6H_2O$），继而又在一里坪和台吉乃尔盐湖区发现了储量巨大的锂盐资源。这一年可以说是老师从事科学工作生涯中最有价值、最为愉快、最为光辉的一年。

此后，老师又以极大的热情，投身于组织和领导青藏高原盐湖资源的综合利用研究，组织筹建中国科学院青海盐湖研究所，先后多次深入青海、新疆和内蒙古等省区，为祖国盐湖资源的开发利用工作呕心沥血，使我国盐湖矿产资源的开发利用的某些领域走在世界的前列。

我在柳大纲老师直接指导下工作了近30年。回忆在一起工作的岁月，我深深地感到老师对工作兢兢业业、极端负责，对科学研究实事求是、去伪存真，对成绩、荣誉的品德高尚、淡泊名利。这些都给人们留下了难以磨灭的印象。记得在1983年，中国化学会在北京科学会堂举办的纪念老师从事科学工作55周年的纪念会上，北京大学化学系的同仁赠予老师一面“德高望重”的牌匾，集中地表达了老师学术上处事公正，轻名利的民主作风，以及平易近人、诲人不倦、严于律已，宽以待人的科学家风范。

老师，牌匾上“德高望重”四个字您是受之无愧的。您永远是我们的良师益友。

作者简介　张长美，研究员，原中国科学院青海盐湖研究所副所长，原中国科学院福州物质结构研究所副所长。

深切缅怀柳大纲先生

马福荣　蒋大智　陈观文　史维明

2004年是我国著名化学家柳大纲先生诞辰100周年。今天当我们缅怀这位为了中国的化学事业辛勤耕耘一生的科学家时，作为我们长期工作在柳大纲先生身边的工作人员，一直深深地为这位长者大公无私的奉献精神所激励，同时也对他为中国的化学事业所做出的重大贡献而感动。

在柳大纲先生一生的科学活动中，有30多年的时间里一直承担着中国科学院化学研究所的筹建和领导工作。柳大纲先生不仅是一位优秀的科学家，更是一位优秀的科学工作的组织者和管理者，是新中国化学事业的拓荒者和开创者。柳大纲先生一生留下的科学著作和文字记录材料不多，但他对我国化学科学事业的发展与进步所做出的重大贡献，在化学界却是尽人皆知的。柳大纲先生的名字就是矗立在我们心中的一座丰碑。

一、新中国化学事业的拓荒者

毛泽东同志说过，中华人民共和国成立初期是“一穷二白”的，如果以此来形容当时中国的科学事业那也是再恰当不过了。正是在这种情况下，如同许许多多的海外学子一样，柳大纲先生怀着满腔的报国热情，在中华人民共和国成立前夕从美国回到了这片热土，有幸成为第一代新中国化学事业的拓荒者。从下列一系列事件中，我们不难看出这位拓荒者留下的脚印。

1952 年，柳大纲先生作为副所长协助吴学周先生筹建中国科学院长春应用化学研究所。

1955—1981 年，柳大纲先生先后作为副所长、代所长和所长，筹建和领导了中国科学院化学研究所的工作。1981 年至柳大纲先生谢世前，任中国科学院化学研究所名誉所长，期间，仍非常关心所里的工作。

1957—1963 年，柳大纲先生兼任中国科学院综合考察委员会盐湖科学调查队队长，曾六下柴达木盆地考察。

1963 年，中国科学院化学所的氟研究工作并入中国科学院上海有机化学研究所。

1965 年 3 月，中国科学院青海盐湖所建立，柳大纲先生兼任该所的所长，直到谢世前仍然是该所的名誉所长。

1965 年，从中国科学院化学所分离一部分科研人员并入中国科学院成都有机化学研究所。

1975 年，中国科学院感光化学研究所从中国科学院化学所中剥离并单独建所。

1975 年，中国科学院环境化学研究所从中国科学院化学所中分离出来单独建所。

从以上简单的年系罗列中，我们能够感受到柳大纲先生在浩大繁复的建所工程中所付出的艰辛，我们也看到了柳大纲先生为我国化学研究的布局所做出的重大贡献。

作为柳大纲先生身边的工作人员，我们亲身经历了中国科学院感光化学所和环境化学所单独建所的全过程。一个新生儿的诞生总是要伴随着分娩的痛苦，作为中国科学院化学所的一员，谁不希望自己所在的研究所更强更大，谁不希望把更好的人员和设备留下来。但柳大纲先生作为所长常教育我们，孩子长大了，如果还绑在父母身边，就很难成材。孩子分出去了，如果不给他较好的条件也一定站立不起来。新的研究所分出去了，中国科学院化学所才会有更大的空间开拓新的领域。柳大纲先生在处理这些纷繁的矛盾中，充分表现出了一位科学领导者的大局观，表现出了他做事大气和大度的一贯作风。

二、新构筑化学所未来的巨匠

“文化大革命”对化学所的科学研究工作带来了很大损失，柳大纲先生作为所长也受到了很大冲击，但作为个人，他从未抱怨。“文化大革命”给了他更多时间对中国科学院化学所的过去进行总结，对未来进行思考。即使是在“劳动改造”期间，他也从未间断过对世界化学发展进程的关注。也正是由于这种平和的心态和对祖国科学事业的执着，当 1971 年初柳大纲先生恢复所长工作后，他又在耄耋之年开始了一生的第二次创业。

柳大纲先生作为所长，恢复工作后的第一件事，就是制定中国科学院化学所的发展规划，筹谋发展大计。柳大纲先生常说，化学是一门实验科学。正是由于他这种对化学学科本质的认识和他对中国国情的深刻了解，以及他以天下为己任的胸怀，才能将基础研究和应用研究辩证地统一起来，把化学学科的进步与国民经济的建设有机地结合起来。

柳大纲先生对中国科学院化学所发展规划确定的 3 条原则是：①化学所必须是多学科协同发展的综合性研究所。这主要是针对当时一种要办成高分子专业所的意见提出的。他认为，中国科学院化学所虽经多次分所，某些学科研究力量削弱了，但并未从根本上影响作为化学综合性研究所的实力。由于地处北京，国家需要有这样一个综合性的化学研究所，许多重大科研课题攻关需要多方面学科专业的配合。②选择对我国化学事业和国民经济未来发展有重大影响的研究方向和项目，适当布局当前国际化学研究的前沿课题。③有利于调动和充分发挥化学所各方面科技潜力，特别是多学科人才协同作战的综合实力。

柳大纲先生高瞻远瞩，统领全局，同当时的所领导一起确立了规划的大纲。在学科布局上，既考虑到化学学科发展的需要和所里的实际条件，又注意到各学科的相互关系和相互影响。在规划中，除了确保所里高分子优势领域外，在物理化学领域，力主保留热化学研究的基本力量，成立了结构化学研究室，开展了光电子能谱、量子化学以及以后开展的分子反应动力学和动态学的研究工作。在有机化学领域，对理论有机化学和生命科学的课题研究进行适当布点。在分析化学领域，重点针对生化体系中的分离材料、分析方法、检测手段等进行研究。在应用研究方面，结合国民经济建设的需要，重点发展聚丙烯大品种，开展了聚丙烯从催化到聚合、聚丙烯纤维及纺丝的研究工作，以及对发展农业有重要意义的腐殖酸研究课题。在功能材料方面，部署了有机光电材料（包括非银盐感光材料和当时称为有机导体／半导体的有机固体材料）的理论及应用研究。通过这次规划，确立了化学所今后发展的基本框架。

在规划的实施过程中，柳大纲先生作为所长特别关心一些弱势领域和弱势项目以及国际前沿领域项目的研究工作，亲自过问研究工作的进展，在人员及条件各方面给予帮助和支持，从而保证了中国科学院化学所各学科的协调均衡发展。

近 30 年来，中国科学院化学所在这些科研领域的研究工作获得很大发展，先后取得了一批重要的科技成果。如分子反应动力学，现在已发展成分子反应动力学国家重点实验室，分子反应动力学和动态与稳态结构化学研究工作分别获得中国科学院科技进步奖一等奖和自然科学奖二等奖；“有关生物大分子方面的光电子能谱研究”获1981年卫生部二等奖；“光电子能谱应用基础理论研究”获1990年中国科学院自然科学奖三等奖。在应用研究方面，聚丙烯纤维和催化剂在我国实现了产业化，由此衍生的细旦丝及降温母粒的研发工作也都取得了重大成果，并先后获得国家科技进步奖一等奖1项，国家科技进步奖三等奖1项，国家发明三等奖1项，中国科学院科技进步奖一等奖6项，中国科学院自然科学奖一等奖2项；腐殖酸及将腐殖酸用于植物生长调节剂、石油钻井泥浆处理等研究，都取得了重要的应用成果。

我们在中国科学院化学所长长的成果获奖名单中，没有发现一处有柳大纲的名字，但是我们谁又能否认，每一个成果不都是对这位“建筑大师”的褒奖呢？！

三、广揽人才　共图大计

在科学活动的诸要素中，人才是诸要素中的第一要素。有了人才，才会有研究领域，有了人才，才会有开创性的研究工作。作为长期从事组织和领导工作的柳大纲先生对此有更深刻的理解。

熟悉柳大纲先生的人都知道，在他的周围团结了一批科学造诣深厚、成绩斐然的优秀科学家。他们不仅有所内的，也有所外的，不仅有科学院的，也有大学的。像当时任中国科学院福建物理结构所所长的卢嘉锡教授，上海有机化学所的黄鸣龙教授，北京大学的张青莲、唐有祺、徐光宪教授，吉林大学的唐敖庆教授，中国石油科学研究院的侯祥麟教授等，遇到中国科学院化学所一些重大项目论证和重要的学术交流活动，柳大纲先生作为所长都亲邀他们参与，共商发展大计。

柳大纲先生尊重知识，尊重人才，知人善用，常常表现出一位科学领导者的战略眼光。为了开展有机固体领域的工作，柳大纲先生力邀钱人元先生。在他主持高分子物理和物理化学的同时，也兼顾并主持这项课题研究。以后柳大纲先生又推荐朱道本、曹墉等著名学者参加了这项工作，奠定了中国科学院化学所今天分子科学的基础。在得知我国著名的理论有机化学家蒋明谦教授在研究环境和条件方面存在一些困难后，柳大纲先生亲自过问，关心、支持他的研究工作，为他创造了宽松的研究环境，他的同系线性规律的研究，获得了国家自然科学奖二等奖。在光电子能谱的工作中，他邀请中国科学技术大学的梅镇岳教授参加这项工作，在光电子谱学的基础和实验方法研究等几个领域，均取得突出进展，处于国内领先地位。

为了加快中国科学院化学所的发展速度，尽快缩短与国外的差距，不仅在研究方向上设置了一些前沿学科，而且在人才上，柳大纲先生也较早地把目光投向了国外。中国科学院化学所部署分子反应动力学的研究时，他就注意到了当时已经崭露头角的李远哲教授。因此，当1978年李远哲教授随团访华时，柳大纲先生作为所长亲自出面做其工作，并此后，聘请他为中国科学院化学所的名誉教授和实验室的名誉主任。在李远哲教授的指导和帮助下，分子反应动力学的研究工作较快地开展起来。此后，中国科学院化学所还聘请了加拿大的陈德恒教授、日本的井本埝教授等担任名誉教授。引进了像赵玉芬、吴国祯、刘泽甫、梁曦云等一批青年科学家，回国参加化学所的研究工作。其中赵玉芬教授成为当时我国最年轻的中国科学院院士，在生命科学领域内开展了国际一流水平的研究工作。

我们都知道，柳大纲先生作为所长非常重视和关心青年工作，因为他们才是关系到化学所未来能否持续发展的最基本力量。他们能否尽快成才是化学所成败的关键。正是出于这种人才培养的战略思考，从“文化大革命”后期开始，他和当时主持外事工作的钱人元所长就以非常开放的态度，积极推荐中青年科学工作者出国深造，使化学所成为当时中国科学院出国人员比例最高的单位。后来，这批出国人员中的许多同志都成为科研骨干和重要领域的学术带头人，中国科学院化学所的整体实力也因此得到很大提升。

柳大纲先生一生生活简朴，志存高远。他长存报国之心，未敢一日或忘。柳大纲先生一生淡泊名利，操行高尚。他自诩为园丁，勤恳敬业，未敢一日懈怠。他治学谨严，作风踏实，慎言行，忌浮躁。他为人谦和而不失之原则，他忠厚平实而不失之睿智。我们这些有幸在他身边长期工作的人员，耳濡目染，受益终生。值此柳大纲先生诞辰100周年之际，谨以此文以示我们对这位长者的深切怀念和无限敬仰。

作者简介 马福荣，中国科学院化学研究所原党委书记、副所长，研究员级高级工程师。

蒋大智，中国科学院化学研究所研究员。

陈观文，中国科学院化学研究所研究员。

史维明，中国科学院化学研究所高级工程师。

缅怀我们的老主任柳大纲教授

俞书勤　何天敬

1958年中国科学技术大学建校之时，柳大纲教授与力学研究所的钱学森教授、郭永怀教授共同发起成立化学物理系。郭永怀教授担任化学物理系的系主任，柳大纲教授担任系副主任。

他们倡议设立化学物理系旨在培养化学与物理交叉领域的研究人才，尤其为适应当时我国发展“两弹一星”尖端科技的人才所需。因此，系里设有高速化学反应动力学和物理力学两个专业，培养火箭上天的推进剂燃烧爆炸性能和高温、高压、临界条件下航天材料物性研究的专门人才。很显然这些都是化学与物理不可分割的研究方向。在国外，虽然有化学物理博士学位的设置，而20世纪50年代就在本科阶段培养化学物理的专业人才正是他们的创举。

建系之初，柳大纲教授与郭永怀教授一起亲自为化学物理系制订了培养目标、办学方向和课程设置。要求学生既要有坚实的数理基础，又要有丰富的化学知识，使学生具备从事化学与物理交叉领域研究工作的能力。这样的培养方案有别于传统的化学系或物理系学生的知识结构，形成了鲜明的人才培养特色。45年来历任系领导和教授们始终不渝地遵循他们所开创的人才培养模式，为国家培养了一大批化学物理人才。这些毕业生在中国科学院研究所、国防尖端技术研究部门、国内外高等教育机构和产业部门研究所的研究工作中，充分发挥出学科交叉优势，为国家建设事业和国际学术交流做出了贡献。

柳大纲教授非常重视系里教师队伍建设。他将1958年刚分到中国科学院化学所的年轻人派到大学当教师。他所培育的化学与物理学科交叉的教师队伍，多年来继承着这一先进的办学思想，与时俱进，在国家建设飞跃发展的今天，恪守学科交叉办学理念，坚持宏观与微观相结合，科学与技术相结合，理论与实践相结合，学科特色鲜明，使中国科技大学的化学物理学科跨入国家重点学科行列，化学物理系也在国内外同行中具有一定知名度。

中国科技大学初创期间，柳大纲教授作为主任在每学年开始时总会来到学校与同学们亲切见面，勉励同学们要勤奋学习，要为科学事业献身。他在中国科学院化学研究所任所长时工作十分繁忙，常要去青海指导盐湖研究，但还经常来系里帮助解决教学中的问题，并亲自参加学生座谈会，听取意见。他非常和蔼可亲、平易近人。早年化学物理系师生相聚时，就会回忆起柳大纲教授的音容笑貌、长者风范和在化学物理系工作时的情景。

柳大纲教授作为主任为化学物理系，尤其为高速化学反应动力学专业的教学安排倾注了大量心血。大学开办时，他邀请钱人元先生为 58 级学生讲授无机化学，后来请陈尚贤先生讲授物理化学。开专业基础课的时候又请胡日恒先生讲授量子化学。到专业课阶段，他更是安排了徐广智、严继民、阎海科、王艳乔、陈德文等先生，这些当时中国科学院化学所的研究骨干还直接动手，为系里建立了 10 来个专业实验室，开出了一批专业实验。柳大纲教授亲自部署的这些教学措施保证了化学物理系开办教学任务的顺利完成，而且为化学物理系后来的发展打下了坚实的基础。

为了缅怀化学物理系的创始人柳大纲教授和郭永怀教授，铭记他们所做出的功绩，激励学生传承前辈的伟业，中国科技大学化学物理系在 1992 年成立了郭永怀、柳大纲化学物理奖励基金会，从国内外化学物理校友中筹集了经费设立“郭永怀、柳大纲奖学金”，奖励化学物理系品学兼优的学生。

柳大纲教授永远活在我们化学物理系师生心中！

作者简介　俞书勤（1941—），中国科学技术大学化学物理系前任系主任。

何天敬（1945—），中国科学技术大学化学物理系现任系主任。

高风常在 遗范永存

——深切怀念柳大纲先生

刘 惠

1950 年 9 月，我和柳大纲先生在上海中国科学院物理化学研究所相识，当时他已是一位知名的物理化学家，而我仅仅是一名初出茅庐，刚刚踏入科学殿堂的小兵。最初，我只获悉他是我国分子光谱学研究的先驱者之一；他曾与当时的物理化学研究所所长吴学周先生密切合作，长期从事紫外、远紫外分子光谱的研究，并取得了许多具有科学价值的研究成果。我对他感到由衷的敬佩。

在中国科学院上海物理化学研究所工作期间，我不仅敬佩柳大纲先生的学识，更敬佩他的人品。柳大纲先生思想进步、支持革命，中华人民共和国成立前夕曾掩护中共地下党员，收留中共地下党员在他家居住。他于 1951 年就参加了九三学社，1959 年又光荣地成为一名中国共产党党员，是当时中国科学院中入党较早的高级研究人员之一。在我和他的接触中，有一件事使我久久不能忘怀，同时也进一步加深了我对柳大纲先生的了解与尊敬，这件事是关于他处理柳大维先生在“三反”运动中自杀的问题。1951 年上海的中国科学院所属各研究所和全国一样，轰轰烈烈地开展着“三反”“五反”运动。我被临时抽调到院“三反”办公室工作。当时柳大纲先生的二弟柳大维先生在工学馆（现冶金研究所的前身）工作，他同样也是一名才华横溢而又纯朴、豪爽、热情的高级科学研究员，中华人民共和国成立后，十分积极热情投身各项运动。因当时工学馆行政人员极少，他为人热心，又有能力，就让他协助该馆主任、著名冶金专家周仁（中国科学院 1955 年第一批学部委员，后称院士）做些行政管理工作，是周仁先生的主要助手。他是一位纯朴、清白的无辜者，群众运动起来后，难免偏信、误导。但因当时刚解放不久，他对政策不够了解，作为没经历革命风暴的知识分子，承受不住运动的冲击和压力，夫妇双双服毒自杀了。得悉后，我首先奔赴柳大维先生的宿舍，在简陋而凌乱的屋子里，处处是重铬酸钾黄色溶液，柳大维夫人已静静安息在床上，旁边躺着不满周岁啼哭待哺的女婴。柳大维先生半身吊在床边，面部呈现着极端痛苦的表情……他们的两个正在小学读书的男孩却不知父母已离开人世间，情景十分凄惨！当时上海市领导同志得知此事后，十分惋惜，惊叹“投鼠忌器”。上海市委急令暂停并对科研单位的运动政策作了调整。1952 年 6 月，中央发出的“关于中国科学院进行思想改造运动方针问题给华东局宣传部复示”中指出，“应采取更加慎重的方式”“一般不采用群众斗争的过关方式”。但直到“文化大革命”结束后的 1979 年 4 月，柳大维先生才正式平反昭雪，还他清白，而这已是 25 年后的事了。而当时柳大纲先生得知此事后，忍着悲伤，沉着冷静地处理了柳大维夫妇的后事，并和他的七弟柳大绰先生共同挑起了赡养老母与抚育侄辈的重担。他未讲半句埋怨话，未发一点牢骚，以积极认真的态度协助组织处理了这一不幸的事件。

1952 年，柳大纲先生服从组织安排，决定随中国科学院上海物理化学研究所全家迁往长春。当时的独子柳怀祖，正值进入初中学习的年龄，为了不耽搁员工子女的入学问题，是年 8 月下旬，我奉吴学周所长的指示，作为迁所先遣人员，陪伴了 3 名高级研究人员的 6 位在校子女，共同经北京转赴长春。记得当时柳怀祖是这 6 名孩子中最小的一个，又非常聪明伶俐，无形之中，我也就发自内心地对他有些偏爱，像大姐姐对待小弟弟一样地处处照顾他。这样，也就对柳大纲先生全家有了进一步接触，加深了同他们的友情。柳师母樊君珊女士，是一位有文化的妇女，和柳大纲先生相敬如宾，感情甚笃。她全力支持柳大纲先生的事业，是一位典型的贤妻良母。我十分喜爱、羡慕他们这个温馨、幸福的家庭。

“文化大革命”给千千万万知识分子家庭带来了无穷的灾难，也给柳大纲先生的身心造成严重摧残，莫须有的罪名强加在他的头上。柳师母也受到冲击，和谐的家庭生活被破坏了！但柳大纲先生始终坚持真理，实事求是，充分表现出一位正直的科学家的本色。他的一身正气，更加赢得了同行的尊敬。1978 年召开科学大会之后，他被任命为中国科学院化学研究所所长。尽管当时他已逾古稀，但仍以高度的工作热忱、认真负责的态度，全身心地投入化学所的组织领导工作中。他为人公正，学风正派，关心群众，善于听取各方面的意见。他在化学领域涉猎广泛，重视学科之间的交叉、协作，积极倡导、开拓新的科研领域，既重视基础理论研究，也强调理论应该联系实际，并且十分重视开展应用化学方面的研究工作。他鼓励化学所的一些同志从事结合工农业、医学、生物学和工程学等应用化学的课题，他还在中国化学会积极扶持、组建核化学与放射化学委员会、应用化学委员会等学术组织。至于柳大纲先生多年来为中国盐湖事业所做的巨大贡献，更是功不可没。

柳大纲先生献身于祖国的科学研究事业 60 余载，孕育发展了几个化学研究所，培育了几代化学人才，但他从不居功自傲，始终保持着谦虚谨慎的学者风度。他不贪图名利、不计较个人得失，在走上研究所领导岗位后，从不在被领导人的论文上署名。他不仅领导科研工作，还担负许多社会工作。他曾长期领导中国化学会的工作，并长期兼任《化学通报》主编和青年化学奖评审委员会主任委员等职。他在这些工作中，大公无私，严格要求，秉公办事，不徇私情，从不偏袒化学研究所。

柳大纲先生一生简朴。他的家里没有豪华的陈设，他们夫妇也没有考究的衣着，他们粗茶淡饭，不嗜烟酒。他的唯一嗜好就是读书。他收藏了大量书刊，直至耄耋之年仍然酷爱读书，亲自动笔撰写讲稿、处理文件。他十分勤俭，从不浪费。有一次，我看到他把吃完药的空药瓶又送回了医务室，并且告诉我："这些药瓶应该回收。"从这些生活琐事中，可以看到柳大纲先生崇高的思想境界。

我有幸在经受"文化大革命"家破人亡的悲惨遭遇后，得到了柳大纲先生的栽培与爱护，把我调到中国科学院化学研究所，从事中国化学会办公室的学术组织工作。我在柳大纲先生的直接领导下整整工作了12年，经常聆听他的谆谆教诲，受益匪浅。他常常告诫我们："一定要热爱化学会的工作。化学会的工作如果做得好，要比化学所的工作作用大得多"。正是在他的这种鼓励与支持下，我逐渐热爱上了自己的工作，热爱上了中国化学会，自觉地学习老一辈化学家勤俭办会，以会为家的崇高精神，全力以赴地为化学工作者服务，为中国化学会的工作奉献我的一切。如果说吴学周先生是带领我进入科学殿堂的第一位科学家，柳大纲先生则是第二次焕发我科学青春的另一位科学家。今天，我所尊敬的这两位长者、这两位物理化学家，虽已先后与世长辞，但他们的音容笑貌，永远萦回于我的脑海之中。他们的高尚品德、情操永存在我们心中。

值此柳大纲先生诞辰100周年之际，我追忆往昔，泪水盈眶，思绪万千，深切怀念柳大纲先生。柳大纲先生：您的高风常在，遗范永存！

作者简介　刘惠，中国科学院化学研究所研究员、中国化学会办公室原主任。

深切的怀念

张蕴珍

1951 年，我去上海工作，初次认识了柳大纲先生，从外表看他是一位严肃的科学家。1955 年，我被调到先生手下参加中国科学院化学研究所筹建工作。当时，除化学所大楼的基建工作由另外几位同志负责外，有关业务方面工作在先生指导下有三人，即徐晓白、招禄基和我。徐、招二人当时参加了地质所热分析学习，只有我一人暂借地球物理所一间办公室工作。先生每周来 2—3 次，由于我毕业后在中国科学院机关一直做组织工作，渐渐地学过的化学基础知识就生疏了。为此，先生希望我在短期内边工作边复习高等数学和物理化学，以便尽早地参加科研工作。先生每次来上班总要问我的学习情况和进度，每当我有问题时总是很耐心地启发我的思路。一次，一个热力学题我做不出来，先生就从简到繁指导我解决的办法，我感到很温暖。先生对器材、图书的筹备工作也是交代得很清楚，在没有来专人以前要我做那些事，所以这个时期我学到了不少知识和工作方法。在接触中，我感到先生亲切可敬，但不可畏。

1958 年，苏联撤走专家，停止对我国建立原子能事业方面的援助。为配合我国原子能事业的发展，先生毅然带头积极承担了原子能化学研究方面的任务。他亲自在化学所组建并领导了 3 个原子能化学方面的研究室，开展了核燃料前处理、后处理工艺中的一些化学问题和稳定同位素锂 -6、硼 -10 的分离富集等关键问题的研究。虽然先生未能亲自参加实验，但研究路线都是他亲自指导制订的，在研究过程中碰到一些疑难问题，他都和我们一起研究解决，提出指导性意见。他经常到研究室观察研究过程中的一些现象，提出他的一些见解。他以一名中共党员的身份参加我们的党支部或党小组活动，在党员会上向党员们提出：“在研究工作中也像作战一样，要团结一致、克服困难，要在研究战线上起党员的模范带头作用，为我国的原子能事业做出贡献。”“文化大革命”期间，先生受到很大冲击，但他不顾个人的安危，仍然再三嘱咐我们，一定要抓紧时间完成原子能研究任务。在他的鼓励下，我们出色地完成了承担的各项任务，为我国核试验提供了有关材料和条件。先生坚持原则，以强烈的社会责任心和高度的献身精神为原子化学事业贡献了力量，在先生的领导下我们感到无比的自豪。

1984 年，我被调到中国科学院机关，参加《当代中国・中国科学院卷》丛书的编辑工作，先生被聘为化学篇的编委。当时他已 80 多岁，体弱多病，但仍然认真负责，召开了 10 多次的编委会议。1989 年他已卧病在床，谈话也很困难，但仍很关心《当代中国・中国科学院卷》的定稿工作。《无机化学》这一章则由我一字一字地念给他听，同意的部分他点头，有问题的地方就非常困难地表达出他的意见，最后他用那颤抖的手签上了最后一个签名。我看到他那不成字形的签字难过得流下了热泪。先生为革命事业鞠躬尽瘁、死而后已的精神令我终生难忘。

先生最讨厌浮夸，他多次和我们说：“浮夸在我国不算犯法，有的人浮夸反而得到好处，这个坏风气是‘四化’的大敌，必须坚决反对。”先生还非常注意“以人之长补己之短”，经常提醒我们要学习他人的长处，这样可以丰富自己的知识，克服自己的缺点。在化学所不管是老科学家还是一般工作人员都愿和先生谈心。先生在 1984 年已不做所长退居二线，但他的办公室和家中仍是门庭若市，很多人去看望他或和他谈心，征求他对业务的一些看法。

敬爱的柳大纲先生与世长辞已 13 年了，但是他亲切的教诲使我们永生难忘。他那强烈的社会责任感和高度的献身精神，深深地印在我们的脑海中，并随着时间的推移更为深刻。先生，我们深切地怀念您！

2004年9月

作者简介 张蕴珍，中国科学院化学研究所研究员、中国化学会办公室原主任。

牢记盐湖科技事业的奠基者柳大纲

刘德江

我国人口众多，自然资源相对短缺，人均矿产资源数量只有世界人均数量的一半左右，其中钾盐则更是一种紧缺的矿产，长期制约着我国工农业的生产，特别是土壤缺少钾肥，直接影响粮食生产。直到中华人民共和国成立以后，钾矿的勘查工作、开发利用和生产建设才提到国家议事日程上。经过老一辈科学家、有关部门的广大科技工作者以及工厂企业的共同奋斗，钾盐工作和钾肥生产取得了长足的发展。在青海钾肥厂基础上组建的青海盐湖工业集团，2010 年年产氯化钾达 240 万吨，创历史新高，成为我国最早最大的钾盐工业基地。近年来，新疆罗布泊的钾矿资源开发取得重大突破，一期工程年产硫酸钾 120 万吨，二期工程年产 150 万吨，有望成为第二大钾盐工业基地。这些都将大幅度地提高我国钾肥的自给率，有利于拓宽国际国内市场。

在回顾和纪念钾盐钾肥产业 50 年之际，我们怎能忘怀盐湖科技事业的奠基者和卓越的组织领导人——首批（1955 年当选）中国科学院院士、我国著名化学家、中国科学院化学研究所和青海盐湖研究所两所所长、名誉所长柳大纲先生（1904—1991 年）。他生前在身兼多种职务，工作异常繁忙，条件十分艰苦的情况下，辛勤开创了我国盐湖科学和技术的新领域，倡导和创建中国科学院青海盐湖研究所，为青藏高原的资源开发，西北地区的经济建设和科技发展，做出了杰出的贡献。

柳大纲早期从事基础理论研究。1948 年获得美国罗切斯特大学研究院博士学位，1949 年初回国。中华人民共和国一成立，即以满腔热情投入到生产建设所需要的研究课题中。他深知我国缺乏可溶性钾矿资源，便潜心搜集盐湖及地下卤水资料，安排实验室工作，组建物理化学分析组，并派人员到有关盐湖进行探索性考察，把准备工作做到国家安排的前面。柳大纲认为盐湖是无机盐的宝库，无机盐生产离不开盐湖，盐湖是一种活矿，主要开采的是卤水，无论是液相还是固相都是变化的，因此他提出从地球化学和物理化学的角度研究盐湖的新思路。为了寻找奇缺的钾资源，年过五旬的他甘愿转战富饶的青藏高原，主动联系地质、化工、轻工、盐业、食品等有关部门和地方政府，组织成立了中国科学院盐湖科学调查队，隶属中国科学院综合考察委员会。他为队长，袁见齐（北京地质学院教授，1980年当选为中国科学院院士）、韩沉石（中国科学院综合考察委员会干部）为副队长，于1957年9月从北京奔赴青海柴达木盆地，首次开展为期3个月的大规模、系统、多学科的科学考察，终于在察尔汗盐湖首次发现了光卤石矿，在大柴旦盐湖首次发现了硼镁石矿，并评价和证实了察尔汗盐湖是我国最大的可溶性钾镁矿床，大柴旦盐湖是一个大型的硼、锂矿床。这是两项重大、突破性的发现，这两个盐湖属不同类型，都具有代表性，因此两大发现对于以后找矿，制订科技规划、计划，盐湖资源研究与综合开发利用以及无机盐生产，都具有重大的现实意义和深远的影响。参加这次调查的全体成员都不辞辛劳，功不可没（下表）。

1957年参加中国科学院盐湖调查队人员表

姓　名	单　位
柳大纲	中国科学院化学研究所研究员，中国科学院学部委员
韩沉石	中国科学院综考会行政干部
陈敬清	中国科学院化学研究所研究实习员
高世扬	中国科学院化学研究所研究实习员
张长美	中国科学院化学研究所技术员
郑绵平	地质部技术员
曹兆汉	化工部上海化工研究院工程师
刘旺勋	632石油地质普查大队技术员
沈秋枫	食品工业部盐务总局技术员
王春忠	食品工业部盐务总局助理技术员
黄康生	食品工业部盐务局工程师

柳大纲这次调查结束后，立即向青海省政府做了汇报并提出建议，促成1958年青海省成立化工局，兴建察尔汗钾肥厂和大柴旦化工厂，分别生产钾肥和硼砂。从此，我国钾肥工业开始起步，走出了一条从无到有、从小到大的发展之路。作为一位化学家，柳大纲也是我国钾盐、钾肥和硼矿等生产的开创者、拓荒人。

1958—1960 年，中国和苏联两国科学院合作开展“柴达木盆地盐湖资源勘探与利用”的研究项目，柳大纲是中方负责人。在搞合作研究的同时，他安排调查队队员曹兆汉（上海化工研究院工程师）、陈敬清（中国科学院化学研究所研究实习员）各自领导的小组开展沟槽晒卤结晶光卤石 ($KCl \cdot MgCl_2 \cdot 6H_2O$) 的研究工作，帮助钾肥厂工人识别光卤石和掌握不饱和的氯化镁卤水冷分解光卤石生产钾肥（氯化钾）的技术流程，又安排张伦（天津化工研究院工程师）、高世扬（中国科学院化学研究所研究员）各自领导的小组，利用当地天然碱进行碱解钠硼解石 ($Na_2O \cdot 2CaO \cdot 5B_2O_3 \cdot 16H_2O$) 生产硼砂的试验，帮助大柴旦工厂采用该工艺开采湖滨的钠硼解石，生产硼砂。此外，柳大纲对西藏、新疆、内蒙古等地区的盐湖也安排进行调查，获得了第一手自然资料。

1959 年，在北戴河召开了全国第一次“盐湖盐矿学术会议”，只有柳大纲一人在会上作了“盐湖化学与任务”的报告，首次明确指出我国盐湖具有“多、大、富、全”四大特点，提议盐湖化学与海水化学一样可作为无机化学中一个分支学科，而且比海水浓十几倍的盐湖卤水更具有开发的前景。他还提出盐湖化学所涉及的盐湖地球化学、水化学、矿物学、物理化学、成盐元素化学、化学工艺学、同位素化学、稀有元素化学、盐卤分析化学以及工程设备 10 个方面，都是盐湖工作者的研究任务与内容，使与会者受益匪浅。

通过柳大纲的积极建议，原国家科委于 1963 年设立盐湖专业组，负责各部门、多学科、多兵种分工合作的组织协调工作。柳大纲负责组织起草制订了“盐湖科技发展十年规划”，提出分别在 3 个盐湖建立 3 个工厂的构想：在察尔汗建立年产 10 万吨钾肥的工厂，在柯柯盐湖建立年产 250 万吨食盐的工厂，在大柴旦建立生产硼酸、锂盐的示范车间。“规划”中明确要求成立盐湖专业研究机构，以察尔汗和大柴旦盐湖为重点，围绕钾、镁、硼、锂综合利用，开展相应的研究工作，在研究内容上还应包括矿产地质、水文、采卤、输卤、盐田结构工艺、采运机械、产品再加工、老卤综合利用等。

早在 1959 年，柳大纲在《光明日报》发表文章时说：“从柴达木盆地的盐湖资源展望这一地区化学工业的远景，是令人兴奋的。首先是食盐氯化钠，除食用外，是制取金属钠、烧碱、纯碱、氯气、漂白粉等重化工产品的原料。钾盐如光卤石氯化钾是农业肥料与制取其他钾的盐类的原料。硼是许多工业及新技术材料所必需的，锂是原子能工业所必需的。镁是轻金属及其合金的重要组成等。这些盐类在国民经济、国防及人民生活中具有重大的意义。盆地尚有丰富的多金属矿和石油、天然气的蕴藏。有了石油和天然气，再加以从食盐而来的氯气，人们可以制造出多品种的人造材料如塑料、合成纤维和合成橡胶等。盆地内多种原料产地彼此距离又不是很远，将来南水北调其他的水源问题得到解决。实是一个理想的化工联合生产的巨大基地。”

柳大纲上述集研究、应用、开发、综合利用及盐湖产业化等众多方面完整的思想确具战略性、前瞻性、科学性，为以后几十年的盐湖科研和生产实践所证实，至今还在朝这一方向努力。

1960—1962 年，国家遭遇三年自然灾害，大部分科研单位纷纷撤离盐湖现场，唯独柳大纲领导下的中国科学院化学所盐湖组坚守在野外工作站和实验室，甚至将少部分同志的户口也迁到大柴旦，就连冬天还继续开展工作。当时粮食紧张，每人月定量 22 斤，吃不饱，蔬菜副食也基本没有。汽车缺油，有时停车待油，只好步行工作。生活用水要从 100 千米以外拉运，生活用煤有时甚至要步行 20 千米用肩膀扛回来。由于劳累过度，又缺少供给，几乎每个人都有浮肿病，体重明显下降。就是在这种艰难困苦的环境中，不论是科考人员、司机、炊事员、行政后勤人员都不愿意离开这个团结战斗、分工协作的集体。更感动人的是有身孕数月的女同志也一直坚持在现场工作，直到临产前一个月才不得不离队。柳大纲虽年近六旬，年年亲临柴达木盐湖，与其他同志们一起，同甘苦，共患难，一样啃干馍，喝凉水，进行调查研究，指导工作。因有高原反应，他经常睡不着觉，不能平躺着就斜靠床上休息几个小时，从不要特殊照顾，继续坚持野外工作。1966 年，柳大纲已 63 岁，身体健康状况也不好，同志们为了他的安全劝阻他不要去野外，留在西宁，但他执意还是直奔柴达木。到了现场立即检查科研进展，布置工作，强调尽快把钾肥生产促上去，把硼、锂综合利用搞起来。

“七五”期间，国家计划建成年产 20 万吨的青海钾肥厂，柳大纲年过八旬，健康状况急剧下降，仍然对此事十分关心重视，并倾注了很大的精力和心血。1984 年，他找袁见齐院士商量，充分考虑到我国盐湖与国外盐湖的不同特点和大规模开采的复杂性、艰巨性，起草了《关于大规模开采察尔汗钾资源急需进行的科研准备工作建议》，希望国家有关部门、单位共同研究解决卤水动态、水化学变化规律及盐湖资源综合利用 3 个方面的问题，一方面以确保钾肥生产有持续稳定的卤水来源，另一方面完成其他资源综合利用及盐湖资源环境的有效保护问题。这些建议变成了“青海盐湖提钾和综合利用”国家“七五”期间重点科技攻关项目，其中主要的课题还延续到“八五”和“九五”的攻关计划，极大地促进了盐湖科技的发展，为我国大规模开发盐湖资源奠定了科学基础。

柳大纲在盐湖科技工作中，特别重视培养和发现后备人才。对年轻的科研骨干，亲自选定研究生，制订培养计划、确定科研方向，并精心指导。他从来不在下属人员的论文上署名，对参加工作不久的年轻人，言传身教，帮他们设计实验流程，辅导他们阅读科技文献，考察了解他们的基础知识、思维特点和工作能力，以便在安排工作时因人制宜、发挥特长，尽早独立工作。曾有一位年轻人在 1958 年即将被划成右派，柳大纲以盐湖野外工作需要人为由，调他离京奔赴柴达木，借以脱身。该同志称他是救命恩人。对新分配来的大学生，他亲自谈话，询问家庭情况，健康状况，胆量怎么样，怕不怕去野外工作，能不能吃苦，并且说："盐湖资源丰富得很，宝藏特别多，风光也很美，你们到柴达木去看一看就知道，相信你们一定会爱上它的。"他还热情鼓励年轻人到边远艰苦地区工作。由于他学识渊博、学风严谨、学术民主、坦诚厚道，一批年轻人都乐意在他的指导下开展工作。凡是和他一起工作过的人无不爱戴他、崇敬他，为他甘当人梯的精神所感动。

柳大纲献身科学研究事业60余载，始终把国家的需要和人民的利益放在首位。心中装着事业，唯独没有自己，从不贪图名利，从不计较个人得失，大公无私，光明磊落。他以陆游的"一生常耻为身谋"的诗句作为人生准则和座右铭。当他的孙子请教爷爷这是什么意思时，他说，人一生最可耻的是为自己打算。粉碎"四人帮"以后，在中央领导同志关心下，要将他一家6口人住得比较挤的房子，按规定调整到面积大一些的住房，但他表示搬后离设在中关村的中国科学院化学所太远，上班不方便，让汽车接送太费油，不想搬家。后经中国科学院领导给柳大纲夫人做工作，趁他出差时才搬了家。其家中摆设简朴，没有像样的家具。他不喜欢豪华。他和平常人一样，过着简单清贫的生活，粗茶淡饭，不抽烟，不喝酒，喜欢散步，高兴时随口吟几句唐诗。他最爱的还是书，每月工资中花费最多的就是买书。他自己很节俭，但周围同事有困难，年轻人结婚，却很慷慨。对于公家的东西，他倍加爱护，因去柴达木配发的老羊皮大衣和大头鞋，不准别人借穿。他说这是公家的，不能随便穿，只能他去盐湖时穿。他两袖清风，一尘不染，从不帮人说情走后门。他作风正派，办事公道，从不索取，不事张扬。他追求真理，百折不挠，即使在"文化大革命"中身心受到严重摧残和暮年身患重疾期间，仍然心系盐湖，奋斗不止。直到生命的最后时刻，还念念不忘察尔汗、大柴旦，牵挂着钾肥生产，叮嘱"西北盐湖要开发""要关心培养青年人"。

柳大纲是我国化学界的老前辈，曾先后负责筹建中国科学院长春应用化学所、中国科技大学化学物理系，以及中国科学院成都有机化学研究所、感光化学研究所、生态环境研究中心，领导中国科学院化学研究所30年，主持过中国化学会的工作，历任《化学通报》主编、《无机化学学报》顾问、《中国大百科全书·化学卷》主任编委之一。曾当选为第三届、第五届、第六届全国人大代表。他坚持务真求实、献身科学的执着精神和崇高的品德风范，在化学界、盐湖界无人不知，被称赞为"德高望重，科技楷模""化学创新元老，盐湖开拓先驱"。他倡导的"艰苦奋斗、无私奉献、团结协作、开拓创新"的"老盐湖"精神将代代相传，发扬光大。从1999年起，中国科学院化学研究所、青海盐湖研究所、中国化学会共同发起成立"柳大纲优秀青年科技奖"基金会，以激励年轻人到边远艰苦地区工作，从事盐湖及相关专业的研究，现已有30多位青年科学家获得此奖。

在回顾钾盐钾肥工业发展的时候，当然不会忘记那一批当年跟随柳大纲、侯德封（中国科学院地质研究所所长，1955年首批中国科学院学部委员）、袁见齐等老一代科学家一起工作的科技工作者，也不会忘记同时期中国科学院青海盐湖研究所一批“老盐湖”。他们在 20 世纪五六十年代都参加了创业初期的开拓性工作，都是盐湖科技领域的开路先锋。现在这些同志都已头发斑白，有的已病故，但他们在各自的研究领域建树颇丰，可谓硕果累累、成就卓著。如高世扬（盐湖所研究员、1997 年中国科学院院士）、张彭熹（盐湖所研究员，1997 年中国科学院院士）、曹兆汉（盐湖所正高级工程师）、郑绵平（地质矿产研究院研究员，1995 年中国工程院院士）、陈敬清（盐湖所研究员）、胡克源（中国科学院生态环境中心研究员）、张长美（中国科学院福建物质结构所研究员）、陈克造（盐湖所研究员）、郑喜玉（盐湖所研究员）、吴景泉（盐湖所研究员）、陈大福（盐湖所正高级工程师）等，不一一列举。

作者简介　刘德江，中国科学院青海盐湖研究所原所长 。

历尽艰辛　不断开拓

——记中国科学院青海盐湖研究所奋斗之路

刘德江

中国科学院青海盐湖研究所于1965年在西宁成立，1966年与原化工部正在筹建的盐湖化工综合利用研究所合并，隶属中国科学院领导。人员来自四面八方，由西北化学研究所（西安）、中国科学院化学研究所（北京）、兰州地质研究所、西北高原生物研究所（西宁）、天津化工研究院、上海化工研究院、连云港化工矿山设计研究院、大柴旦盐田试验队等单位的部分室组和有关人员组成，共计500多人，其中以20世纪50—60年代中期的大学毕业生居多，基本上汇集了全国第一批从事盐湖科技的有生力量，形成了初具规模的多专业队伍，标志着盐湖科技事业进入了一个新的阶段。

按照国家规划的要求和柳大纲先生的学术思想，建所以后设置7个研究室，即盐湖地球化学研究室、盐湖采选矿研究室、分析化学研究室、盐湖溶液化学及综合利用研究室、分离提取技术和无机功能材料制备研究室、激光分离同位素及电化学研究室、技术装备研究室。其主要任务是：调查及评价我国盐湖资源情况，以钾为中心，研究盐湖资源分离提取技术和综合利用中的科技课题，相应开展盐湖地球化学、成盐元素无机化学和溶液化学，分析化学及无机制备的研究，建立我国盐湖理论和盐湖科技研究中心，为开发盐湖资源提供科技支撑。

建所45年来，在中国科学院和青海省的领导下，经过3代盐湖人的团结奋斗，用自己的青春和热血谱写出盐湖科技事业发展的光辉篇章，取得了一批重要的科技成果，其中获国家省部级奖的70余项，公开出版刊物《盐湖研究》。其主要成果和贡献如下。

一、基本完成我国盐湖资源的调查与评价

多次组织科考队，行程 20 万千米，足迹遍布 10 多个省和自治区，对全国盐湖资源进行比较系统的深入调查，获得了丰富的第一手科技资料，基本摸清了中国盐湖的分布、类型、资源概况及开发前景，初步形成高原盐湖演化、成矿规律的理论。编写出版《柴达木盆地盐湖》《西藏盐湖》《内蒙古盐湖》《新疆盐湖》《中国盐湖志》《古代异常钾盐蒸发岩的成因》《中国盐湖黏土矿物研究》等专著，为国家和有关省、区的盐湖资源开发、区域科技、经济发展规划及资源环境保护的宏观决策，提供了基本资料和资源依据。与其他单位合作完成的“青藏高原综合考察研究”获得国家自然科学奖一等奖、中国科学院自然科学奖特等奖。

值得指出的是，盐湖地球化学的开拓者和学术带头人张彭熹先生及他领导的研究室曾重点考察柴达木盆地察尔汗、达布逊、大柴旦、小柴旦、大别勒湖、小别勒湖、涩聂湖、尕斯库勒湖、苏干湖、昆特依和马海等盐湖，并对大浪滩的钾盐矿岩芯进行鉴定，证实了柴达木盆地拥有丰富的钾资源，为以后钾肥生产基地建设及其他盐类开发，提供了宝贵资料和科学依据。在青海盐湖所建所初期，还完成了“达布逊湖现代沉积光卤石的形成及其再生”的研究课题，采用挖掘沟槽，利用晶间卤水再生光卤石获得成功，被青海盐湖钾肥集团公司的前身青海钾肥厂广泛采用，解决了大规模生产钾肥原料不足的燃眉之急。这项技术比美国大盐湖半隔离盐田生产光卤石亦即同类技术提早 10 年应用于生产过程。张彭熹先生还对古代异常钾盐蒸发岩的成因进行了深入研究，指出柴达木许多盐湖并不是残留湖，而是冰后期在更新世干盐湖上发育的新生溶蚀湖，确认察尔汗盐湖是 1 份深断上升 $CaCl_2$ 型水与 40 份河水配比混合演化形成的缺失 $MgSO_4$ 盐的“异常”钾盐蒸发岩，解决了百余年来钾盐矿成因理论界对此问题的争论。其成果完善了现代盐湖钾盐形成模式，是对袁见齐先生关于陆相成钾理论的重大补充，引起中外地质学者的关注，并被广泛引用。

二、完成察尔汗盐湖卤水生产氯化钾研究

在建所初期的几年中，盐湖所在卤水开采和输送、盐田日晒制取光卤石、光卤石铲装机械、土法加工到冷分解浮选和反浮选法提取氯化钾等方面，开展了一系列研究。采用“大会战”方式，100 多人在察尔汗进行现场试验，终于获得了一整套技术和工艺流程，无偿提供给青海钾肥厂使用，使产量由千吨级到万吨级，由万吨

级到10万吨级。年产20万吨钾肥二期工程的设计依据和生产流程，大部分也采用青海盐湖所的这些技术成果。此后，这项技术在众多小型钾肥企业也得到推广应用，均收到显著的经济效益。我国钾肥工业的发展，倾注着青海盐湖所几代科技工作者的心血和智慧，他们为盐湖钾肥生产打下了坚实基础。其成果获全国科学大会奖、青海省科技大会奖、中国科学院重大成果奖。

三、完成国家下达的“察尔汗盐湖在大规模开采条件下的岩盐为路基基底的稳定性研究”

为完成“六五”期间这一关系到青藏铁路建设的重大科研任务，青海盐湖所高度重视，集中力量组织200人的科研队伍，不论严寒、酷暑，连续3年进行施工、试验，钻井120孔，钻深1000米，爆破法挖掘渠道，安装管道4605米，抽水25万立方米，步行2400千米，常年观测和重复测量上万次，进行抽水和承载模拟试验20多次，终于取得了5万个原始数据，并通过复杂的计算，编写出总结报告，从理论计算到实际验证得出可以用岩盐作为路基基底，不用回填土，修铁路不用绕过察尔汗盐湖而应直接穿过，而且路基能够保持长期稳定，不会影响火车安全运行的科学结论。这一成果很快应用于实际建设，在盐湖上筑起一条长达32千米的“万丈盐桥铁路”。这在世界上实属首创，并为国家基础设施建设节省了大笔建设资金，保证了青藏铁路一期工程西宁到格尔木的通车运行。铁路的建成也对察尔汗盐湖大规模开发提供了交通运输保障。这项研究成果获全国科学大会奖、青海省科技大会奖和中国科学院重大成果奖、与其他单位合作获国家科技进步奖二等奖。

四、完成察尔汗采卤过程中水动态水化学变化规律和自动观测系统的研究

该项目系“七五”和“八五”连续重点攻关任务，时间长、工作量大，一年四季必须在野外工作。青海盐湖所组织两个研究室力量开展工作，建立了由168个钻孔组成的、监测面积300平方千米的长观井网和半径为20平方千米，采用计算机控制，由1个总站和20个子站组成的自动检测网络系统，跟踪、监测和描述采卤过程

中的水质、水量变化及影响，实现对多个观测点中水位、水温、密度、钾含量及多种气象参数的同步、快速、准确、连续自动测量，积累了多年的系统数据资料。这些数据资料经过分析处理后全部无偿转交给青海盐湖工业集团，是一、二期工程渠道采卤设计的主要科技依据，满足了提高采卤效率，合理延长采卤年限的设计要求。其成果获青海省科技进步奖二等奖、中国科学院科技进步奖一等奖、国家科技进步奖三等奖。

五、完成大柴旦盐湖调查、盐卤硼酸盐化学和硼、锂综合利用的基础研究

大柴旦盐湖是一种比较复杂的有代表性的新类型盐湖，进行这一盐湖研究和开发具有典型、示范、引领的意义。盐湖化学领域的开拓者高世扬先生及其团队几十年来一直坚持系统深入的研究，不仅在盐卤硼酸盐化学方面有创新性的突破，而且完成了 200 吨硼酸、50 吨氯化锂的中间试验。这是迄今为止我国第一次针对一个盐湖进行钾、镁、硼、锂资源综合利用的有效探索。其成果获中国科学院自然科学奖一等奖，国家自然科学奖二等奖。

高世扬先生还把盐湖化学定位于资源无机化学领域，简称资源化学，此命题在国内同行中被广泛采用。资源化学针对我国盐湖卤水的特点，研究复杂体系中相的种类、性质、存在界限及其转化条件。利用现代电解质溶液理论，进行多元体系相平衡的理论预测，发展了电解质溶液理论，探寻相平衡研究新方法。建立各种盐湖卤水的热力学模型和状态方程，促进了电解质溶液基本物理化学规律在盐湖资源开发利用中的应用。

六、广泛开展钾盐系列产品研究

通过小试、中试和工业化试验，获得了硫酸钾、氢氧化钾、碳酸钾和碳酸氢钾、硝酸钾等钾盐系列产品。值得指出的是，如何发挥青海富钾资源的优势，就地取材，生产出无氯钾肥硫酸钾一直是困扰盐湖科技工作者的技术难题。青海盐湖所研究员吴景泉带领其研究组，进行连续多年的潜心研究工作，创造出“用盐田光卤石（或粗钾盐）和天然无水芒硝转化法制取硫酸钾”的新技术。此项技术国内外未见报道，

具有创新性、实用性，解决了两种不同类型盐湖制取硫酸钾的难题。这一技术迅速在两家企业中得到应用，完成两个万吨级的工业化试验，实现了生产工艺和产品质量的双突破，为盐湖地区建设大型硫酸钾企业提供了设计和技术依据，并获得了国家专利和中国科学院科技进步奖二等奖。令人惋惜的是，吴景泉研究员在工业化试验接近尾声之时，从察尔汗的生产车间返回格尔木途中，因路滑翻了车，因公殉职，享年 55 岁。青海盐湖所、格尔木市均举行了隆重的悼念活动，号召向吴景泉同志学习。

吴景泉同志 1965 年从天津大学毕业后，志愿到青海工作，与盐湖结下了不解之缘。他在青海盐湖所工作了 30 年，一直致力于钾盐钾肥的应用研究，先后负责完成了 20 个研究课题，获专利 3 项，重要成果 4 项，其中两项为省部级奖励，发表论文报告 30 多篇，同张彭熹先生合作完成专著一部。在完成这些科研任务的过程中，他比一般人付出了更多努力。多年以来他一直是糖尿病缠身，不能离开药，其家庭也有不少困难，他没有时间照顾妻子和两个儿子，一心扑在攻关项目上。他身先士卒，吃苦耐劳，从不讲条件，不计名利，长期坚持在柴达木盐湖现场，度过了一个个春夏秋冬。在万吨级硫酸钾开车生产时，他放弃周末休息日，向工人们详细讲解工艺流程和操作规程，甚至吃着药同工人一起倒夜班，深受企业管理人员、技术人员和工人们的称赞和尊敬，人们都亲切称呼他“吴研”“吴老师”！他把青春和生命献给了柴达木，献给了钾肥工业。生命不息，奋斗不止，他不愧为优秀的中国共产党党员、先进工作者和优秀专家。

七、研究盐湖资源综合利用开发的系统集成技术

青海盐湖提锂技术实现重要突破，年产 3000 吨碳酸锂、25000 吨硫酸钾，国家产业化项目在东台盐湖成功投产并通过国家验收。该项研究成果为我国高镁锂比盐湖卤水生产提锂提供了迄今唯一经济实用的工艺和技术，同时，综合利用了钾、硼资源，具有世界先进水平。开展了“年产 2000 吨氢氧化镁阻燃剂产业化关键技术开发”研究，成功开发出了阻燃剂级、高纯超细、重质等高品质系列氢氧化镁产品工业化生产关键技术。开展了“利用不完全脱水氯化镁和氯化稀土为原料电解制备新型稀土镁合金”研究，优化了水氯镁石提纯和部分脱水工艺。建成了水氯镁石提纯和部分脱水的中试装置，形成了年产 550 吨提纯二水氯化镁的生产能力。建立了以含水氯化物为原料电解制备稀土镁合金的创新工艺，建成了稀土镁中间合金的中试装置，形成了年产 100 吨稀土镁中间合金的生产能力。利用盐湖大量的氯化镁资源和当地白云石资源进行制备镁水泥制品工艺技术开发，开展了“白云石焙烧热

解实验装置和镁水泥制品技术开发”研究，并取得了成功。

在盐湖材料化学和产品高值化研究方面，“制取锂离子二次电池正极材料钴酸锂”已成功实现了产业化。“金属锂提取优化工艺研究”经青海盐湖所研究人员攻关已成功突破国外专利的封锁，实现了技术的重要突破。开展了“年产 100 吨硼酸铝晶须试验”和“碳酸钙晶须扩大试验”研究，采用高温法等方法，低成本生产出晶须材料。开展了在室温下发生相变，从而吸收或放出大量热的相变储能材料研究，开发出了具有我国自主知识产权的一系列室温相变储能材料，初步的工程应用研究表明，该材料具有极佳的储能节能效果。

八、开展盐类矿床演化过程、成矿规律研究

青海盐湖所在已有研究工作的基础上，于 2002—2007 年，对我国海相、海陆交互相成盐盆地，如塔里木盆地西部、柴达木盆地西部、鄂尔多斯盆地以及兰坪—思茅盆地等进行了深入研究，其中在塔里木盆地西部第三纪古成盐盆地找钾的过程中取得重要成果，圈定了找钾远景区；2004—2006 年对柴达木盆地西部的第三纪古卤水（油田水）进行了研究，阐明了其分布特征和物源并确定了资源富集区。

2006 年 6 月，在柴达木盆地察尔汗盐湖实施科学钻探工程，该工程孔深达 1000.25 米。这项研究以柴达木聚宝盆国家紧缺资源为中心，紧扣盐湖成盐的古环境机理、第四系生物成因天然气的形成机制、盐湖特征环境的演变过程、极端环境的古气候记录这 4 个基本点，将在柴达木盆地三湖地区第四纪盐类成矿和生物气成因与成藏的环境机制和资源评价等方面，提供重要的基础理论，丰富第四纪盐湖成盐理论，为我国最大的盐湖——察尔汗盐湖盐类资源的综合开发与可持续利用提供创新性的科学依据，进而为青海省区域经济的发展做出贡献。

进入 21 世纪，青海盐湖所被批准为中国科学院知识创新工程试点单位，定位于以解决我国盐湖资源的综合开发与持续利用的重大科技问题为主攻方向，立足世界盐湖科学前沿，引领我国盐湖应用基础研究和盐湖高技术研究。针对制约我国盐湖产业发展的关键技术，开展技术创新与技术集成，推动我国盐湖产业的发展。在我国盐湖产业技术研发和盐湖资源环境领域发挥着不可替代的作用，将盐湖所打造成国内一流，国际知名的从事盐湖应用基础研究和高技术研究与发展的综合性研究所。

回顾青海盐湖所的建立和发展，是一个艰苦创业、严峻考验、坚持不懈、顽强拼搏的过程。刚建所时，科研队伍年轻，平均年龄 30 岁，只有两位同志具备副高级技术职称，还有 5 位同志是中级技术职称，大多数是工作时间不长或刚毕业不久

的大学生。他们朝气蓬勃、生龙活虎，有些还是携带妻儿老小，从内地大城市举家搬迁到边远艰苦的青海，抱着热爱盐湖、开发西北、报效祖国的满腔热情，积极投入到盐湖研究的行列。他们深知科学研究是一项艰苦的工作，而在西北地区搞盐湖研究就更加艰苦，但他们更懂得要服从国家的需要，服从大局，正如有的同志说得："盐湖需要我们，我们离不开盐湖""不开发盐湖，誓不罢休""为了祖国的明天，现在吃苦也是幸福"，任何艰难困苦不在话下，都不用怕，都能克服，觉得挺一挺就过去了。因为那里有他们的事业，有他们的理想，有他们的抱负。正是因为他们都有一颗为国为民的赤胆忠心，一股为盐湖科学勇于献身的精神，所以甘愿把火红的青春和毕生的精力都献给了苍凉的盐湖，献给了西部的人民。其中大部分同志都长期奋战在"天上无飞鸟，地上不长草；一日见冬夏，风吹盐沙跑"的茫茫盐湖区。即使在"文化大革命"的10年里，青海盐湖所的科研工作也从未间断和停止过，年年坚持野外工作，年年完成科研计划，为开发盐湖资源做好科技储备。由于科研工作成绩突出，精神面貌好，青海盐湖所作为一个整体单位，于1978年荣获全国科学大会表彰的先进集体，1995年被评为中国科学院优秀单位。

由于青藏高原盐湖，海拔高（一般都在2700—5000米），回到西宁的海拔也有2300米，与沿海内地相比，缺氧26%—50%，气候干燥、严寒，风沙大。人烟稀少，交通不便，加上长期从事野外工作，装备简陋，严重缺水缺菜，住的是单帐篷，以后才有棉帐篷，活动房子，各方面条件都很差，所以人的体质明显下降。许多同志都有高原反应和不适应感，如头晕、口干、舌燥、耳鸣、指甲凹陷、头发牙齿脱落、皮炎、浮肿、失眠、神经衰弱等。有的晕倒在野外现场和实验室，40来岁头发牙齿就掉光了，过早衰老。不少同志患有高血压、心脏病、肺气肿、肝炎、胃溃疡、肠癌等疾病。甚至有的英年早逝，有的一家老小都有病，不得不调离青海盐湖所。但至今仍然保留了一批骨干力量，改革开放以后，又补充了一批年轻人，保证了盐湖事业后继有人。

1993年7月，江泽民总书记视察青海盐湖所，给予了高度赞扬和评价。他讲话时说："我原来不知道这里有个盐湖研究所，而且盐湖还有那么多宝藏，资源那么丰富，这些都是老同志发现的。你们很不容易，放弃了条件优越的大城市来到这里，你们是Pioneer（先锋），你们来这里是为了事业，不为名，不为利，艰苦创业，我们需要这种精神。我们青年一代要向你们学习，学习你们不为名利的奉献精神。"他欣然挥毫题词："发扬无私奉献精神，发展盐湖科技事业，做艰苦创业的无名英雄"，给青海盐湖所全体员工以极大的鼓舞和鞭策。

2011年6月1日

作者简介　刘德江，中国科学院青海盐湖研究所原所长。

纪念《科学》杂志前辈编辑柳大纲先生

潘友星　段　韬

我国许多科学前辈都有着多彩的职业生涯。在他们成为大家之前，除了投身教学、科研外，还多有从事科学编辑工作的经历。中国分子光谱研究先驱者之一、盐湖化学的奠基人、物理化学家柳大纲先生就是其中的一位。他大学毕业做了两三年助教之后，当过一两年中国科学社主办的《科学》杂志的编译员。

《科学》杂志是由中国留美学生结成中国科学社创办的，1915年1月创刊发行。随着留学生陆续学成回国，1918年，编辑中枢迁回国内。柳大纲毕业于东南大学化学系，化学系的主任王琎（字季梁）曾留美，是中国科学社的永久社员。1920年，王琎是中国科学社“总理全社行政事务”的理事会理事之一，还兼任《科学》杂志编辑部主任。在老师王琎的影响下，1928年前后，柳大纲到《科学》杂志编辑部从事编译工作。

在《科学》杂志的老刊中，我们找到了青年柳大纲在此期间的5篇编译作品，依时间先后列于下表。

年份	卷号	期号	篇　名	作　者	页　码
1928	13	2	华亭女士之事绩	柳大纲	293 — 298
1928	13	5	波动力学	Paul R. Heyl著，柳大纲译	604 — 616
1928	13	7	密他格莱夫娄传略	柳大纲	974 — 977
1928	13	11	野口英士传略	柳大纲	1562 — 1567
1930	14	12	物理学中最近概念及其与化学之关系	Irving Langmuir著，柳大纲译	1914 — 1935

这 5 篇作品中，2 篇是翻译的，3 篇是编写的。

《科学》创刊伊始便“以传播世界最新科学知识为职志”。这里的两篇翻译文章，很好地贯彻了这一职志。19 世纪 20 年代是现代物理学生机蓬勃发展的年代，也是量子力学诞生的年代。1924 年，德布罗意在博士论文中提出了电子具有波动性的假说；1926 年，薛定谔在此基础上提出微观粒子运动满足的波动方程——薛定谔方程，量子力学两大表述形式之一——波动力学成形。1928 年，青年柳大纲就在中国的《科学》上翻译了一篇综述介绍波动力学的文章，及时地向中国读者介绍了这一重要的“世界最新科学知识”。原文载美国《科学月刊》[Wave mechanics. Scientific Monthly.1928，26（1）：41—47.]。原作者海尔（Paul Renno Heyl，1872—1961）是美国物理学家、发明家，还是一位多产的科学作家，很有科普写作经验。选择这样的题材、这样的作品翻译，说明译者既很有科学眼光，也很有科普眼光。

另一篇作品则选的是美国化学家和物理学家朗缪尔（Irving Langmuir，1881—1957，文中作：兰格缪尔）在美国化学会 1929 年秋季年会上宣读的论文。朗缪尔在这次年会上就任会长，后来于 1932 年获得诺贝尔化学奖。他的这篇论文译成中文后有 1.7 万字。文章阐述了相对论和量子理论带来的物理学基本概念的变化，以及化学与物理学的关系。文章指出，“求其基本确当之概念，乃化学及物理学学者极要之务。”“物理思想之深奥变化，以量子学说所表明者为尤著，遽使物理的化学随之改革……量子学说之应用于带状光景（今称：光谱——笔者注），可许为化学中极重要之事。”“为未来化学之变革，预为筹计，吾人必准备变更思想方法，或沿今日盛行于物理学之方向进行。但尤要者，吾人必须劝勉在大学中或已毕业之青年化学学者，于算学及近代物理作深切之训练焉。”翻译这篇论文时，青年柳大纲应该刚开始在中央研究院化学研究所的科研生涯。选择翻译朗缪尔的这篇论文，应该与他科研方向的选择存在着某种联系，从柳大纲先生后来的科研足迹中，人们也不难找到朗缪尔当年对化学学子劝勉的影响。

3篇编写作品，是科学人物传略。一篇介绍美国女物理学家、天文学家华亭(Sarah Frances Whiting，1847—1927；今译：怀廷），一篇介绍瑞典数学家密他格莱夫娄（Magnus Gösta Mittag-Leffler，1846—1927；今译：米塔·列夫勒），一篇介绍日本细菌学家野口英士（Noguchi Hideyo，1876—1928；今译：野口英世）。这 3 篇文章分别对 3 位科学家在各自学科领域中的科学贡献，作了准确而又通识的介绍，行文涉及物理学、天文学、数学、细菌学等学科的内容。可见，出身化学系的青年柳大纲，毕业后并未囿于自己所学的专业，治学作文的视野是宽阔的。

这 3 篇文章更对 3 位科学家献身科学的人格魅力作了各有特点的生动介绍。这也体现了青年柳大纲对科学人格的尊重、对科学探索的向往和对在中国传播科学责任的体认。从他为《华亭女士之事绩》写的《述者誌》我们可以清楚地看到他的这种写作心境。《述者誌》有："华亭女士，爱智尚学，毕生从事于科学教育事业，孜孜未怠。半世纪前，美国科学事业，甚为幼稚，女士力图建设，精研教授方法，为女子谋物理天文实验之机会，并创立天文台一所，亦供教学之用。篇内述及当时社会对女子之心理，益见其奋斗之精神。"还说自己读了美国刊物上介绍女士的传略后"颇感其为学对世之态度，足以风世，在科学幼稚之中国，学者尤应于此致力焉。"字里行间流露出青年柳大纲科学救国的赤子之心。

学术期刊是科学事业不可或缺的组成部分，历史上有不少科学家为创办和经营学术期刊呕心沥血，留下了感人的篇章。青年柳大纲在自己的作品中也对此倾注了笔墨。在介绍瑞典数学家米塔·列夫勒的《密他格莱夫娄传略》中，就花不少篇幅介绍传主创办《数学杂志》（Acta Mathematica）并担任主编 45 年之久的事迹。文中称传主为"密莱氏"。创办《数学杂志》时，传主只有 30 多岁。当时数学界对康托尔（Georg Cantor，1845—1918；文中译作：康脱）的集合论工作，"感其异常滞钝，不能明瞭。青年之密莱氏乃承认康脱氏学说之第一人，并应用其义于所谓普通分析之范围中，大获成功。" 米塔·列夫勒办刊识康托尔的佳话，显然在青年柳大纲脑海中留下了深刻印象，十分赞赏这一伯乐之举。对于传主办刊成功的原因，文中说："在一八八一年时，欲单独支持第一流之算学杂志于斯堪狄勒维安算学界中，殊难期其实行；密莱氏深悉此等情形，故其始即立一标准，邀各国算学家共同合作，苟不如此，将不克维持也。"寥寥数语，点出了一流学术刊物成功的关键在于坚持标准、国际合作和国际交流，也表明这位青年编译员对于办好科学刊物已极有见地。

进行科学探索是需要献身精神的，许多科学家用自己的心血和生命谱写了这种精神。青年柳大纲在《野口英士传略》中用传主的事迹弘扬了这种精神。野口英士是曾 3 获诺贝尔奖提名的日本细菌学家，为研究黄热病等传染病多次赴热带森林地区考察。文中介绍，1927 年 11 月，传主在明知 9 月已有一位教授不幸罹患所研究疾病身亡的情况下，为探明黄热病的致病体，不顾朋友劝阻毅然前往西非研究，"抵非后于十二月间即染黄热病，留医院中，以其自身之病作资料，力疾从事其科学研究""病中氏曾致函友人，备其研究之成功"，不幸以身殉学，"以其悉心精究之黄热病逝世，享年仅五十有一，惜哉！"。文章并未止于感叹，而是再发问："按学者丧身于黄热病之研究者多矣，不自先生始也，先生岂不知之耶？"并回答道"能知危而蹈之，固非夙具牺牲精神之学者所克为也。"继而表示，对于传主"造就之宏，殉学之烈"，自己"谨述其生平事略，昭示国人，愿终日以'牺牲精神'自励励人者，奉氏为圭臬焉。"柳大纲青年时代的这一自勉，在自己以后漫长的科学生涯中是贯彻始终的！

到编辑部做编译工作，发表这 5 篇文章，是柳大纲在自己的青年时代与尚处少年时代的《科学》杂志的交集。后来，《科学》在出满 30 卷，过了而立之年后，曾两次停刊，第二次停刊从1960年起，一停就是25年，到1985年才再次复刊。复刊的《科学》又与柳大纲发生了交集。为了继承和发扬老刊的优良传统，复刊的《科学》要建立一个以科学家为主体的编委会，并特别邀请与《科学》有历史渊源的老一辈科学家担任名誉编委。编辑人员联系到柳大纲，请他担任名誉编委，他欣然答应了我们的这一请求。

1985年11月4—5日，复刊后的首届编委会暨《科学》创刊70周年纪念会在北京京西宾馆举行。会前的一天下午，编辑人员到北京南沙沟柳大纲的住所，拜访这位老科学家和前辈编辑，并送上会议请柬。一进门，柳大纲清瘦的身材、儒雅的步履、慈祥的话语，让我们后辈编辑感到十分亲切，顿时消弭了后生初见长者的局促。听完我们关于复刊筹备和纪念会准备情况的汇报后，柳大纲回忆了一些往事，鼓励我们在新的历史时期办好复刊的《科学》。坚持办好《科学》是柳大纲和许多老一辈科学家对复刊《科学》的一致祝愿，也是对复刊编辑人员的谆谆教诲，一直鼓励着我们坚持做好《科学》的办刊工作。

这次拜访，除了领受前辈的教益外，本来还应是一次探明《科学》历史上重大办刊情节，留下珍贵历史记录的机会。

上文说到过，先生在《密他格莱夫娄传略》中，介绍了一段在瑞典的《数学杂志》上米塔·列夫勒识康托尔的伯乐式佳话。《科学》杂志自己也有一段发表中学事务员华罗庚数学论文的伯乐式佳话。青年华罗庚在《科学》发表论文后被熊庆来先生赏识进清华大学成为大师的故事，已广为人知。但是，当年《科学》杂志编辑部是如何处理和发表青年华罗庚论文的，直到今天仍鲜有确切报道。

青年华罗庚的论文《苏家驹之代数的五次方程式解法不能成立之理由》发表在1930年12月出版的《科学》15卷2期上。熊庆来先生赏识的就是这篇文章，这可视为华罗庚的成名作。他在《科学》的处女作则发表在1929年12月出版的14卷4期上。两者正好相隔一年。

青年柳大纲介绍瑞典数学伯乐的文章发表在1929年3月，在中国数学伯乐故事发生前不久。青年柳大纲在《科学》杂志编辑部任职或兼职的时间，从他上述5篇文章刊登的时间来看，大致在1928年2月到1930年8月。这个时间段，应该与编辑部刊登华罗庚论文的故事发生的时间交叠。当时，编辑部具体是哪些人、怎么接收、处理华罗庚稿件的？编辑部主任王琎先生是如何作决定和安排的？瑞典数学伯乐的故事与华罗庚稿件的录用是否存在某种联系？这是许多后学想知道的历史细节，也是对我们后辈编辑极有教益的历史细节。可惜由于拜访柳大纲的编辑当时对《科学》历史知之不多，思想准备不足，错失了向柳大纲请教这些细节的机会。

错失了机会，与中国数学伯乐相关的编辑部故事，其中的细节或许永远留在逝去的历史中了。然而，青年柳大纲介绍瑞典数学伯乐的文章，他和他的老师所在的

《科学》杂志编辑部发表的青年华罗庚的文章，却白纸黑字地留了下来。这是前辈编辑留下的珍贵足迹！

这些足迹将让后人追寻、纪念！

作者简介 潘友星，编审、《科学》杂志编委，曾任《科学》杂志编辑部主任。

段韬，编审、《科学》杂志编辑部主任。

怀念柳所长

马福荣

柳所长于 1991 年 9 月 14 日同我们永别了，但他那慈祥的面容仍时常在我的脑海中浮现。他那高尚的品德仍时刻激励着我努力学习，努力工作 。

柳所长的一生，热爱祖国，忠于祖国，光明磊落，无私奉献，勤奋工作，严谨治学，平易近人，胸怀宽阔，严于律己，宽以待人，关心群众，团结同志，爱护青年，为中国科学院化学所科学事业的发展，倾注了全部的心血。他的高尚品德得到大家的尊敬和爱戴。他是一位著名化学家，是我们的好所长，好老师，又是中国共产党的一名优秀党员。作为在他身边工作 20 多年的晚辈，我从柳所长身上学到了许多可贵的东西。也得到了他各方面的帮助和关怀。

柳所长为了中国科学院化学所的发展，倾注了大量精力。他主持制订了化学所的科研发展规划，至今化学所在几个重要的研究领域取得的重大成果，都与他的远见卓识和精心组织有关。为了坚持已经决定的科研方向，他多次找各位科学家促膝谈心，耐心做好大家的工作，把化学所各项科研工作安排好。柳所长非常重视基础研究工作，并积极组织全所各有关室组承担国家重要任务，如原子能任务、国防军工任务等。 他对上级领导部门安排的任务从来都是认真组织的。1973 年，中国医科院肿瘤所有关领导及同志来到化学所，希望化学所参加肿瘤的调研及其科研工作，并且说明周恩来总理对这项工作很关心很重视。柳所长亲自组织有关人员参加这项工作，并且做出了积极贡献。

1963 年，中国科协在友谊宾馆兴办的科学会堂开始对科学家开放，举办活动，其中在二楼有一间属于中国化学会的活动室。当时中国科协的傅彤同志，要求中国化学会进行布置。柳所长同王葆仁副所长找了很多资料，就在所里放在 1 号楼当时的所长办公室里进行了认真的讨论，后来柳所长叫我将他们讨论的方案，去情报所找袁翰青先生，去北京大学找黄子卿先生、傅鹰先生、张青莲先生等征求意见。柳所长说："布置这间会议室，一定要多听听大家的意见，因为这是化学家们活动的场所。"最后在常务理事会上，该方案得到通过。

当时化学所的学术委员会的秘书是李广年和陶宏两位先生，柳所长要我协助两位先生做些具体工作。柳所长很重视学术活动，因此学术委员会年初有计划（包括学术活动计划），年终有总结，所内学术气氛浓厚。为了加强交流，当时蒋丽金先生负责筹备化学所集刊工作，柳所长要我协助蒋丽金做具体工作。在蒋丽金先生及当时的集刊编委会的共同努力下，第一期稿件很快筹备齐，在出版社排版的清样都已校完，但因为"文化大革命"，集刊没有出版。柳所长还邀请上海有机化学所的黄鸣龙先生在本所礼堂做胶体化学的学术报告。大家对黄先生的报告反映很好，只是由于我们对黄鸣龙先生及夫人的接待工作没有做好，受到柳所长的批评。在住宿方面，开始安排在中关村 29 号楼，接站汽车是吉普车（当时化学所只有一辆华沙牌轿车），柳所长批评后，我们很快做了改正。

柳所长最大的爱好是买书、看书，还经常把他看过的书拿来分送给大家看，而且要求看后同他讨论。当时我在业务处同时兼所长秘书的工作，柳所长每月从工资中拿出 20 元钱放在我这里，由图书馆的同志替他买书。我们每月月终将买书的账目记录好，交给柳所长。到我离开业务处时这项工作由阎素珍同志负责，一直坚持很多年。

柳所长对他的下属人员是很关心的。当时在业务处工作的人员家属到北京来探亲，他都亲自到宿舍探望。他关心业务处同志们的业务成长，布置给每个人的工作要亲自听取汇报。一次我生病在家，柳所长和柳师母亲自来到我当时居住的 11.7 平方米房间来看我，全家深受感动。为了让业务处人员学好外语，柳所长特别向柳师母要了 200 元钱，给我们购买电唱机，使业务处的同志们非常感动。

1964 年，柳所长随同所内大部队到河南"四清"，回京时患了急性肝炎。柳师母急得直哭，柳所长却很风趣地说："不要哭，你到下面看看，就会知道很多东西，很有好处"。后来柳师母对我说："大纲从农村回来后，我们吃的白菜帮子一片叶子都不让丢"。

"文化大革命"中，柳所长因所谓"特务"问题被隔离审查，柳师母受牵连也被隔离。后来落实政策，柳所长被安排在 X 光课题组参加工作。在审查期间，他始终坚持实事求是，讲真话，更难能可贵的是，受了那么大的不白之冤，对党没有任何怨言。

1972 年以后，柳所长恢复了在所里的工作。他在积极思考化学所的整体规划，并组织人员进行调查研究。他经常请研究人员到他办公室讨论工作，制订好化学所的科研发展规划，为化学所进一步发展创造了条件，奠定了基础。

1973 年，中国医科院肿瘤所李冰等同志到化学所向我们介绍了目前我国肿瘤研究的现状，希望我所参加肿瘤的调查研究及其有关的科研工作，并且说明周恩来总理很关心和重视这项科研工作。中午在回家的路上，我向柳所长汇报了李冰等同志的意见，柳所长当即表示，这项工作无论从学术上和应用上都很有意义，是可以发挥化学所长处的项目。周恩来总理关心的项目，重要性非同一般，我们所要认真组织好。在柳所长亲自关心指导下，化学所首先派出科技人员张文信、王首道等同志参加肿瘤所赴全国考察小分队。他们跋山涉水历时数月，并确定先结合河南省林县地区食管癌病因开展研究工作。化学所质谱室在王光辉同志主持下，积极参与同肿瘤所的合作，并且不久就获得了硫酸二甲酯的新发现，为研究肿瘤致病的原因开辟了新的研究途径。

1975 年，我国腐殖酸在农业上的应用在全国广泛兴起，王震副总理对此很关心，并给柳所长写了亲笔信，希望化学所参加这项科研工作，以便指导全国腐殖酸的应用。柳所长同当时所科技处王景盛同志亲自组织队伍分赴湛江、张家口等地调查，同时落实实验室等有关条件。我们在外调查的人员还没回所，所里已经把实验室全都准备好了。赴湛江、张家口等地调查人员回到所里向柳所长及有关领导汇报后，腐殖酸任务组就宣告成立，并很快进入了紧张的工作状态。经过一段时间，在大家的努力下，化学所腐殖酸的研究工作不断有新的成果推出，张德和、郑平两位研究员在全国腐殖酸行业中颇有权威性和知名度。我们的研究结果，不仅在农业应用上有了确定的结论，而且为推动我国腐殖酸在采油方面又获得重要成果，并在应用上获得重大突破，为国家做出了重要贡献。

化学所非银盐体系的研究工作已获得多项研究成果，既有专利，又有国内外的成果奖。如今的有机光导板的进一步转化成功又为国民经济发展做出重大贡献，“八五”“九五”由于已具备的基础条件，能够争取到国家“863”等重点科技攻关项目的支持。能够有今天的辉煌，是同柳所长在最关键的时刻坚定地把握好这一研究方向有关的。当时由于种种原因，非银盐体系的研究工作在化学所的生存和开展曾发生过几次动摇，每次动摇，都造成科研人员研究思想不稳定，给工作带来影响，柳所长亲自听取各方面意见，并鼓励大家要坚持这一重要研究方向。今天，从事非银盐研究工作的科技人员，在回忆这一段历程时，都在深深地怀念我们的老所长。

“文化大革命”后，为尽快恢复化学所的基础工作，柳所长日夜操劳。为了推动化学所的量子化学的研究工作，他动员严健民同志坚持这一研究方向，并且邀请吉林大学唐敖庆先生到化学所讲学。柳所长热心组织恢复化学所的核磁共振的研究工作。当我把柳所长的想法告诉李立朴等同志时，她们当时激动振奋的样子我仍记忆犹新。为了恢复化学所结构化学的研究工作，柳所长邀请北京大学唐有祺先生共同商讨，并认真听取唐先生的意见。当时柳所长向唐有祺先生提出，化学所拟请唐有祺先生兼任结构化学研究室的工作，并且由傅享同志参加主持。唐有祺先生表示同意柳所长的想法，同时建议徐广智同志同傅享同志共同参加主持，柳所长当即表示赞成唐先生的想法。于是，化学所结构化学的研究工作，在唐有祺先生的指导以及徐广智、傅享两位同志的共同努力下，很快得到了恢复。

电子能谱的工作决定立项后，柳所长亲自做化学所刘世洪、中国科技大学梅镇岳等有关研究人员的工作，并让职能部门立即组织研究队伍，开展研究。因此，电子能谱工作当时是化学所开展最早的，并取得了研究工作和仪器设备研制方面的多项成绩。

化学所化学反应动力学的研究基础和研究队伍在“文化大革命”前都是相当不错的。由于“文化大革命”中几次受批，研究队伍散掉了，对此，柳所长十分痛心。1976 年后，决定恢复这项研究工作。首先组织有关研究人员调研，准备立项，第一次的文献调研报告是陈德文同志搞的，当时还有吕锡恩等同志参加。陈德文同志在报告中特别提到：在国际上李远哲先生在这个领域中取得了突出的成绩。报告会后，柳所长认为，化学所的化学反应动力学的工作已停顿多年，同国际上的差距较大，要想赶上国际前沿不是件容易的事，还有个重要原因是人才和队伍一时难以组织起来。所以 1976 年打算邀请李远哲教授来讲学并指导化学所的微观反应动力学的研究，使此研究尽快恢复和发展起来。1978 年，以美国伯克利劳伦茨实验室西伯格教授为首的美国科学家访华代表团访华，李远哲先生是代表团成员之一。柳所长利用这个机会从多方面做李远哲的工作，并在之后，多次同李远哲书信往来。在征得李远哲同意后，经中国科学院领导批准，化学所于 1980 年正式聘请李远哲先生为名誉教授。在李远哲的指导下，化学所微观反应动力学的工作很快开展起来，并经国家批准，与大连化物所共同组建了国家重点实验室，并获院科技进步奖一等奖和自然科学奖二等奖。

蒋明谦先生是我国著名的理论有机化学家，由他发展的同系线性规律的研究，已获国家自然科学奖二等奖。但对这项重要的研究工作，在当时存在着不同的看法，使蒋明谦先生的工作难以顺利进行下去。柳所长一方面非常仔细地阅读蒋明谦先生的论文，另外又专门找了包括朱道本同志在内的几位专家，请他们看完论文后发表意见。在柳所长的关心支持下，蒋明谦先生的研究得以顺利地开展下去，为国家做出了重要贡献。

柳所长非常重视国内外的学术交流，倡导在所内形成浓厚的学术氛围。打倒“四人帮”后，科技外事工作恢复，他积极促进这项工作的开展，以外事促内事做好工作。每次接待，柳所长都非常认真，衣冠整齐，彬彬有礼，谈吐大方，具有一所之长的风度。他先后接待过马克教授、西伯格教授及其代表团一行 12 位成员，井本稔教授、中岛章夫教授、普尔曼教授、施塔布教授、李远哲教授、陈德恒教授，华家坚博士、薛联宝博士等重要外宾，有的还有书信往来，为化学所的科技外事工作，促进学术的国际合作与交流开创了局面，奠定了基础。

柳所长常讲："化学是一门实验科学，必须重视做好实验工作，化学又是联系实际较多的学科，理应为国民经济发展做出更多的贡献"。改革开放以后，他虽然退居二线，仍然非常关心所里的工作。当我们每次向他汇报所里的应用开发工作设想时，柳所长都表现出浓厚的兴趣。有一天在他家，正赶上柳怀祖也在。当我们谈到科技成果的转化通过公司的体制运行时，柳怀祖当即介绍了中国科学院高能物理所正在筹办科技发展公司的情况，这时正是 1984 年的上半年。柳所长听完介绍后，要求我和刘子中同志立即去高能物理所了解有关情况。我所科化公司就是借鉴了高能物理所创办公司的经验之后在 1984 年成立的。

柳所长非常重视和关心海外回来的青年学者。1978 年后化学所先后从美国、加拿大吸收了赵王芬、吴国桢、刘泽甫、梁曦云等青年科学家，柳所长积极为他们开展的研究工作创造条件。柳所长非常爱惜人才，重视人才的培养工作。改革开放后，柳所长同钱人元所长积极推荐中青年科技人员出国深造，了解外面的世界。在当时，化学所是派出人员最早、最多的单位，尽管有些同志对此举很不理解，发表种种议论，所里仍坚持派出的方向。事实证明，这一英明的决策是非常正确的，大多数出国返回人员都成为化学所的重要骨干和各重要领域的学术带头人。

柳所长非常热心中国化学会的工作，平时常常同化学会北京的常务理事交换意见。一次我陪同柳所长到天津南开大学同杨石先先生讨论中国化学会的工作，当时陈天池先生是中国化学会的秘书长，他们仅用了不到两个小时的时间，便将化学会全年的工作计划及上一年的工作讨论完毕。

柳所长在平时的工作中，非常平等待人，主持公道，能扬人之长，能容人之短，所以柳所长能团结各方面的同志一道工作。在非原则问题上能够忍让，有事同大家商量。许多同志遇到困难时，愿意找柳所长谈谈，即使问题一时得不到解决，也能从柳所长那里得到安慰和力量。

作者简介　马福荣，中国科学院化学研究所原党委书记、副所长，研究员、高级工程师。

在国外真诚、和蔼地对待每一位出国同胞

刘铸晋

柳大纲老师为人一贯非常真诚，待人和善，乐意为他人服务。

我 1948 年 10 月 7 日到美国旧金山，第二天即乘火车去罗切斯特。中途要在芝加哥车站换乘，再乘火车于 10 月 10 日清晨到达。所以在离开芝加哥城之前，我已拍了电报给罗切斯特大学研究院化学系告知抵达罗切斯特车站的时间，请派人来车站接。当我从火车上走下月台时，迎面走来了柳大纲老师。柳大纲老师是 1945 年来到罗切斯特大学化学系攻读博士学位的，当时他原在中央研究院理化所工作。1948 年他已 44 岁，算是我的师长一辈，但他为人十分谦虚、诚挚。我到罗切斯特大学时，他已快结束博士学位工作。虽然我们之间只有三四个月的交往，然而我对他的为人和道德文章却有了一个深刻的印象，因而我们成了“忘年交”。他为人正直，对当时旧中国政府的所作所为大为不满，认为垮台是必然的事。我当时因一连几个月奔波辛劳，身体显得很虚弱。柳大纲老师说：“看，把年轻人弄成这个样子！”

他怀着一颗赤子之心，于 1949 年初返回上海，为祖国的繁荣昌盛贡献自己的专长和力量，先后在中国科学院化学部化学所、中国科学院青海盐湖所等单位担任领导和科研工作，为祖国和人民做出了重要的贡献。我回国后，他也和我保持着联系，关系很好。1991 年他以 87 岁高龄在北京逝世，我曾写诗悼念刊载于《化学通报》。

聆教罗城四十秋，忘年交笃气相投。

燕京跃马遗陈迹，青海扬波解国忧。

几度让贤堪表率，一生不齿为身谋。

九溪漫话音犹在，一曲怨歌伴泪流。

通过柳大纲老师的介绍，我又结识了在物理化学专业攻读博士学位的美籍华人巫洪源（George Moe，祖籍广东台山）和上海医学院毕业后去罗切斯特大学医学院工作的余南唐庚医生（Dr. Paul Yu）及其夫人唐逸玲女士。这些人都成为我在罗切斯特生活、学习三年半期间的要好朋友，并给了我许多帮助。

作者简介 刘铸晋（1919—1993），有机化学家，中国科学院上海有机化学研究所研究员、学位委员。

 柳大纲与《化学通报》

王治浩

《化学通报》创刊70年来，有两位化学大师做出过重要贡献：一位是《化学通报》的前身《化学》的创始人戴安邦先生（该刊1934年在南京创刊）；另一位是“文化大革命”后期，《化学通报》在北京复刊的组织者和领导者柳大纲先生。

在《化学通报》创刊70周年和柳大纲先生诞辰100周年之际，写下此文，以示纪念。

一、热心学术刊物　积极筹备复刊

在“文化大革命”后期，时任中国科学院化学研究所代所长的柳大纲先生，尽管工作非常繁忙，但还是把学术期刊的恢复放在心上。他亲自向中国科学院写了《化学通报》复刊报告。

我初识柳大纲先生，是在1972年秋天。当时我从中国科学院院部调到化学研究所，人事处的负责同志让我节后去找柳大纲所长，并对我说，你的工作由他直接安排。国庆节过后，我来到化学所实验大楼所长办公室，见到了柳大纲先生。他和蔼可亲，平易近人，面带笑容地对我说：“欢迎你到所里来工作。”接着问我有没有看过《化学通报》，我说在学校时看过。他说：“《化学通报》是个很有影响力的刊物，在‘文化大革命’初停刊了。原来编辑部有一位同志，后来调到上海去了，现在准备复刊，没有人。你是从政策研究室来的，又是学化学的，你来得正好，我们想让你参加这个刊物的复刊筹备和编辑工作。”从此，我便开始了在《化学通报》30 多年的编辑生涯。柳大纲先生是我从事科技期刊编辑工作的带路人。

遵照柳大纲先生的指示，首先要熟悉情况，进行调研：一是查看“文化大革命”中批判《化学通报》的《资料汇编》；二是翻阅停刊前的《化学通报》；三是征求对复刊的意见。

为此，柳大纲先生亲自带我到北京大学化学系，找教改组负责人花文延先生，共商复刊事宜。因为停刊前的《化学通报》常务编委主要由中国科学院化学所和北京大学化学系人员组成，复刊仍需要继续合作。花文延先生非常同意柳大纲先生的意见，并表示要积极支持这项工作。为考虑化工方面的需要，还拜访燃料化学工业部石油化工科学研究院吴金城副总工程师。

根据复刊工作需要，成立了以柳大纲先生为主任，花文延、吴金城为副主任的复刊筹备委员会，负责起草办刊方针，拟定征稿简则和选题计划，筹组编辑委员会。在筹备委员会的领导下，我跑了京区 20 多个大专院校、科研单位和工厂，并遵照柳大纲先生的指示，分别于 10 月和 12 月参加了中国科学院在“文化大革命”以后首次召开的“全国分析化学学术交流会”（大连）和“全国高分子学术交流会”（长春），进行了组稿和调研。1973 年 1 月，许菊同志和范丽华同志来到编辑部，加速了复刊筹备工作的进程。

经过近一年的筹备工作，《化学通报》于 1973 年 8 月复刊，当年出版 2 期，1974 年改为双月刊，经柳大纲先生请示中国科学院有关部门，决定仍沿用中国化学会编辑委员会编辑、科学出版社出版。这是中国化学会第一个复刊的刊物，也是我国“文化大革命”后最早复刊的学术刊物之一。

不久，《化学通报》第一届全国编委会也正式成立，由柳大纲先生任主编，胡亚东、花文延、吴金城任副主编，编委由全国各地 56 位专家、教授组成。

二、发扬学术民主　贯彻“双百”方针

柳大纲先生虽任《化学通报》主编，但对一些大事情从来都不是自己说了算，而是请副主编或常务编委在一起开会讨论决定，特别是当刊物受到“四人帮”掀起批林批孔和名为批判“热寂说”实为批判热力学第二定律的邪风时。姚文元在 11 月指示《光明日报》总编组织批判《化学通报》第 5 期上发表的《热力学第二定律

从物理说法导出数学说法》和《熵与混乱度》两篇文章，并说："青年人对此会有兴趣的。"

在此前后，《化学通报》编辑部先后收到一位青年作者批判"宇宙热寂"的来稿和一位中学生批判《化学通报》上一位学术权威文章的来信。

面对"四人帮"的干扰，当时感到困难重重、压力很大。中学生的来信要不要发表，青年作者的来稿要不要刊登，如何刊登，一时拿不定主意。柳大纲先生作为主编为此召开过多次正副主编会和常务编委扩大会。

1975 年 1 月 11 日，在一次常务编委扩大会上，柳大纲先生说，由于我们自己学习不够，发生了问题，心中无数。热力学第二定律本身是物理问题，但在化学上用的很多，当然它也有局限性。我们处理问题有两点：一是革命性；二是科学性。对新生事物要支持，但一定要注意科学性。对热力学第二定律的各种学派、各种说法，要很好地研究一下，把学习和争鸣开展起来。经过几次会议讨论，最后决定，贯彻"双百"方针，开辟"理论问题研究和讨论"专栏，发表中学生的来信，刊登青年作者的来稿，同时发表不同意见的讨论文章，收到了较好的效果。

1976 年 10 月，"四人帮"被粉碎后，柳大纲先生提出，要调整栏目，改变文风，肃清"四人帮"在刊物中的流毒。

三、重视基础理论　强调应用化学

根据周恩来总理关于重视自然科学基础理论研究的指示，柳大纲先生要我们组织一些化学基础理论、基本知识的文章，同时注意新知识、新技术和新的边缘学科的发展动向。复刊后的《化学通报》，由于刊载这类文章深受读者欢迎。

柳大纲先生还多次强调应用化学的重要性。他在 1982 年 7 月 6 日《化学通报》常务编委会上指出：要重视应用化学。注意研究成果在国民经济中的应用，如能源、环保、纺织、染料、塑料、食品、茶、酒等，日常生活无一不与化学有关。1983 年 5 月 6 日，在常务编委会上他又说："要结合国情，适当刊登一点应用化学的文章。"我们遵照柳大纲先生这一思想，组织了一些应用性较强的文章，产生了较好的经济效益和社会效益。

柳大纲先生还在中国化学会倡议成立"应用化学专业委员会"，并于 1985 年 8 月在北京主持召开了首届全国应用化学学术报告会暨中国化学会应用化学委员会成立大会。他在会上当选为第一任应用化学委员会主任，为推动我国应用化学的发展做出了贡献。

四、发挥编委会作用　关心编辑部工作

1978 年 10 月，在青岛召开《化学通报》第一次全国编委会议。柳大纲先生作为主编主持会议并在开幕式上致辞，他说："《化学通报》是综合性化学期刊，对提高全民族的文化水平有很大责任！刊物是发现人才的重要媒体，编委要做伯乐。编委对《化学通报》事业很重视，对刊物很有感情，为办好刊物献计献策。做了不少工作。我要对全体编委特别是北京大学与中国科学院化学所的长期合作表示感谢！希望今后要更好的合作下去。"

1981 年 3 月，在无锡召开《化学通报》第三次全国编委会议时，柳大纲先生作为主编在闭幕式上说："《化学通报》编委会、编辑部是个很好的集体，无论什么事业，必须有一批同心同德的人在这里工作。编辑部与编委经常联系，注意收集读者意见，不断改进我们的工作。这个传统应该很好地发扬下去。"

柳大纲先生任主编前后共 14 年。在最初几年，除经常召开常务编委会议外，每年还要召开一次京区编委会。1978—1986 年，每 1—2 年要召开一次全国编委会议。在会上，编辑部与编委之间、编委与编委之间，互相沟通情况，交流编审经验，探讨办刊方针，制订改进措施。这些对提高刊物质量起了重要作用。

柳大纲先生作为主编强调，要根据《化学通报》综合性强、读者面广的特点，组稿、审稿都要面宽一些。内容要丰富一些，版面要活跃一点，文字要深入浅出，力求引人入胜。他知识面很广，除化学本身外，对"化学史""化学家"和"化学哲学"等栏目也很关心。1983 年 4 月，我去参加在扬州召开的"中国炼丹术学术讨论会"之前，向他汇报工作并征求意见时，他说："你去了之后，要代我向曹元宇、陈国符等老先生问好。"接着说，要注意炼丹器与化学仪器的关系；炼丹与中草药的关系；炼丹与化学发展的关系以及中国炼丹术传到外国的情况等。要根据情况组织点稿件。我遵嘱拜望了曹元宇和陈国符先生，并在会上组织了几篇有关中国炼丹术的文章，相继在《化学通报》上发表，引起了国内外化学史界的重视。

五、为人师表　一代楷模

柳大纲先生早在 1928 年就担任过中国科学社《科学》杂志编辑部编译员，写过介绍西方科学家的文章。他对科学刊物有一种深厚的感情。在他的影响和感召下，我们也非常热爱编辑工作。

为了得到中国科学院化学所党委对刊物更多的支持，1974 年 8 月，柳大纲先生在眼底血管硬化加剧、不宜多用目力的情况下，仍亲自将《化学通报》第一届全国编委会的筹组情况和准备召开京区编委会议的筹备方案，向党委写了份 1300 多字的书面报告。在此报告的最后，还提出了应考虑《高分子通讯》（《高分子学报》前身）的复刊工作。

柳大纲先生很注重培养中青年人才，甘当人梯，他 1986 年主动退出《化学通报》主编位置，由胡亚东先生接替。他成为中国科学院主动退居二线的第一位所长和中国化学会主动退出学术刊物要职的第一位主编。

柳大纲先生是我国著名的物理化学家和无机化学家，是我国光谱研究的先驱者之一，是中国盐湖化学的开创者和奠基人，是中国科学院首届学部委员（院士）。他历任中国科学院化学研究所所长、青海盐湖化学所所长、中国化学会副理事长和全国人大代表等职。在工作异常繁忙的情况下，还把《化学通报》当作一项重要事业来做。他为这个刊物的恢复和发展倾注了大量心血，做出了重要贡献。

柳大纲先生任主编期间，十分关心编委会和编辑部的工作。他与编委相处非常融洽，对待工作非常认真。我们起草的编委会工作报告和会议纪要，以及内部交流的《〈化学通报〉编辑通讯》送给他看时，他都非常仔细地审阅，有时在上面进行修改，有时加写了批注。他常到编辑部了解大家的工作状况，关心大家的生活。他工作勤奋、治学严谨，作风民主、为人公正，谦恭宽厚、学识渊博，为人师表、德高望重，深受大家的爱戴和尊重。

柳大纲先生是我们永远学习的楷模！

作者简介　王治浩，原中国化学会《化学通报》编辑部主任。

缅怀柳大纲先生

招禄基　蒋国澄

柳大纲先生离开我们已多年了，但他那慈祥的笑容却时常浮现在我们面前。

1951 年我大学毕业，被分配到上海中国科学院物理化学研究所工作，就在柳大纲先生领导下从事化合物吸收光谱的研究。他很快为我指定研究题目，说明研究目的，给出参考文献，并作试验准备。他很重视青年科研人员的培养。在研究工作开始阶段，他先给我们充足的时间做大量文献调研，要求在小组内作文献总结报告。为了尽量全面地掌握国外资料，他鼓励我们学习多种外文，并为我们创造机会到外单位旁听专业课和外语课。所以，我们科研小组的学习风气一直很浓。

柳大纲先生特别重视青年科研人员的实验基础训练，一开始就要求我每天向吹玻璃的师傅学习 1 小时，还要求参考化学手册，自己配制耐酸碱的涂料，涂抹实验桌面。当时我只对阅读科技文献有兴趣，认为这些具体操作与实验无关，而没有认真去做。在他检查我的玻璃制品及桌面涂漆效果时，没有提出批评，只是摇了摇头。我看出未被认可，赶快努力再做。后来他虽说可以了，但还是未加赞许。由此我体会到他虽不严词责备，但要求是很严格的。在以后一年多的实验过程中，工作需要吹制玻璃高真空系统，才知道吹玻璃技术不过关，系统真空度达不到要求，根本无法摄制吸收光谱图。在我利用一套大型而又规范的真空系统提纯试剂时，惊奇地被告知这竟是柳大纲先生吹制出来的，我真是望尘莫及，他每天都到实验室了解情况，检查试验结果，要求试验设备、器具放置得井井有条，摄制的光谱图清楚，数据充分准确。在他的严格要求和督促下，使我养成了严谨的工作作风，在以后多次改变研究方向时，都能较快地建立起相应的实验室，掌握新的试验技术，得出准确的数据和成果。

柳大纲先生对科研为生产服务的观点是非常明确的，常根据国民经济发展的需要确定科研课题。如中华人民共和国成立初期国家下达了研制不含有毒成分铍的日光灯荧光料的任务。他动员我们急国家之所急，全力投入研制工作。他每周都检查和安排工作，使试验较快较好地取得了成果。然后，大家齐心协力以试验室规模夜以继日地制造这种新型荧光料，并交给有关工厂试制出我国第一支使用无毒荧光料的日光灯，成为有毒荧光料的换代产品。后来，为了开发大西北的盐湖资源，从盐湖中提取各种盐类和稀有元素，他又安排我们开展盐湖的科研工作。前阶段从一些盐湖中取出无数固液样品，进行固相、液相分析，以了解盐湖的组成，选择开发对象和开发方案。这是很大量的重复性日常分析工作，如果没有明确的目标，是很难坚持下来的。在柳大纲先生的领导和严谨作风的影响下，终于取得了无数准确的分析数据，为以后的盐湖开发打下了坚实基础。后来，柳大纲先生担任了中国科学院化学所的领导工作，无暇每天来实验室指导工作，但他的谆谆教导和为人民服务的精神始终鼓励着我不断进步。

1954 年，在我国国民经济飞速发展的形势下，各种建筑物的软弱地基的加固处理是保证工程安全的关键问题之一。柳大纲先生挑起了这副重担。在他领导下，组织了跨部门、跨行业、跨学科的土壤电动矽化加固科研组，有中国科学院、建筑工程部、水利部、电力工业部、交通部、煤炭工业部等单位的科技人员参加，以化学学科与技术学科相结合、理论研究与工程实践相结合、实验室试验与现场生产性试验相结合的先进理念，从无到有地建立实验室和建置实验设备，进行系统的试验研究。在取得实验室试验成果的基础上，又与工程建设单位相结合，于佳木斯糖厂、唐山林西矿井、塘沽新港等工地进行现场试验，在国外先进技术的基础上又有了新的发展。这是中国第一次进行化学灌浆的大规模试验研究工作，开创了中国化学灌浆研究领域的先河。由于这是一项新的课题，在柳大纲先生的倡导下，一方面收集国外资料，进行翻译、学习和整编，另一方面能者为师，开设讲座，使各人的专业知识相互渗透和交流，既完成了任务，又培养了人才，参加科研组的人员都受益匪浅。科研组的技术总结全面介绍了国外文献和取得的研究成果，原拟公开出版，但柳大纲先生要求严格，治学严谨，考虑再三，终以不够成熟而以内部资料交流付梓。柳大纲先生平易近人，和大家打成一片，能听取各方面的意见，工作上充分发挥各人的特长，使全组团结向上，积极进取，各方面都取得很大进步。他不单在工作上言传身教，使我们终身受益，而且在生活上也是一位慈祥的长者，对我们的思想和生活倍加关心。

中华人民共和国成立初期我从大学毕业，以单纯的爱国思想和年轻人的热情，服从统一分配，参加祖国建设，但对中国共产党和社会主义的认识都很幼稚。柳大纲先生对我的一些模糊认识多次进行耐心细致的帮助，后来我逐步提高了认识，并加入了中国共产主义青年团。以后，他对我一直都很关心，尽力帮助我解决困难，对此我衷心感激。

柳大纲先生虽死犹生，他的精神和风范将永世长存。

作者简介 招禄基，中国科学院化学研究所研究员。

蒋国澄，中国水利水电科学研究院研究员。

柳老风范永存

朱晋锠

我国卓越的化学家柳大纲院士已逝世3周年，江苏省仪征市政协文史委员会和中国科学院化学所决定为他出版一册纪念文集，来书命稿。我对柳老的品德怀有深切的感受和诚挚的景仰。回忆往事，用以表示我对柳老爱国、爱党、爱社会主义、爱科学和赤诚待人的崇高品德和学术楷模的深深缅怀。

1949年，我在中央研究院化学所认识柳老，当时并未在一起做研究工作。约在1950年时和柳老在同一个政治学习组。柳老热诚帮助同志进步，非常感人，他诚恳地和人谈心，帮助解决矛盾和困难，使我感到温暖和亲切。1953年，中国科学院上海物理化学所自上海迁往东北长春，我到物理化学室工作，室主任就是柳老，我直接在他领导的日光灯荧光料课题组搞研究。柳老一直是搞基础理论研究的，但为了社会主义建设的需要，毅然提出实用课题，显示了柳老积极为人民服务的决心。他分配我的工作是日光灯荧光料的光谱能量分布测定。在1954年推广之际，他谆谆告诫我一定要把原理、方法，操作注意点详详细细告诉并教会生产厂家，使他们严把产品质量关、出好产品。

1954年，他由中国科学院派往波兰华沙学习并掌握与他原来专业毫无关联的矽化土壤加固工程。不久学成回国，曾在北京某建设工地实施他的方法加固地基。

1955—1956年，他考虑到祖国地大物博，无机盐储量丰富，但开发利用方面尚未有人研究，就一方面组织力量搞无机盐的分离、分析、纯化研究；同时他自己不避艰苦亲赴青海开展盐湖考察，组织了中国科学院青海盐湖化学研究所。他是中华人民共和国盐湖研究的开拓者。

以上三件事充分显示了柳老不顾个人的得失，一切从社会主义建设的大局需要出发，竭尽全力的献身精神。这种精神非常难能可贵，使我深受感动。

1956 年，柳老调去北京，到中国科学院化学研究所工作，从此我和尊敬的良师益友柳老分别了。由于我体弱多病，很少出差北京，但他经常托人传言，叫我协助吴所长好好为社会主义建设做贡献。

往事如云烟，但柳老爱国、爱党、爱社会主义、爱科学的崇高品德永远值得我们深切缅怀。柳老风范长在，业绩永存。

选自《柳大纲纪念文集》。

作者简介 朱晋锠，中国科学院长春应用化学研究所研究员。

忆恩师柳大纲先生

叶常明

1965 年，我从南开大学毕业后，通过考试慕名来到中国科学院化学研究所，在柳大纲先生门下做研究生。同年，柳大纲先生招收的另外一名研究生是毕业于安徽合肥工业大学的杨春景同学。该同学后来参加了中国人民解放军，并一直奋战在我国的国防科研战线上。当时，柳大纲先生作为化学所的所长和我国著名化学家，所务工作和学术社会活动十分繁忙，加之当时十二室从 1966 年春迁至怀柔化学所分部与十一室和十三室共同承担国家重要的两弹科研任务。柳大纲先生为了全所的工作不能每天到研究室上班，所以指定时任化学所第十二研究室副主任，同时也是柳大纲先生门生的徐晓白先生作为我学习和科研工作的具体指导老师，而杨春景同学则由从英国回来不久的张拭先生指导。后来，由于“文化大革命”的影响，全国的研究生教育停止，致使我未能完成研究生学业，这成了我终生的遗憾。

尽管由于上述种种原因，我与柳大纲先生直接接触的时间不是很多，但在有限的接触当中，先生高尚的爱国情操、一心为公的思想品德、严谨的治学态度、平易近人的人格魅力和严于律己、宽以待人的广阔胸怀，给我留下了深刻的印象，在后来近 40 年的人生道路和科学研究生涯中鼓舞着我不断克服困难，不断前进，做好工作。如果说我能有一点成绩的话，与柳大纲先生的这种影响是分不开的。饮水须思源，在先生诞辰 100 周年之际，缅怀先生的高尚品格以及对我国科学事业鞠躬尽瘁和奋斗不息的精神，对我们后人特别是年轻一代科学工作者无疑是一笔值得继承的宝贵财富。

在新中国诞生前夜，解放战争的隆隆炮声中，柳大纲先生放弃了国外优越的工作条件和丰厚的生活待遇，毅然回到了当时政局还处于不稳、满目疮痍的祖国。不久就迎来了中华人民共和国的诞生，从此先生就一直为我国的科学事业鞠躬尽瘁、呕心沥血，把自己毕生的精力奉献给了我国的化学科学和社会主义建设事业。20世纪50年代先生已是年过半百的人了，但他那种追求真理、不断进步的劲头令人敬佩。柳先生热爱祖国，要求进步，努力工作，很快就被党组织接收为一名中国共产党党员。他经常用自己的坎坷经历与我们共勉，教育我们年轻一代要跟着中国共产党，走社会主义道路，为祖国的科学事业多做贡献。柳大纲先生作为化学所所长，在化学界又有很高的威望，但他非常谦虚、十分平易近人。柳大纲先生既是我的导师和领导，又是同志和朋友，在与他的接触中很少有拘谨的感觉。

我在中学和大学所学的外语是俄语，在研究生入学之后首先必须补学英语以适应科研工作的需要，所以从1965年9月至1966年5月被安排到中国科技大学研究生院学习英语课程。由于从26个英文字母的发音开始学起，在不到10个月的时间内达到研究生的英语水平，对我来说是颇感吃力的。在这段时间内，我回所曾向柳大纲先生汇报过几次学习情况。在交谈中先生针对我流露出来的畏难情绪给我讲述了熟练掌握英语对科学研究的重要性，热情地鼓励我克服困难学好英语，同时在学习方法上还进行了具体的指导。他要求我应当选择3—4篇英美原版文章进行精读朗诵，并且能够达到熟练背诵的程度。有一次先生从书架上拿出一本英文专著，对其中的序言部分为我作了精彩的示范朗诵，令人十分感动。很可惜由于工作繁忙没能按先生的教诲持之以恒地坚持下来。

柳大纲先生不仅自己坚持用马克思唯物主义的世界观和方法论来指导科学研究工作，而且也经常教育我们这样做。记得有一次谈到在研究生院的哲学课程学习时，先生鼓励我们应当把这门课程学好。他认为哲学和自然科学之间的关系十分密切。用正确的世界观和方法论来观察和研究问题会使自然科学研究少走很多弯路，先生特别欣赏毛泽东主席的《实践论》，他教诲我们在科学研究工作中要多实践、细观察、勤思考、常总结。先生经常教导我们在工作中要发扬艰苦奋斗的作风，自己动手制作一些简单的研究设备。先生这种潜移默化的言传身教使我受益匪浅。

1979年1月，我从英国学习回来之后不久拜访了柳大纲先生。当我谈到乘火车从英国渡过英吉利海峡穿过欧洲大陆，又经过莫斯科回国途中的见闻和回国之后的工作打算时，先生非常高兴，并再一次告诫我争取领导的支持是必要的，但发扬艰苦奋斗的创业精神更为重要。在当时环境化学所刘静宜所长和科技处陈嘉和处长的支持下，很快抽调人员组建了课题组，并拨出房间作为实验用房。在我的带领下，课题组通过自己动手，从怀柔器材仓库中拣出了满满的一大卡车别人遗弃的化学药品、材料和各种仪器，仅用了3个月的时间就改装建成了3间实验室，基本上满足了当年5月份承担的国家重点科研项目“桂林环境污染综合防治”科研任务的需要。该项科研成果后来先后获得了中国科学院重大科技成果奖二等奖和广西壮族自治区科技进步奖二等奖。我本人也被评为中国科学院优秀中国共产党党员和先进工作者。

随着1966年下半年“文化大革命”运动的不断深入，柳大纲先生所受到的批判和迫害也在不断地升级，不仅不能继续行使所长的职能，而且连一个科学家从事科学研究的基本权利也被剥夺了。即使是在这种情况下，他还在鼓励我们响应毛主席“抓革命，促生产”的号召。积极参加运动，搞好所承担的科研任务。后来，我在山西部队农场劳动锻炼接受工农兵再教育期间，听说柳大纲先生被打成所谓的“里通外国的特务”。如果说在当时政治运动频繁极“左”盛行的年代，批判他有“资产阶级思想”还可以接受的话，那么说他是里通外国的特务，我从心底里不会相信的。1970年初我从农场劳动改造回来时，先生还被关在牛棚内。我虽然没有参与揭发和批斗先生的活动，但由于私心作怪也未能站出来给先生以关照，为此而抱憾终生。然而先生对待我们却是宽宏大度的，“文化大革命”结束之后，柳大纲先生恢复了所长职务，对在10年中曾经批斗过他的年轻同志既往不咎，并且培养和重用了一批年轻的科研工作者，这些同志后来不少成了各个学科的骨干，对我国科学事业的发展和科研队伍的承前启后发挥了重要的作用。从这不难看出先生的广阔胸怀和远见卓识。

柳大纲先生在工作和生活中所体现出来的公而忘私和鞠躬尽瘁的敬业精神更是令人敬佩。在先生主持化学所工作期间，在他的关心和主持下从化学所先后分离出了中国科学院青海盐湖所、感光化学研究所和环境化学研究所。据我所知，在环境化学研究所的组建过程中渗透了先生的许多心血。环境化学所建所的初期，研究员级的学科带头人十分奇缺，只有少数几个还是从外面调进来的，急切须要从原有的又具备了条件的科研骨干中晋升一批研究员来支撑环化所的学科建设和各项事业的发展。20世纪80年代初，在柳大纲先生的亲自主持下评出了刘静宜、胡克源、徐晓白和庄亚辉4位环化所晋升的首批研究员，其中徐晓白先生后来由于成绩显著还当选为中国科学院院士。这些同志在环化所乃至后来的生态环境研究中心的建设和发展中发挥了重要的作用，应该说在这当中柳大纲先生功不可没。还有一次我陪同当时生态中心的庄亚辉主任和王永胜副主任去看望已经卧病在床的柳大纲先生，向他汇报了因在生态环境研究中心新址建设的审批过程中遇到的一些麻烦。因为当时柳大纲先生的儿子柳怀祖同志在筹建正负电子对撞机实验室过程中与时任北京市副市长张百发的秘书接触比较多，我们希望怀祖能帮助做些疏通工作。先生十分爽快地答应了我们的请求。在先生的应允和怀祖的努力下，问题很快得到了解决。

柳大纲先生病逝的时候，由于我赴美访问日程的安排，只是在化学所所设灵堂的遗像前进行了吊唁，而未能在他的遗体告别仪式上再见上先生最后一面。现在先生离开我们已经10年有余，但他的音容笑貌依旧清晰可见。现在可以告慰先生的是，他一生所追求的强国富民的理想正在步步实现，他那崇高的科学与民主精神正在逐渐深入人心，他所开创的科学事业已经后继有人。我自己现在也已是六十有五的人了，已经退休。但在先生精神的鼓舞和鞭策下，还是在力所能及的范围内做些有益的事情，为我国的生态环境保护事业发挥着余热。最后我用文章的题目为引子，写出如下拙句作为本文的结尾：

忆起往事犹昨日，
恩泽雨露润心田。
师长教诲不敢忘，
柳杨成荫渗血汗。
大地春回暖科学，
纲领计划不可欠。
先辈搭梯后人攀，
生保经建同发展。

2004年2月，北京

作者简介　叶常明，中国科学院生态环境研究中心研究员。

对柳大纲老师的忆念

张均仁

一、初次见到柳大纲老师

1936年10月，经中央大学同学潘福莹教授推荐，我从南京兵工署应用化学研究所来到上海中央研究院化学研究所工作。时值西安事变前夕，时局十二分紧张，要从军事机构调动人员，颇不容易，经过好多周折，才得以成功。柳老师是早在1929年进中央研究院化学研究所的，其时，他与吴学周老师、朱振钧老师三人一起研究光谱方面的理论，得到很重要的结果。那时在仪器设备很差的条件下，能得到如此成果，真是不容易的。当时国内此项研究刚刚开始，柳大纲老师是我国分子光谱研究的创始人之一，不仅理论基础好，而且实验技术也十分精湛。

1937年年假，我所部分同事一起到桂林去旅游一星期。“桂林山水甲天下”，我们尽情地游览了桂林的风景区。柳老师对我们这些小辈处处关心，样样指点，教导我们要努力工作，重视节约，爱护国家财产，一切要为国为民着想。那时柳老师住在拉都路(现在襄阳路)，中午在食堂就餐。饭后在食堂里听广播。当听到“起来！不愿做奴隶的人们，把我们的血肉筑成我们新的长城……”时激动不已。他常常教导我们说：“我们的国家很弱，被帝国主义侵略。更可恶的是日本帝国主义强行霸占我们东三省，现在又要来侵占我们的南方上海。蒋介石的不抵抗主义，更令人痛心。”等。“8·13”上海抗战开始，我们把全所用书、仪器、药品等分装成五六百箱，存放在中法大学、震旦大学等处。以后陆续以中法、震旦大学的名义从上海运到香港。由邢其毅先生（现任北京大学化学系教授）在香港接运经河内由滇越铁路运到昆明。

柳大纲老师等陆续到达云南昆明。朱振钧先生和我暂留上海办理一切善后事宜（朱振钧先生 1947 年去美国未回）。

1946 年中央研究院选派柳大纲老师赴美国留学，1948 年获美国罗切斯特大学研究院博士学位，中华人民共和国成立前回国。

二、解放前极力反对去台湾

中华人民共和国成立前，柳大纲老师已从美国回到上海中央研究院物化研究所。当时国民党中央研究院院长朱家骅亲自来上海要把中央研究院迁到台湾。那时上海各所知道内幕的同志，都急得人心惶惶，不知道的仍若无其事。尤其是各所所长和有关人员，更是焦虑万分。为了应付当局，那时又不能像现在这样让大家坐下来开个会讨论讨论。可柳老师和吴学周所长已暗地里找我这个做具体工作的人在商量如何对付国民党朱家骅爪牙的办法了。柳大纲老师想了许多许多拖延方法，教我怎样怎样去对付。我按照柳老师的指示，一件一件地去办。反动的爪牙下来督促搬迁工作时，我是首当其冲，开头就被训斥一顿，辱骂一番。“工作为什么这样拖拉？”“装箱工作做得这样慢！”我只好忍气吞声地接受训斥和辱骂，赔着笑脸。遵照柳老师的教导，陈述种种困难，以各种形式不妥协地同反动派的爪牙进行艰苦的斗争。其中最主要办法就是拖延时日。诉说化学方面用的东西，瓶瓶罐罐多，不易装箱，装得不好，容易损坏，一搬一运，稍一不小心，就会变成一堆碎玻璃。化学药品大多是易燃易爆危险品，装了箱飞机也不能运，轮船运也是危险的，一个不当心，重放或碰击都会使化学药品自燃爆炸，危险得很。这工作实在不好做呀！我又强调这样装箱运台湾，要花这么多的代价，工作量又大，路上又不安全，还是到台湾买新的合算。爪牙听了我的诉苦，看了具体的东西，也奈何我不得。只得催我快装，越快越好。爪牙前来督促多次，训斥辱骂不可避免。我只得听着辱骂，赔着笑脸，并以摆事实讲道理的方法，再三强调化学药品、器皿搬运的特殊性。爪牙们听了我诉苦，也无话可说。我是按照柳老师告诉我的办法在拖延时间。随着解放战争的节节胜利，国民党爪牙虽然来了好多次，但是时间不等人，最后不得不夹着尾巴灰溜溜地滚了。如此才能保全人民的财产，迎接全国的解放！这都是柳大纲老师的功劳。

三、坚信党的政策　正确面对现实

柳大纲老师一生热爱中国共产党、热爱祖国、热爱人民，处处为国为民着想。尤其是经过西安事变和14年抗战。1945年柳先生在云南昆明被中央研究院选派去美国留学，获得博士学位。在国外期间，他真心诚意地帮助去美求学的同胞，专程到罗切斯特车站，接刘铸晋先生，并把在美的好友介绍给刘先生，后来成了在异国他乡的好友，竟把心里话对刘先生说："国民党的所作所为，迟早是要垮台的。"从这句话里，可见柳大纲老师的思想是多么的进步。为了建设中华人民共和国，他于中华人民共和国成立前夕返回祖国。

中华人民共和国成立后，陈毅元帅任上海市市长。李亚农同志以军管会名义来接收中央研究院。各所人员被派出上海近郊的农村参加土改工作。后在院内进行思想改造。首先各所分组学习党的有关政策，明确思想认识。在学习小组里，让大家敞开思想，坦白交代过去曾做过或做错的问题，等等。但各种想法都有，特别是初期，知识分子尤其重情面，要面对面地交锋，有的人则是不堪接受。最难受的是大喇叭点名叫喊。柳大纲先生的胞弟柳大维就是情面观念很重的一个。"三反"运动时，因他是工学馆主任、著名冶金专家周仁先生的得力助手，为打击周仁先生，逼他交代，上海工学馆（后为冶金所）的广播大喊大叫要"柳大维赶快彻底坦白交代问题，否则死路一条"。这样在大喇叭广播里，反反复复地不停地叫喊，听了实在令人难受。柳大维同志听见了当然更难以忍受。实际上柳大维同志是个好人，实在交代不出什么问题，知识分子碍于面子（当时柳大维同志是冶金研究所的副研究员），只有一死了之，以表自己的清白，于是柳大维夫妇突然就双双服毒自杀了。

柳大纲老师有两个同胞弟弟都在中国科学院工作。一个是上文谈到的冶金研究所副研究员柳大维同志，还有一个胞弟在植物生理研究所，也是研究员叫柳大绰。

柳大维先生自杀身亡的第二天，全院正在岳阳路320号大礼堂开大会。吴学周所长叫我出去说有特急任务。要我赶快去斜桥殡仪馆去帮助料理柳大维先生后事。于是我急急忙忙赶到斜桥殡仪馆。中华人民共和国成立初期的殡仪馆十分简陋，只有一块白布当孝堂，后面放着柳大维夫妇的尸体，除了我一个外人之外（冶金所一个人也没有）只有柳大纲老师和柳师母、柳大绰的夫人（柳大绰因公出差未归）及4个小孩。我见到这样凄惨的景象，痛苦不堪，连忙去买了一对蜡烛。我也泪流满面，痛哭一场。因为柳大维先生在抗日战争胜利后和我都住在长宁路865号中央研究院的一个院子里，时常见面。他为人忠直、和善、清正、喜欢说说笑笑。今突然夫妻双双自杀身亡，怎不叫人痛哭流泪呢？此景凄惨得无法形容。我也无法劝慰柳大纲老师，深知柳老师对同胞兄弟的情深，一定会更痛心的。但他十分镇静，我们4个大人和4个小孩默默地守在尸体旁边，只有伤心、悲痛、痛哭。过了一会儿，柳老师提醒我快请斜桥殡仪馆派车把尸体送到当时的西宝兴路火葬场。斜桥殡仪馆就派了一辆送尸车，把两具尸体连同我们大小 8 个活人一同装到西宝兴路火葬场。等到下午两时多，还轮不到火化。柳老师知道全院在开大会，便叫我先带小孩回家，再去参加大会。柳大维先生自杀一事，引起当时上海市领导同志的关注，市领导称之为“投鼠忌器”，十分惋惜，急令运动暂停。但直到“文化大革命”结束后，1979 年有关部门才正式平反昭雪，还柳大维先生清白。

我本拟不该将这种惨痛之事写出来，但从这一惨痛经历中可以看出和证明柳大纲老师对党的政策的坚定信念。胞弟的自杀身亡，乃是旧知识分子脆弱，怨不得党和政府。

四、响应国家号召　支援东北建设

中华人民共和国成立初期，方方面面都急需各方面人才，沿海地区如此，边远地区更甚。此时，刚成立不久的中国科学院打算将上海等地一些研究所迁往东北等地，有意将化学所迁往长春。考虑到原中央研究院化学研究所所长庄长恭老先生，1937 年抗战开始时，就因年事已高，身体不好，经不起长途跋涉，而未内迁昆明，只好隐居留在上海，此时更难赴东北了。柳大纲老师同吴学周所长商量，让庄长恭老先生留在上海，而由吴、柳带领一些人去长春，并将此意见向北京的中国科学院院部报告。中国科学院院长郭沫若等领导认为这方案很好，表示同意并定名“物理化学所”，与长春综合研究所合署工作。1952 年 11 月上旬，中国科学院上海物理化学所，全所近 40 人和 200 多箱仪器、药品、玻璃器皿和部分图书等全部搬迁到东北长春。我们南方人初到北方颇感环境不适应。尤其是 11 月上半月，暖气尚未开放，室外已冰天雪地、寒气逼人，气温降至零下 20℃左右，在外面马路上行走 20 分钟之后，浑身冰冷，实系难当。当然，暖气开放后室内温暖如春，比南方还感舒服。

长春综合研究所即现在长春应用化学所所址，中华人民共和国成立初期是东北地区的一个大所。长春原是日本帝国主义侵占东三省时期的所谓“满洲国”的国都。长春综合研究所原是日本帝国主义操纵的一个科研中心。其仪器设备之多当属中国科学院之首。我在长春一年多，将物理化学所搬去的仪器、药品等称交清楚后，又接受柳大纲老师一个任务，将综合研究所所有仪器、设备清点一遍。综合研究所到底有多少仪器、设备，建所以来始终未曾清点。在账面上的仪器、设备只有两千多件，经过我和几位同志仔细清查，其实际远不止这个数字。清点完毕，我们将综合研究所和物理化学所搬去的仪器、设备合并后，再一分为三，分别按需分配给了中国科学院长春应用化学研究所、中国科学院沈阳土壤研究所和中国科学院物理化学所 3 个所。这项清点工作总共花了半年多时间。查清分为 3 个所后，总共有仪器、设备 5000 多件，随即我们又给各种仪器、设备编号、制卡，分所造册，制订了管理制度。

柳大纲老师到长春后，开始着手物化方面的研究并对人民日常照明急需的荧光粉更为关心。刚解放，各方面急需荧光粉制造荧光灯。当时受西方国家封锁，荧光灯需要进口，价格又昂贵。柳老师在实验室里研究试制，数月后即告成功。即与南京某厂协作，制成完全由我国自制的荧光灯，大大节省了开支和电力。1954 年初，我经东北分院、北京总院批准调回上海，便离开了柳大纲老师。

直到 1987 年，柳老师偕同师母到上海来开会，上海有机化学所派了汽车去接，由我陪同柳老师和师母先到华东医院探望黄耀曾所长病情，午饭后，又去龙华华东化工学院拜访张院长，相互问候，长谈 1 个多小时。随后便道去上海植物园参观，因柳老师年事已高，植物园门卫允许坐车进园，在园内边亲切交谈边参观，直到下午 5 时多。从此，直到他去世，我再也没见到过柳大纲老师，这成了我的终身憾事。

作者简介　张均仁，中国科学院上海有机化学研究所研究员。

一生常耻为身谋

——忆父亲柳大纲

柳怀祖　朱敏慧

父亲1991年离开了我们，岁月流逝，但他谦和、慈祥的面容，时时在我们脑海中闪现。父亲和中国很多老一代知识分子一样，从小受儒家等传统教育影响很深，这使他具备了很多中国知识分子传统的优良品格。中华人民共和国成立后又受到了共产主义思想和中国共产党全心全意为人民服务宗旨的教育，成了一位中国共产党人。他把陆游的“一生常耻为身谋”作为自己的座右铭，并以此教育我们。

父亲1904年2月8日（农历癸卯年腊月二十三日）出生在江苏省仪征县的一个清末秀才家中。他的父亲柳承元是晚清的秀才，在县里小学教书，主张革新，反对帝制，赞赏康有为、梁启超、谭嗣同等人的为人和观点。父亲的祖父是位开杂货铺的商人，虽文化水平不高，但经商还很精明，也很有毅力。他的杂货铺3次遭火灾，每次都顽强重建。他很赞成清末维新派的主张，还冒险收留过维新派人避难。当时，柳家家境尚属小康。父亲自幼体弱，4岁时生母病故，两位哥哥大经和大纶均少年有成，十三四岁都考中了秀才，但不幸都不到30岁就先后因病早逝。父亲成了当时家中唯一幸存的男孩，所以他父亲、继母和姐姐大绶对他格外照应，既不准他干这，又不准他碰那，生怕他有什么闪失，甚至怕养不大他，还送他到附近庙里当了一段时间小和尚，因而他从小胆子就很小。他自幼勤奋好学，6岁时就被送到私塾念书，学习的是“四书”“五经”等孔孟之书，成绩总是名列前茅，他父亲还给他加读《尔雅》，所以从小受到儒家的教育。两年多后，他父亲又让他到县里比较现代些的小学继续学习，开始受到了些史地、数学、自然等自然科学知识的初步教育。他9岁时，经商的祖父病逝，从而家中仅靠他父亲当小学教员的收入维持生活，十分清贫。但他父亲还是十分鼓励和支持他继续念书。1916 年小学毕业后，父亲考取了在扬州的江苏省立第八中学（即扬州中学）。

扬州中学当时在江苏省乃至全国都是十分优秀和知名的中学，培养出了不少优秀人才。父亲 13 岁时只身去了扬州中学。当时扬州中学规定，每个学生都要轮流值日，值日时要挑水和帮助伙房烧火。他在家中从小由继母和姐姐照应，见水就退，更不敢点火，但他很快就适应了。更重要的是扬州中学在废除科举后的新教育体制下，要学习数学、物理、化学、法律、经济、地理、历史等现代科学知识。教自然科学的老师大多都是留学回来的青年教师，很多都用英文讲课，还开始有了实验设备，学生通过实验加深了对科学知识的理解。父亲也在此受到了现代科学的启蒙教育，打下了一些现代科学的基础。扬州中学对体育也十分重视，体育课要跑 880 码（约 805 米）才算及格，这使父亲的身体也健壮了许多。当时正值抵制日货的爱国浪潮，他和扬州中学同学一起卷入了扬州抵制日货的爱国运动中，上街游行、贴标语、查日货，经历了一些爱国行动的历练，父亲在扬州中学德、智、体都得到了全面的发展。1920 年父亲 16 岁时以十分优异的成绩从扬州中学毕业，但因家中仅靠他父亲小学教员工资维持，无力负担他念大学，因而他只得以优异成绩考入了不但不要学费而且管吃饭的南京高等师范学校数理化部，这也是当时穷苦学生的一个好的选择。著名气象学家竺可桢、物理学家吴有训、数学家熊庆来、教育学家陶行知、化学家张子高等都曾在这里任教。同学间十分亲密，互称“字”，而不是名。他们都称父亲的“字”——纪如，同窗情谊甚深，有的延至暮年，甚至“文化大革命”中还私下互诉衷情。同班同学中有很多人后来成为新中国现代科学著名科学家、理化学科的奠基人，如赵忠尧、吴学周、施汝为等。1924 年，南京高等师范学校升格成东南大学，他们又多念了一年。因此，他又在 1925 年毕业于东南大学化学系。

父亲大学毕业后，仍因家庭经济困难，须负担两位上大学的弟弟的费用，而没能出国，被王琎老师留在了东南大学当助教。1927 年，王琎老师让他去上海吴淞中国公学当了一年教师。那一年，经南京高等师范学校及东南大学同班同学樊平章（君穆）介绍，促成了父亲与当时在上海教小学的樊平章的妹妹樊君珊的婚姻。随后，父亲又随王琎老师到中国科学社的《科学》杂志当编译员（王琎为主编）。1928 年，中央研究院成立后，王琎老师出任中央研究院化学研究所首任所长。父亲于 1929 年跟着王琎老师进了中央研究院化学研究所，可算是创所的元老了。在 1932 年“一·二八”淞沪抗战后，1937 年全面抗战前，父亲协助把全所图书、仪器、药品分装几百箱存放在中法大学和震旦大学，并陆续以这两所大学名义从上海运至香港，再由邢其毅先生将这些物品从香港转经河内由滇越铁路运到昆明。抗战时期，父亲协助老同学、好友吴学周所长，在昆明的小西门重新建立了中央研究院化学所的实验室，坚持进行研究工作，使化学的某些方面研究得以继续，没有中断。吴学周伯伯和我们家为邻，当时条件很差，但两家关系很融洽，第二代之间至今交往都很密切。抗日战争胜利后的1946年，中央研究院选派父亲公费赴美国罗切斯特大学研究院学习。1948年，父亲以优异成绩获博士学位。

中华人民共和国成立前夕，父亲在美国，当时一些朋友劝他留在美国，让在国内的母亲和我去美国。也有科学界的友人把夫人和孩子接到美国去时，邀我们母子同行。父亲虽对中国共产党了解甚少，但带着对国民党腐败的深刻不满，看到了祖国大变在即，光明在即，而决心回国，母亲也赞同父亲的决定。于是，父亲谢拒了美国朋友们的挽留，放弃了美国优厚的工作和生活条件，于1949年初回到了上海，迎接中华人民共和国的到来。回国后，他十分坚决支持和协助同窗老友吴学周所长抵制国民党政府将中央研究院化学所迁往台湾。他还与当时在上海的中央研究院几个研究所的很多叔叔伯伯一起积极参加“应变护院”行动，抵制迁台，保护仪器设备，迎接解放军的到来。

中华人民共和国成立后，他对共和国充满了希望，全身心地投入到共和国的建设事业，表现了他对祖国的一片忠诚。中华人民共和国成立初，在中央研究院、北平研究院等基础上组建成立了中国科学院。1952年，他服从国家的需要，毅然和吴学周所长等很多化学所的同事一起从条件优越的上海搬迁到了到处是战争创伤、气候寒冷的吉林长春，并放下了自己多年的研究方向，着手搞荧光料、土壤加固等国民经济紧迫需要的科研课题。1954年，父亲又被调到中国科学院院部学术秘书处工作，同时协助曾昭抡和杨石先两位先生筹建中国科学院化学研究所。1956年初还参加了我国第一个科技发展规划即“十二年科学技术发展远景规划纲要”的编制。总之，只要国家需要，哪怕课题再小，学术层次再低，或者行政事务，他都心甘情愿地尽力去干。1959年，他加入中国共产党后，更是忠心耿耿，完全听从党组织安排，让做啥，就做啥。

1956年中国科学院化学研究所成立，父亲受命担任副所长，主持日常工作，后又任代所长。20世纪50年代中期到60年代中期的10来年，父亲除了化学所的领导工作外，又投身到祖国大西北的盐湖资源的调查研究上。父亲在这10年中，六次进入条件极为艰苦的西北戈壁滩的柴达木等地区共达18个月之久。那时他已是60岁左右的老人了。当时西北戈壁的“宾馆”就是一个院子里简易的平房，加上板床，厕所就在屋外荒地上的席子围里。到了野外条件就更差了，只能住透风的帐篷。同时又正值平定西藏达赖集团叛乱，野外还有零散的叛匪活动，十分危险。父亲全然不顾，带领由中国科学院化学所及地质、化工、轻工部门及有关高校的科技人员组成的中国科学院盐湖考察队年轻的同志们，去大柴旦等地一起风餐露宿，一起到戈壁里的一个又一个盐湖去调查研究。特别在1960—1962年国家三年经济困难时期，其他部门考察人员全部撤离了柴达木盆地，唯独父亲领导的化学所盐湖组坚持在原地工作。父亲大概是当时这些高龄的学者中在西北戈壁滩工作时间最长的人了。1965 年，父亲参与了在盐湖考察队基础上组建中国科学院青海盐湖研究所的工作，并受命兼任所长。之后，父亲为祖国大西北盐湖资源的调查和开发做了大量工作。1966 年，父亲在柴达木染上了黄疸性肝炎，回京治疗时正值“文化大革命”开始，竟被诬为“装病”，躲避“运动”。1976 年，父亲还打算再去西北戈壁的盐湖，但毕竟已过古稀之年，加之“文化大革命”的摧残，身体很差，实在力不从心了，因而未能成行，成为终生憾事。但父亲在病中仍与袁见齐教授一起向中央领导同志写信呼吁西北盐湖的开发。

他在 20 世纪五六十年代，还从事了祖国十分急需的原子能化学和航空材料的一些研究工作。我们家的人，由于各人工作性质的关系，因此，在家从不谈各自的工作。父亲对这些工作更是守口如瓶，直到他逝世后，我们才知道。“文化大革命”结束后，父亲还是李先念同志领导下最早参与我国环境保护工作的科研人员之一。父亲还遵照王震同志要他抓一下腐殖酸研究的批示，很认真地去抓腐殖酸的研究和推广。

父亲为人忠厚、正派、诚恳、谦和、平易近人，最怕麻烦别人，为人处世十分低调，甚至会让人感到有些软弱。父亲不善言辞，“文化大革命”前中国科学院党组书记张劲夫同志曾对人说过：“这个大纲同志，做了那么多事，就是讲不出来。”父亲从不争名争利，中国科学院和国家科委的老领导武衡伯伯在父亲逝世后来看望母亲，谈到父亲的为人处事时告诉我们，1954 年父亲和贝时璋、张青莲、施汝为伯伯等一些科技人员在中国科学院当时的学术秘书处工作。1955 年，中国科学院学术秘书处参与了我国第一批学部委员的评定工作。武衡和钱三强两位伯伯当时是学术秘书处的负责人。武衡伯伯说，此间父亲曾两次向组织上提出，自己不够学部委员资格，恳请能从名单中去掉。武衡伯伯谈及此事时热泪盈眶，连声称：“大纲是好人啊！”这事，父亲在世时从未向我们谈起过。

父亲治学十分严谨，从不马虎。这是他的学生们所共同感受到的。他从不讲假话，也不会讲假话，不会“吹牛”，开会时总往后面坐。“大跃进”时，他就没讲过当时时兴的“豪言壮语”或“大话”。

父亲十分重视学术交流，无论“文化大革命”前与苏联的学术交流，还是改革开放后，他都主张并亲自邀请外国专家来共同工作。“文化大革命”前他自己就牵头与苏联专家一起去西北进行中苏联合盐湖考察，并派年轻人去苏联学习。改革开放后，他很早就邀请了不少国外科学家，尤其是华裔的科学家来化学所交流，还亲自选派、推荐了一些年轻人去国外学习，不少人现已很有成就。

父亲对培养青年学生十分热心。1958 年中央为更多更好地培养“又红又专”的尖端科学技术人才，决定充分利用中国科学院各研究所的力量，运用院校结合，所系结合方式，建立中国科学技术大学。建校时，父亲与很多科学家都认为，大学教育要打好基础，基础课教育十分重要，主张“大师”编教材，上基础课。建校初期，他对全校化学基础课内容的审定花费了很大精力，当时，他与施汝为、华罗庚分别主持了学校普通化学、普通物理、高等数学教研组。父亲还兼任学校化学物理系副主任（郭永怀先生兼主任），几乎每月都去学校，具体指导。

父亲对年轻人十分关心、帮助和爱护，谦和平等，甘当人梯，是很多年轻科学家的良师益友。在年轻人遇到困难时，他总是挺身而出，给予呵护。解放前夕，南京中央大学一位很优秀的的毕业生参加了学生运动，国民党当局正要抓捕他。父亲的老师张江树先生写信给父亲，希望能把这位学生安顿到上海的中央研究院化学所，避开“风头”。父亲立即与所长吴学周伯伯商量后，设法让这位优秀毕业生到上海的化学所工作，躲开了国民党当局的追捕。中华人民共和国成立后，才知这位优秀的毕业生果然是地下党员。后来他成了优秀的科学家。“反右”时一位年轻科技人员可能要被划“右”派时，他就让这位年轻人出差，远离北京，使之侥幸逃过。这位年轻人后来成了院士。在青海时，一位年轻科技人员因家庭中一些事，当地有关部门要拘留他时，父亲挺身保护，而使之免受牢狱之灾，这位年轻人后来当了研究所的副所长。人们总是常常谈起父亲这些呵护他们的往事。在一些科研项目中，他做了很多工作，却总是让别人，特别是年轻人署名出文章。一些论文，直到他逝世后重新编印他的科学论文集时，在他的学生和合作者的坚持下，才加入了他的名字，收入他的科学论文集中。因此，父亲在周围年轻的科学家中有很高的威望，对年轻学者在学术上的苗头尤为关注，并尽力给予帮助。如从台湾赴美学习的赵玉芬女士1975年在磷化学研究上崭露头角，就为父亲关注。1978年赵女士来北京访问，父亲见到她时，就十分诚恳地对她说：“欢迎你来我们这里工作。”这使赵女士很感动，她很快决定回国，到化学所工作，后来在研究工作上取得了很大成就，并被选为了院士。

父亲对下一辈亲友十分关爱，但决不无原则宠爱，从不帮助说情走后门，而是鼓励他们忠于职守，在艰苦环境中为国做贡献。

父亲待人坦诚，与人为善。“文化大革命”前，一位学部委员出了问题，父亲奉命处理。他坚持了原则，又与人为善，顶住了“左”的压力，尽量减轻对那位科学家的影响，费了很大精力，才使之妥善解决。但那位科学家并不了解父亲的良苦用心，反而十分记恨父亲，父亲也不作任何解释。直到“文化大革命”中，父亲由于处理此事的“右”及“包庇”遭批判，这位科学家方知父亲当时为妥善处理他的事承受的压力及良苦用心，十分感动。“文化大革命”后，特地向父亲鞠躬道歉，亦在当时传为美谈。

父亲虽不是很活跃的人，但对学术团体却十分热情和支持。从1963年起他就一直勤勤恳恳地协助杨石先理事长处理中国化学会的日常事务，积极组织学会的各项活动，推动学术交流和科普工作，还亲任《化学通报》主编，为中国化学会的工作付出了大量心血，得到学会同仁广泛的赞扬。1980 年 4 月，他还在中国化学会的会上与杨石先先生等一起呼吁为 1957 年被错划为“右”派的曾昭抡先生平反。

想起“文化大革命”中一系列往事，历历在目。那时父亲和一些老科学家被“四人帮”诬陷为“特务”而遭隔离审查，在残酷迫害下，始终坚信党，不畏逼供，无论打他，还是用给他吃碗面来诱骗，他都始终坚持实事求是，讲真话，即使让所谓的“证人”来和他“对质”，也不说假话。“证人”也只敢站在他背后“对质”。他十分刚强，一点也不软弱。“四人帮”的爪牙们为了要“揭发”父亲，母亲也同时遭隔离。这样一位几十年没有在社会上工作的家庭妇女被隔离，在当时中关村也算是第一位了。

母亲的父亲是清末崇明县衙里文书之类小职员，其伯父是清末的举人，也算是“书香门第”了。她家里尚算开明，没让她缠脚，还让她去江苏苏州女子中学念书。其兄樊平章（君穆）是父亲在南京高等师范学校和东南大学的同窗好友，为人正直豪爽，毕业后赴法国学数学。父母的婚姻就是他一手促成的。母亲和父亲结婚后，就一直在家操持家务，没有再工作，到“文化大革命”时已几十年没有在社会上工作了。父亲从不管家里事，也从不管钱，家里一切都归母亲管。她常说，结婚后那些年每月拿到工资第一件事就是给父亲两位在南京读大学的弟弟寄生活费和补贴仪征老人生活费用。在上海寄钱时还曾遭抢劫，也被人偷过，骗过。母亲从不管父亲工作上的事情，只是偶尔帮助誊抄父亲写或译的文稿。母亲心地善良、性格开朗、对人热情，乐于助人，自己十分勤俭朴素。在大事上从来都是“夫唱妇随”，母亲总是支持父亲。两人几十年相亲相爱，很少争吵。她被隔离后，我们都非常担心，因她几十年只在家料理家务，没有在社会上工作，怕她受不了这样的打击，关在那里面想不开。但她也与父亲一样，不畏威逼，十分坚强，坚持实事求是，不讲假话。她放出来后，我们与她谈及我们的担心，她坦荡地说：“我才不会寻死呢！死了就什么都讲不清了，在那里面，我就咬牙顶着过来。”他们老两口儿在“文化大革命”中的表现在老一辈科学家友人中受到了普遍的赞扬。更难能可贵的是，父亲遭受了那样大的迫害，对党没有任何怨言，仍是那么忠诚。对“文化大革命”中被迫乱供而使父亲和一些朋友受伤害的人，父亲又是那么宽容，不但不记恨，而且还十分热情地关心和帮助，在与其见面时，父亲不仅让母亲对其如前一样烧好菜热情款待，还说服那些不愿见其的友人一起相聚，共叙旧情和“文化大革命”之苦，增加相互谅解，使大家深为感动。对“文化大革命”批斗过他的年轻人更是十分宽容，不记恨，有的还照样培养、任用。

20世纪70年代初，他从“牛棚”放出，在家仍被审查。因父亲以前工作一直很忙，很少有时间和儿孙欢聚。此时闲在家中有机会经常和柳宏、柳宁两个仅几岁的孙子在一起，教他们念“毛主席语录”和唐诗宋词，下围棋，格外亲热。同时教孩子怎么做人，他给两个小孙子讲解他最喜欢的陆游的诗句“一生常耻为身谋”，就是人一生最可耻的事就是为自己谋利益。他告诫他们，不准讲假话，不准害人。还给两个孙子讲了他中学时的故事，他在一篇作文中写了一句话“有钱常想无钱时”被老师划了双红圈表扬，以此教育孩子养成勤俭和不乱花钱的习惯。如今两个孙子都已长大成人了，仍还记得这件事。爷爷不仅这样教育他们，而且自己也这样做人，这点永远留在了他们的心中。

“文化大革命”后，父亲已过古稀之年，且体弱多病，但他仍满腔热忱地投入科技界的“拨乱反正”，在科学的春天里为祖国科学事业的恢复和发展积极工作。在他恢复了中国科学院化学所和青海盐湖所所长职务后为科学秩序的重新建立及学科的建设，付出了大量心血。同时，又在科学的普及和青少年学习科学上积极献计献策，尽力给予支持和帮助。他十分支持并参与了 1977 年 8 月上旬邓小平同志主持的中央召开的全国科学和教育工作座谈会。这是邓小平同志再次复出后的第一次重要活动，也是邓小平同志提议召开的科学与教育拨乱反正的极重要的标志性会议。他对这个会议上最震撼的关于当年就恢复高考和召开全国科学大会的决定更是热烈地拥护。1977 年底到 1978 年初，他不顾年迈体弱，积极热情地参加了全国科学技术规划会议，参与了“1978—1985 年全国科学技术发展规划纲要”的编制。1978 年 3 月，他积极参加“全国科学大会”。他还尽力帮助“文化大革命”中甚至“文化大革命”前被停刊的科技刊物的复刊，特别是积极帮助和促进了 1915 年创刊的《科学》杂志的复刊。

经过了拨乱反正，他完全拥护邓小平同志关于领导干部年轻化的思想，深感应由年轻的同志出任第一线的领导。20 世纪 80 年代初，他就主动提出从所长的岗位上退下来，成为中国科学院第一位退居二线的所长，这在当时中国科学院内外引起了很大反响，受到广泛的赞扬。同时，“文化大革命”后正值出国十分热，他多次推让，主张让年轻同志出去见世面，对国家科学事业更有好处。他的推让，在当时外事部门中传为佳话。

父亲一生简朴，不喜欢豪华，既不抽烟，也不喝酒，又不会打牌和跳舞，除了看书外，就是散散步。他在美国竟然没有学开车，他说，在美国时，除了国内有年轻学者首次赴美，他设法去接并帮助安顿外，他很少离开校园出去，平时只是在校园里走走，散散步。他除了看书，别无爱好，高兴时也随口吟几句唐诗。每天晚上工作结束时办公桌总是整理得干干净净。他最爱的是书，在我小时候就有了很深的印象。他从美国回来时，除了十几箱书以外只有一个十分简陋的收音机，还是 110 伏电压的，还须带一个变压器才能用。平时工资，他每月的花费也是买书，退休前，每月工资中都有固定的数目的钱留在秘书那里付买书款。直到他去世，我们家甚至一直用那些他 1949 年回国时装运书的旧木箱贮存物品，而没有像样的家具。他和母亲虽然很俭朴，但周围的同事有困难，或者年轻人结婚或生孩子时，却总是很慷慨。现在还常有父亲当年的学生，有的现已是院士了，向我们谈及父母老两口儿当年对他们结婚、生子时的关心和热情资助。

父亲公私分明，对公家的东西更是非常爱护。记得“文化大革命”中，他和母亲都被隔离，家被抄乱了，我们经济上也很困难。他的一位晚辈亲戚去插队时，穿走了他当年去青海穿的老羊皮工作服和大头皮鞋。他从“牛棚”回家后知道了，就让我们另买衣服，把老羊皮工作服和大头皮鞋换回来弄干净，收起来。他说，这是他在青海的工作服和鞋，是公家的，不能随便穿，只能他去盐湖时穿。后来他不能去青海了，就让交回公家。他极少用公车办私事，而且每次私用公家车他都按章付款，从不含糊。

“文化大革命”中，我们全家被赶出了原来住的、位于北京中关村的15号楼，三代人挤在了一起，家里到处都堆满了书，行走都很困难。“文化大革命”结束后被新华社记者发现，反映到中央领导同志那里，在中央领导同志的直接过问下，国家机关事务管理局让我们家和童第周、张文裕、潘菽、赵忠尧伯伯等几家搬到北京三里河南沙沟小区。房子大多了，但父亲表示，离所里太远了，不方便，每天上下班汽车接送太费油，坚持不搬。还是当时中国科学院领导郁文同志给母亲做了工作，趁父亲在外地出差时搬的。父亲回来后很不开心，但木已成舟了，他也只得认了。

父亲生前一直十分关心和帮助青年人成长，临终前，在病床上还念念不忘大西北的盐湖，关心着大西北的青年科学工作者，嘱我们把他和母亲一生省吃俭用，仅有的数千元存款，加上仪征老家祖宅卖后分得款。全部用于培养西北的青年科技人才。以此为基础，在二老去世后，我们遵照他们的遗愿，在化学所和青海盐湖所的支持和帮助下，设立了“柳大纲优秀青年科技奖”以鼓励开发西北的青年科技人员，父亲的学生徐晓白院士也将荣获的“何梁何利奖金”捐出了部分投入了这个基金。这个小基金得到了中国科学院历任领导中化学界的卢嘉锡、严东生、白春礼、施尔畏等先生的支持和关心，并分别亲任了这个基金会的主任和副主任。倪嘉缵院士多年担任评审委员会主任，每次评审时都十分认真，亲自审稿，组织评审，评选十分严谨，公正透明。刘德江、李洪海两位先生从一开始就积极参与，十分投入执着，为此付出了很多精力。近20年来已有32位年轻学子获得此奖，他们中有些人后来已很有成就，还有人当选为院士。这个小基金为鼓励更多优秀青年投身于祖国大西北的开发已起了一点推动和促进作用。

父亲是开创中华人民共和国现代科学技术的老一代科学家中普通的一员，一生低调。但在他1991年9月14日病逝后却获得了很大的哀荣。59位国内科学界的巨匠和领导组成了治丧委员会，当时的中国科学院院长周光召院士亲任治丧委员会主任。9月18日和19日在中国科学院化学所的一楼大厅设的灵堂，悼唁的人不断。9月26日的遗体告别，原安排200人参加，而那天竟来了上千人，八宝山的悼唁大厅外面都是人，不少人是从外地专程赶来的。国内外的学术机构和学术界人士发来了百余唁电，深切哀悼他老人家。新华社和《人民日报》分别于 1991 年 9 月 26 日和 10 月 4 日发了消息，给予了他很高的评价。1997 年，胡克源、马福荣、胡亚东和徐晓白等他老人家的同仁，为缅怀他，将他的一些科学论文和部分未发表过的文章，其中包括一些由他直接指导下完成，而他未署名的文章，汇集整理编辑出版了《柳大纲科学论文选集》，中国科学院卢嘉锡老院长为书作了序，诺贝尔奖得主李政道教授题写了书名。2004 年，他老人家百年诞辰时，中国科学院化学所和青海盐湖研究所、中国化学会、九三学社中央委员会、江苏省仪征市人民政府和“柳大纲优秀青年科技奖理事会”联合在北京举行了十分隆重的“柳大纲先生百年诞辰纪念会”，缅怀他一生为祖国，为中华民族的振兴，忘我奋斗不息的精神。这些都使我们深受感动，亦深深感到了他一生追求“一生常耻为身谋”的人格魅力。他和其他很多老一代科学家一样，身上汇集的很多中华民族优秀知识分子和中国共产党人优良的品格，将永远留在我们心中。“一生常耻为身谋”也将是我们和后辈的人生准则。

写于2004年父亲百年诞辰纪念

2014年父亲诞辰110周年时又作了补充修改

作者简介　柳怀祖（1940—），北京正负电子对撞机工程领导小组办公室原主任、中国科学院办公厅原副主任，高级工程师。

朱敏慧（1943—），中国科学院电子学研究所研究员、博士生导师、学术委员会主任，原所长。国际宇航科学院院士、科技委委员。

怀念爷爷

柳宏　柳宁

转眼，敬爱的爷爷离我们而去已经22年了。今年（2014年）是爷爷的110年诞辰，我们也都进入了中年，但我们幼年时爷爷那慈祥的音容笑貌仍然历历在目。

我们两人都出生在“文化大革命”中。1968年8月柳宏出生刚3个月，就遭遇了“造反派”抄家，同时爷爷、奶奶被关了起来。爷爷从“牛棚”放出来后，仍处在“审查”之中，但他很开朗，经常和我们在一起，教我们念《毛主席语录》和唐诗宋词，还教柳宏下围棋。1976年元旦，发表了毛泽东主席的词《念奴娇·雀儿问答》。那时1973年7月出生的柳宁才两岁半，爷爷就教柳宁念，还要柳宁背。柳宁常常背错，只是最后的“不须放屁”从来不错，引起大家阵阵欢笑，至今还是爸妈谈及我们小时候的一段快乐回忆。“文化大革命”结束，爷爷恢复工作以后，就忙极了，很少和我们在一起玩，但我们家里二老二中二小仍非常亲热。爷爷还设法抽空，和奶奶、爸爸、妈妈一起带我们乘32路公共汽车去颐和园玩过一两次。当时也算是件大事了。奶奶前几天就准备吃的，当天大家都早早起来，中午在颐和园吃着奶奶烧的她拿手的红烧鸡蛋等“佳肴”和馒头玩到夕阳西下，才又乘32路车回中关村，非常开心，至今不忘。爷爷为人忠厚正直，在我们很小的时候，他就常常教育我们不准讲假话，不准害人。他这样教我们，自己也是这样做的，使我们从小就知道怎样做人。

爷爷非常节省，碗中从不留一粒饭，他做事非常认真，从不马虎，桌子总是整理得干干净净的。爷爷从不抽烟、不喝酒，更不打牌，唯一爱好就是看书，高兴时，还会吟几句唐诗，这使我们从小就养成爱读书的好习惯。爷爷对吃穿很随便。记得爷爷曾告诉我们，他上中学时，在作文中写过“有钱常想无钱时”的话，老师在这句话上面画了双红圈，表扬了他。在他的教育下，我们从小也就养成了不乱花钱的好习惯，直至今日仍能省吃俭用。我们上学后，爷爷把我们每年的成绩册，甚至考试卷子都收着，常常拿出来，让我们比较，是进步，还是退步了。爷爷待人十分和善，对年轻人很关心。到我们家来的年轻学者，无论是被爷爷推荐出国深造学成归来的，还是在国内成长的，都非常感激爷爷对他们的关心和帮助。我俩多次听到他们表达发自内心的感激之情。爷爷去世前，躺在病床上还关心着在大西北的青年科技工作者。

爷爷在 60 多年科学研究和科研组织领导生涯中，以渊博的才学，强烈的社会责任感和高度为科学献身的精神，为祖国的化学研究事业发展与应用，尤其对祖国大西北盐湖的开发和利用，付出了毕生的心血和精力，同时，爷爷还对环境保护工作十分关心。他对自己要求很严格，我们小时候住在中关村，柳宏记事时，我家已被“造反派”从中关村 15 号楼赶至了 7 号楼，三代人挤在一起，到处都是爷爷的书，甚至在厨房里搭了一个小“阁楼”放书，走路都拐来拐去，十分拥挤。但爷爷十分乐观，从无牢骚。“四人帮”垮台后，有记者把我们家住的困境在“内参”上作了反映。在中央领导同志的直接关心下，让我们家搬到三里河南沙沟去住，房子大多了。但爷爷表示，这里离所里太远，不方便，汽车接送太费油，不想搬。还是当时中国科学院领导给奶奶做工作，趁爷爷出差在外地才搬了家。

爷爷生活一直很俭朴，从不计较个人得失，和每位真正的科研工作者一样，安于清贫生活，真正把全部身心扑在了工作上。早在 20 世纪 80 年代初，爷爷就主动从一线退居二线，不再担任领导工作，这与那些奉行“有权不用，过期作废”留恋权力的人是多么鲜明的对比啊。个人利益在他眼里永远无法和祖国的事业相比，他是无愧于祖国和人民的科学家。在他的言传身教下，我们的父母也都是生活上十分简朴，学习上十分刻苦，研究上十分钻研，工作上十分认真，为人上十分诚恳，事业上十分忠诚，成了我国科学事业的研究骨干和优秀科研组织工作者，为祖国的科技事业做出了贡献。现在他们都已退休，但仍在尽力工作奋斗不息。

20 世纪 80 年代初，有位记者在采访爷爷后，用“一生常耻为身谋”作为文章题目，写了爷爷的专访。我们问爷爷是什么意思，爷爷告诉我们，这是宋代爱国诗人陆游的一句诗，意思是，人一生最可耻的是为自己打算。爷爷一生就是以陆游这句话作为自己人生的准则。我们将把爷爷忠诚于祖国的科学事业，严谨的科学态度，刚直不阿，勤俭朴素的品德继承下去。

作者简介 柳宏，长孙。

柳宁，次孙。

幸存的孩子

——化学家柳大纲童年生活片断

顾迈南

在江苏省扬州城西南，滔滔万里长江之滨，有一座名叫仪征的小城。这座与扬州毗邻的小城市，古称真州。由于她位于吴头楚尾，古时候曾经是江北淮南一大水陆都会。真州城东南，有一座唐朝始建的天宁寺，寺旁相传有过一座雄伟非凡的天宁桥。桥塔之间碧波潋滟，一片清虚，是全城的盛景之冠。

这座淮南重镇，历史上曾经是太平军和清朝军队激烈争夺的要地。战火从南而北烧过多次，烧后重建，建后重烧。直到近代，这座古城才逐步得到恢复。孔尚任曾用这样的诗句形容过小城的风貌："酒店原开红袖底，城门亦在绿扬中"意思是说，其风物的繁华仿佛扬州。

顾迈南，新华社高级记者。

一、幸存的孩子

1903 年农历 12 月 23 日，我国著名化学家柳大纲就出生在这座古城一位教书先生的家中。柳大纲诞生的时候，他的祖父还在世。祖父是一位经营大杂货铺子的商人，为人精明能干，做事很有毅力。在太平军和清军交战中，他开的杂货铺曾被战火烧过三次。烧一次，他顽强地重建一次。他虽然经商，却很关心政治，很赞成清末维新派的改良主张，不怕风险地在他的铺子里收留过维新派人物避难。

柳大纲的父亲柳承元，清朝末年考中了秀才。他很崇拜我国中唐时期的大文学家柳宗元，因此取名叫“承元”。曾在仪征的乐仪小学教书，每月工资 20 块银圆。他平时喜欢读桐城派的作品，说起话来总是文邹邹的、含蓄的。他也很欣赏康有为、梁启超、谭嗣同等人的为人和文章，反对帝制，主张革新。他的个人生活很不幸，第一个妻子生了两个儿子、一个女儿。妻子因病去世后，续娶了柳大纲的母亲。大纲长到 4 岁，又不幸丧母。两个哥哥柳大经和柳大纶十三四岁时考中了秀才，废科举后到两江师范读书。不幸的是一个得了猩红热，一个得了疟疾，不到 30 岁就都先后去世了。

家中接连发生了几起悲惨的事件，尤其是两个哥哥的相继去世，给柳大纲的祖父和父亲精神上以很大的打击。举家悲伤的日子过去之后，对唯一幸存的男孩柳大纲就更加重视和宠爱。长到 6 岁，家里把他送到天宁寺旁边的一所私塾念书，除了念先生规定的“四书”外，父亲还特地叫他加读《尔雅》。《尔雅》又称“十三经”，是专门研究词义的，对动物、植物都有分类、有名字。念了几年之后，他又转到父亲教书的乐仪小学读书。在这个小学学的功课就比较现代化了，有修身、地理、历史、国文，还有英语。

两个哥哥的先后病故，使全家人对唯一幸存的男孩柳大纲视若命根，唯恐他再有个三长两短。因此，凡是有可能引起危险的任何东西都不允许他碰，不允许他触摸，以至于长到 9 岁，他还不会划火柴。年纪稍长，除了被家里人护送到小学念书之外，平时回到家中，活动的范围就只有二门前荷花池旁边的那块只有十几平方米的空地。放了学，回到家中，每逢清晨和黄昏，柳大纲常常一个人在这里，斯斯文文地、摇头晃脑地吟诗、念书。

二、要学真本领

光阴荏苒，转眼柳大纲长到了 9 岁。这一年，家里又发生了一件大事：祖父去世了。不久，祖父开的大杂货铺子也关闭了。从此以后，全家人的生活就全靠当小学教员的父亲那点微薄的收入度日，家境日渐衰败下来，以致父亲不得不常常要把衣物送进当铺，典当出去，换些钱来给他交纳学费。

生活的艰难，兵荒马乱的环境，使幼小的柳大纲渐渐懂事了。他不再是亲人们怀抱中见不得风雨的嫩苗苗了，在国家、民族和家庭变故频繁的急风暴雨中，逐渐茁壮成长。他虽然小小年纪，却很想替父亲分忧。

小学毕业以后，他和父亲商量，还要不要继续念书。

“要念书，要学点实实在在的东西，也就是说，要学些真本领。这样，为国、为家、对个人前途才有益处。”父亲语重心长地说道。这位前清秀才从自己洁身自好的生平中体会到，青年人只读诗书，尽管满腹经纶，也难以救中国。于是，在 1916 年的冬天，13 岁的柳大纲只身一人离开温暖的家庭，到了扬州，考取了江苏省立第八中学（现在的扬州中学）。

来到扬州，课余闲暇的时候，他和同学们结伴郊游，沐浴在阳春三月的明媚春光里，大声地吟诵着李白的诗句：

故人西辞黄鹤楼，
烟花三月下扬州。
孤帆远影碧空尽，
唯见长江天际流。

在月明星稀的夜晚，他和少年伙伴们漫步在二十四桥，一遍又一遍地吟诵着杜牧的名句：

青山隐隐水迢迢，
秋尽江南草未凋。
二十四桥明月夜，
玉人何处教吹箫。

扬州美丽的自然风光，使他和同学们常常流连忘返。然而更吸引少年柳大纲的是探索自然科学的奥秘。在名胜古迹比比皆是的扬州城，课余或节假日，他和同学们游遍了瘦西湖、欧阳修读过的平山堂，漫游了“春风十里扬州路”，怀着虔诚崇敬的心情凭吊了史可法坟。在他那幼小的心灵里，不禁为祖国多彩多姿的大好河山欢呼。在民族英雄史可法坟墓，缅怀史可法壮烈牺牲的史诗般的业绩，他在心头萌发了对无数为江山折腰的英雄们的热爱。少年时代的柳大纲决心长大以后，要学会真本领，做个对国家和民族有用的人。

三、在暴风雨中

在那些日子里，他除了寒假和暑假回家之外，吃饭、住宿都在学校里。学的功课有：数学、物理、化学、法制、经济、历史、地理。

扬州中学当时的校长名叫李荃，人很开明，有事业心。他请的教员都是上海交通大学、北洋大学毕业的学生，其中还有不少教员是从英、美或者日本回来的留学生。实验室的建设搞得也很好，仪器、设备都比较先进，一个学生平均一年要做几十个实验，非常注重从小培养学生们的动手能力。这位未来的大化学家，有幸在这里受到了“实学”的启蒙教育，为把自己的一生献给化学打下了坚实的基础。

当时，刚刚推翻帝制，中国向何处去？先是举国学日本，市场上到处充斥着日货，连学生们画曲线用的板子都是从日本进口的。民族工业受到打击，千百万正直的中国人的民族自尊心受到了极大的损害，学校里掀起了振兴民族工业，抵制日货的爱国运动，风起云涌的爱国浪潮，把幼小的柳大纲也卷了进来。他这时已不再是一个连一根火柴都不敢点燃的怯弱的孩子了，而是像一只挣脱了父母温暖怀抱的羽毛丰满的小鸟，在民族危亡暴风雨中，为拯救国家而勇敢地搏击着。在“打倒列强”“不做亡国奴”的口号声中，他义愤填膺，和同学们一起上街游行，参加“十人团”的组织，爬上扬州城墙书写标语，走上街头盘查日货，还与同学们一起，团结起来闹学潮。

严格的教学制度培养了不少像柳大纲这样杰出的人才。当时，这个中学的数学、地理、历史课都用英文讲授，学生们要用英文回答问题，做功课，用英文参加考试。各门功课要求都极为严格，体育课要跑 880 码（约 805 米）才算及格。课余，老师们常到学生的宿舍里转转。学生们不在的时候翻翻东西，暗中悄悄地了解同学们的思想状况。有一天，体育老师翻了柳大纲放在床头上的一个小本子，上面记录着用钱的账目。扉页上写着：

有钱常想无钱时，

莫待无钱想有钱。

老师看了点头称赞，在上面批道：“管理经济的思想很对头。善于理财是很好的思想。”

中学毕业以后，做小学教员的父亲已经无力负担柳大纲念大学。因此，他决定投考南京高等师范学校。这个学校不收学费，读两年之后，数学、物理、化学有了一定的基础，还可以到协和医院继续深造。

现在南京大学的前身是东南大学，东南大学的前身是南京高等师范学校。著名物理学家吴有训、气象学家竺可桢、数学家熊庆来、教育学家陶行知，都曾在这所大学任教。那时，物理、化学分得不清，柳大纲和著名物理学家赵忠尧、施汝为，化学家吴学周等都是同班同学，他们在数理化学部学习。由于自幼受父亲要学真实本领思想的影响，从这时起，他决定把自己的一生献给化学，常常与同学们一起怀着好奇的心情做实验，搞化学竞赛，在实验室里入迷地做实验，很晚才回到宿舍里。

先进的科学实验使柳大纲产生了朴素的唯物主义思想，眼界也开阔了。这时，他觉得封建迷信思想是荒唐可笑的，节假日回到家中，父亲要他磕头拜神仙，他思想上就不再是虔诚的，行动上也是反抗的。

四、发现人才的小伯乐

熊庆来、竺可桢等一些留学生回国后，对中国的现状很不满，他们有豪情为振兴中华干一番事业，自由组合成立了中国科学社（中国科学社 1915 年成立于美国，1918 年迁回中国——出版者注），1915 年创办刊物名叫《科学》（1915 年 1 月出版了第 11 期的——出版者注），柳大纲的老师王季梁（本名王琎，字季梁——出版者注）是这个刊物的主编。大学毕业后，柳大纲在这个刊物当了编译员。他和他的老师处理来稿很慎重，重要的都送给权威领导看。数学方面重要的文章，就送给熊庆来教授看。

当时的华罗庚失学在家，经过刻苦自学，在 20 世纪 20 年代后期写了关于代数、几何、数学分析方面的论文，寄给《科学》杂志，其中包括华罗庚 19 岁那年写的著名论文《苏加驹之代数五次方程式不能成立的理由》。这些经过刻苦自学的研究成果，引起了柳大纲等编辑的极大兴趣。大约在一两年的时间里，他们不断地收到华罗庚写来的论文，于是不断地把这些论文推荐给熊庆来教授看。熊庆来看了这些论文，觉得华罗庚很用功，很有希望。一天，熊庆来把清华大学的助教唐培经（金坛人）找来，说："华罗庚很努力，你回家时访问他一下，假如他愿意的话，请他到清华大学来做助理员。"

我国著名数学家华罗庚就这样成了清华大学的旁听生，后来又被提升为教授，并被保送到英国剑桥大学留学。

柳大纲等在老师王季梁先生领导下，不仅办刊物，还通过办刊物发现像华罗庚教授这样杰出的人才，这个故事在科学史上被传为佳话。不久，柳大纲被调到当时刚成立的中央研究院化学研究所工作，专门从事光谱的研究工作。后来，乘船经印度洋，过地中海，横渡大西洋，到达纽约，到美国和加拿大之间的罗切斯特大学专修远紫外光谱学。过大西洋时，遇上罕见的风浪，轮船险些被汹涌的海浪吞没。在和大西洋凶险的风浪搏击中，他表现得十分英勇顽强。这时他已成为一个梦想"科学救国"的有志青年，为了实现自己的美好理想，他不惜冒着生命危险，远涉重洋，到海外探求救国的本领。儿时不敢划火柴的故事，已经永远地留在他童年的记忆中。

转载自《童年文库·科学家的童年》，新蕾出版社编辑、出版。

激活科技人才的推进器

——记柳大纲优秀青年科技奖

刘德江　李洪海　李发福

我国著名化学家、中国科学院院士、盐湖科技事业的创始者、中国科学院化学所和青海盐湖所两所的所长及名誉所长柳大纲（1904—1991）先生病逝以后，其家属根据柳老先生生前的遗愿，将他和夫人一生省吃俭用，仅有的一点存款加上祖宅出售后分得的共两万元积蓄捐献作为奖励基金，并在中国科学院化学所和青海盐湖所、中国化学会赞助支持和帮助下设立了“柳大纲优秀青年科技奖”，同时获中国科学院有关部门的同意和支持。该基金会纯属学术团体，非营利性质的，亦可接受海内外捐赠。

该项奖励面向全国，旨在鼓励青年科技人员，特别是西部及边远地区从事无机化学、物理化学、应用化学和盐湖资源研究与开发利用等方面的基础、应用和开发的研究工作，且表现突出、成绩显著，有良好的科研道德，45 岁以下的科技人员。原则上每两年评选一次，获奖者人均 2000—3000 元。此项工作在理事会的组织领导下进行。理事会理事和评审专家均义务受聘，包括工作人员一律兼职，没有报酬，日常工作挂靠在中国科学院青海盐湖所，财务按制度规范管理。

自 1999 年以来，在卢嘉锡（中国科学院原院长）、严东生（中国科学院原副院长）院士两位理事长的先后主持下，“柳大纲优秀青年科技奖”的工作得以顺利开展，共进行了六届评选活动，总计 32 人获奖。其中按学位计博士 28 人，硕士 1 人，研究生 1 人，暂无学位 2 人。按技术职称计研究员或教授 18 人，副研或高工 10 人，助研或工程师 4 人。他们都分别来自中国科学院有关研究所、教育部的重点高校和国土资源部的研究院。

上述六届评选活动自始至终坚持标准，认真负责，侧重西部，宁缺毋滥。由理事会聘请 7—9 位专家组成评审组，其中固定和流动的专家各占一半左右，中国科学院院士倪嘉缵先生担任组长。凡申请者必须按要求的表格填报，附有代表性的论文报送，经两名专家推荐，所在单位签署意见并加盖公章。不按此办理的或申报材料不合格的，均不予受理。

每次评审前，专家组成员对每份申报材料都进行了详细审阅，并就评选程序条件、人数等进行讨论，在取得一致意见后才进入正式评审。对申报者从事研究课题的分量、工作成绩的差异、发表文章的水平质量、所做的实际贡献、特别是对西部边远地区的科技影响等多方面，做出综合分析评估，最后以无记名投票的方式，公正、透明地确定获奖人员名单。其有关信息在互联网及报刊上予以报道公布，没有受到任何质疑，提升了知名度和影响力，收到良好的社会认同效应。有的获奖者说："我们不是想要奖金的，而是慕名而来，对青年人说，这是一个平台，一次机会，有品牌效应，起到励志奋进的作用。"这充分说明，此奖项已在青年科技人员中产生了积极的影响。

32 名获奖者在获奖以后至现在，都仍然坚持在科研第一线工作，并取得可喜的成果。他们都普遍晋升了正高级技术职称，多数人成为博导、学术带头人，更有 1 人当选中国科学院院士。其中：

李亚栋，1964 年出生，1986 年毕业于安徽师范大学化学系，1991—1998 年，先后在中国科技大学获硕士和博士学位，在清华大学从事无机纳米材料合成化学研究。1999 年获第一届柳大纲优秀青年奖时，他的技术职称是副教授，不久升任教授、博导。2001 年获国家自然科学奖二等奖，2004 年入选"新世纪百千万人才工程国家级人选"，在国际一流刊物上发表论文 200 多篇，申请国家发明专利 10 余项。2001 年当选中国科学院院士。

中国地矿资源研究所研究员刘成林，曾对罗布泊盐湖找钾做出了重要贡献，提出"小块成钾"的突破性理论，经国土资源部、中国科学院联合共同推荐，成为国家"973 计划"钾盐项目的首席科学家。连云港化学矿山设计院葛兆民博士，提出用 4 号工艺生产优质氯化钾，获国家专利，现任青海盐云钾盐有限公司总经理，被评为全国化工系统优秀科技工作者，也是一位知名的钾盐专家。

成都理工大学的桑世华教授，不但给硕士生、博士生开设讲授相平衡理论及其应用、地球化学相平衡等课程，并且坚持开展盐湖资源的分离提取技术和综合利用的研究工作。西北大学二级教授王惠（女），曾师从盐湖化学家高世扬院士攻读博士后，现主持国家"863 课题"及国家"973 课题"的研究，曾在国内外发表论文 140 多篇，获得多项国家专利。研究员吴志坚是原中国科学院青海盐湖所的科技人员，曾参加"七五"期间国家重要攻关项目"青海盐湖提钾和综合利用"的研究，在攻读博士之后到沿海地区工作，但仍不放弃盐湖，入选中国科学院“百人计划”，又重回盐湖所，从事盐湖资源化学及新型无机材料的研究，现任盐湖所副所长。

“柳大纲优秀青年科技奖”除采用通信方式颁奖外，曾在化学所、盐湖所举办颁奖仪式。中国科学院院长白春礼院士和青海省副省长高云龙于 2013 年 7 月共同为第六届获奖者颁发了奖杯、证书和奖金，4 位获奖者依照惯例在盐湖所学术报告厅分别作自己的学术报告。该奖理事会、盐湖所共同筹资，为柳大纲先生制作一座半身塑像，在 2005 年盐湖所所庆 40 周年大会上，由倪嘉缵和张彭熹两位院士为柳大纲先生铜像揭幕，省委常委，副省长李律成和其他省领导到会祝贺。2004 年 5 月 21 日，由中国科学院化学所、中国化学会、中国科学院青海盐湖所、江苏省仪征市人民政府、九三学社中央委员会、柳大纲优秀青年科技奖理事会等单位共同隆重举办“柳大纲先生百年诞辰纪念会”，中国科学院领导、北京市领导、江苏省仪征市领导以及部分中国科学院院士都莅临会场，会议最后为第三届柳大纲优秀青年科技奖获得者颁奖。

前有先辈开拓，后有晚辈跟进，弘扬名人精神，发挥名人效应，越来越多的青年人参加科技创新的行列，无疑是一种行之有效的推动力量。柳大纲奖就是其中的一类推进器，在化学和盐湖研究领域享有良好的声誉和广泛的影响。因此，该奖理事会多次开会提出，希望即使在困难的情况下，也要把这件事坚持做下去，并对今后工作提出了有益的提议。例如，依托或者交给盐湖所，原定宗旨，目的不变，但重点还是盐湖科技的发展和西部地区的建设，不要偏离这个方向和范围。如果有资金保证，可拓宽该项基金的思路，支持围绕盐湖开展课题研究，物色和培养人才，广泛进行合作和学术交流。重点是解决盐湖资源产业化的关键性技术问题。一种行之有效的新工艺流程能够用于生产，这是最实际的重要贡献，理所应当地受到重视和奖励。把盐湖所办好，促进盐湖科技产业兴旺发达，这是对柳大纲先生最好的纪念，也是对国家做出的最好的贡献。

“柳大纲优秀青年科技奖”基金会在工作过程中，承蒙有关单位、高校和两院院士、各位同仁等的鼎力支持和关怀，甚至自愿捐赠资助，在此一并表示诚挚的感谢和敬意。

2014年3月

作者简介 刘德江，曾任青海盐湖所所长。

李洪海，曾任中国科学院数理化局处长。

李发福，曾任青海盐湖所科技处处长。

祖国和人民没有也不会忘记他们

柳怀祖

非常感谢中国科学院青海盐湖所和化学所今天在西宁举行这样简朴的报告会来隆重地纪念家父柳大纲诞辰110周年。一些七八十岁高龄的学者远道而来，和年轻的朋友们一起纪念他，人们没有忘记他，青海没有忘记他，更使我十分感动和感谢，感触良多。

我认为，今天我们在这里不仅仅是为纪念柳老一个人，而是我们大家一起缅怀我们中华人民共和国初创阶段，为祖国科学事业献身的那一代科学技术工作者，一起追忆他们为祖国繁荣强大的贡献和做人的品格。我深感祖国那一代科技工作者，虽然他们每一位的性格、脾气各有不同，但有两点是他们共有的品格：一是他们都对祖国无比的忠诚和热爱。当时他们大都是舍去国外优厚工作和生活条件，回到贫穷落后、各方面都十分困难的祖国，献身共和国的科学技术事业，即使在“文化大革命”等各种运动的逆境中也无怨无悔。二是他们治学都十分严谨、求真务实、兢兢业业、勤勤恳恳、认认真真、踏踏实实地作研究，决不为名利驱使而弄虚作假。我想这大概正是他们那一代人能在十分困难的条件下开拓了中华人民共和国的科技事业，取得了巨大成就，为我们今天的科技事业奠定了基础的主要原因和力量。也是今天虽然他们那一代人大都已离开了我们，但人们还常常缅怀他们，纪念他们的原因。祖国和人民没有也不会忘记他们，历史不会忘记他们。

今天祖国科学技术日新月异地发展，长江后浪推前浪，改革开放大潮下，很多年轻学子出国留学和不断对外进行学术交流，一代又一代新人在成长。在中国的科技事业后继有人的今天，我想“科学没国界，但科学家是有祖国的”是我们新一代中华儿女要永远铭记的。新中国科技事业开拓的那一代人对祖国的忠诚热爱和对科学的执着及严谨是我们科技界的后人必须要学习和继承的。

今天还要向诸位报告，遵照柳老遗愿设立的柳大纲优秀青年科技奖金，虽是一个小小的基金，但在卢嘉锡、严东生等老一代科学家和历届中国科学院领导的关怀下，在盐湖所、化学所支持下，在倪嘉缵、李洪海、刘德江等同志近20年坚持不懈的努力下，取得了可喜的成果。基金成立至今已评选了六届，共有32位年轻学子获得此奖，得奖者中有的后来已当选为中国科学院院士。在此向所有关心和支持这个小小基金的个人和单位表示感谢和敬意，并以此告慰柳老在天之灵。

作者简介　柳怀祖（1940—），原北京正负电子对撞机工程领导小组办公室主任，高级工程师。

上海物理化学研究所北迁长春回忆散记

柳大纲

我是1929年到中央研究院上海化学所从事中国陶土方面的研究工作的，地点在上海岳阳路320号，那里有中央研究院几个所。1949年5月上海解放。不久，时任中国人民解放军华东军管会主任的陈毅同志即来岳阳路，召集各研究所的科学工作者讲话，记得会场悬挂的横幅大标语上写着“科学为人民服务”几个大字，对长期饱受反动统治欺压的知识分子来说，确是十分新鲜，从此给我留下了深刻的印象。陈毅同志向大家亲切慰问以后，即宣讲有关的政策和措施，特别着重谈了“科学为人民服务”问题，语意亲切感人，这是我上的第一堂党课。

我们还聆听过周恩来总理、聂荣臻元帅等中央领导同志关于共和国大好形势和科学技术发展方向的报告。他们对科学事业十分热心，关心科学发展和社会主义建设的联系，引导我们考虑问题要实事求是，理论要联系实际，以及科学技术发展的正确方向。

1951年11月中旬，我们又学习了当年9月14日胡乔木同志在中国科学院第二次院务会议上的报告及郭沫若院长“为人民科学的发展与祖国建设的胜利而奋斗”的报告。胡乔木同志讲科学家要做一定的组织工作和宣传工作，需要学习，但最重要的是要为国家建设服务。会后大家联系实际情况，进行了热烈的讨论，收益不少。

科学工作者，特别是实验科学工作者，一般说来，比较容易接受实事求是的思想教育。中华民族长期受帝国主义和封建主义的压迫，知识分子也深受其害，他们对反动势力十分反感，但又觉得自己无能为力。他们对民主、对科学都十分拥护，一旦得到解放，报效祖国的爱国主义热情喷薄而出。因此党和政府向科学家发出“科学为人民服务，为祖国建设服务”的号召是不难使他们理解、不难触动他们的心灵的。从此入手进行教育，则许多难题可以迎刃而解。上海物理化学所北迁的实践又加强了我上述信念。

1949年下半年，中央领导同志即酝酿要南方科学技术工作者到东北参加工业基地的恢复和建设工作，多次组织关内科技工作者去东北厂矿参观访问。记得1950年我和弟弟柳大维都被选派送在北京华北人民革命大学政治研究院学习，学校设在北京西郊海淀，我在八班三组，大维在八班四组。5月6日中国科学院来人通知我们说，科学院冶金陶瓷所所长周子竞和物理化学所所长吴学周等将赴东北各大工业城市考察，邀我们进城晤叙座谈。1951年间，除吴所长常常应召到北京、沈阳一带访问开会外，物理化学所研究员梁树权、沈青囊、钱人元等同志亦多次出差辽沈各地开会讨论工作。1951年9月17日我和几位同志离沪去京参加了一些讨论会。然后于9月25日参加在大连召开的东北科学研究工作第4次报告会。会期5天，会上有64篇报告，到会机关38个，出席177人，其中30人是从关内去的，旁听有900多人，总计1400人，盛况空前。当时物理化学研究所有钱人元、郑绍基和我参加。会后我们还去长春参观化学化工方面的工作。后来又去鞍山、锦州合成厂，10月中旬返回上海。一个月的参观访问使我们对东北工业和科学的发展留下了十分令人兴奋鼓舞的印象。

领导同志的报告，语重心长的讲话以及在东北各处亲身实地的参观，对不久以后上海物理化学所的北迁都起到了重要的影响和推动作用。

1949年10月1日，随着中华人民共和国的诞生，中国科学院陆续对华东地区所属各研究所进行了组织调整。原中央研究院上海化学所与北平研究院化学所合并，重新成立两个研究所：一个是庄长恭担任所长的有机化学研究所，一个是吴学周担任所长的物理化学研究所。后者于1951年下半年到1952年初组成，科研人员包括物理化学、分析化学、无机化学和一些应用化学领域方面的人才，共27人，加上一批分配来的同志，共57人。同今天我们各化学研究所比起来，当然是很小的了，但在当时中国科学院关内各研究所中，还是比较大的一个所哩！

人数虽少，中高级科研人员的比例还比较大。虽说一年以前军代表李亚农同志就向大家谈过，中国科学院有把上海物理化学所迁东北的设想，大家意见还有分歧，有的同志还有这样那样的顾虑。1951年12月21日至1952年3月11日，吴所长出差北京并对东北作了77天的长时期考察和了解，回来后态度就很坚决，表示坚决拥护中央的决定。与此同时，所里又组织中高级科技人员去东北有关科研、工业基地参观访问，大家思想认识又提高了一步，表示要以实际行动支援东北工业建设。思想改造的重点就是学习“科学为国家建设服务的问题”。很多人对迁东北支援工业基地表了态。吴学周所长带头响应中央号召，中高级人员以身作则也纷纷应召响应，乘思想改造的东风，一气呵成顺利完成了这件具有历史性意义的大事。

到 1952 年 6 月上旬，物理化学所组成刚半年，便制订了搬迁计划，成立了由 15 人组成的搬迁委员会。下面设 4 个组，各组的负责人和任务为：①秘书组：朱晋锠、沈天慧、洪漪镧。负责对外联系，人员调配，装箱单及财产目录核对。②事务组：余柏年、王富友、汪师俊、程镕时。负责装箱材料，安排存放地点，联系托运等。③装箱组：吴人洁、柳大纲、徐晓白、张赣南。负责装箱，编制清单。④清理组：钱人元、梁树权、张定钊、沈青囊。负责仪器、化工机械、图书等整修和装箱。

到 6 月底做好了准备工作，7、8 两月清点装箱，并编制了详细清单。整个搬迁工作由吴所长统率，我负责所内组织安排。上海化学研究所分为有机所和物理化学所后，仪器药品已按所分开。属于各自专业范围的图书期刊当不难分开，但部分综合性的过期刊物、手册等两个所都要用，这件事由汪猷同志代表有机所，我代表物理化学所本着工作需要和实事求是的原则合理协商，也得到了妥善满意的解决。

整个搬迁准备工作由于全所同志的热心努力，团结合作，顺利地按预期的时间完成了。

当时决定迁往长春人员计 55 人，其中研究员 6 人，副研究员 3 人，大学以上学历的 50 人，连同家属总计 80 余人。1952 年北迁长春的有 3 个组：光谱组、固体表面化学组（从事多相催化与催化剂）和分析化学组。分析组原准备调沈阳组织工业检验所，后因检验所暂不成立，亦陆续来长春。还有工业化学组（后改为应用电化学组）。当时因为与中央农业部订有合同，需在上海完成种子杀菌剂“西力生”的部分中试工作，同时要进行 125 千瓦变压器的试装工作（这是为研制刚玉作准备），决定 1953 年春天再迁。

北迁的仪器设备有 300 多箱，内有大、中型光谱仪，一般如天平、显微镜、真空泵、烘箱等，还有白金器皿、玻璃器皿 50 多箱。化学试剂包括一些价格昂贵的纯稀土化合物，铂族化合物等 100 多箱。图书期刊等资料 150 多箱，包括物理化学，特别是一些比较珍贵的国外过期刊物。所有这些对当时东北的科研工作也起了很大的物质支持作用。

大约从 9 月起 3 个月内，以不过二三十人的人力完成了包括专用家具在内总数达 720 箱的装运工作。到长春后又在一个半月的时间内完成了全部图书杂志及 90% 的药品开箱和初步整理，并进行了部分实验室的布置，为新的一年能早日开展科研工作创造了条件。在整个北迁工作中，同志们发挥了高度的工作热情，克服了上海的炎热天气和长春的寒冷，战胜了疾病等种种困难，坚持高质量按计划完成了任务。特别是负责装运的同志，以不多的人力，还尽量利用现有材料钉箱，如期完成了全部物资的发运。包装工作都十分仔细，危险药品都未出问题。到长春后开箱检查，总计破损率不到千分之一。

1952 年 11 月，上海物理化学所的科研人员及家属经过 2300 余千米的长途旅行胜利到达目的地。11 月的长春已经相当寒冷，但大家心怀为祖国建设的热情，克服了“马后桃花马前雪”的严峻气候勇往直前。12 月中旬，700 多箱物资也运到了长春，又开箱清点，分门别类编造一式五份的移交清单，一份送上海科学院，一份给长春综合研究所存档。移交、接收双方都签名盖了章。在搬迁工作中，沪区各所曾给我们不少帮助，有几位员工虽然决定留上海有机所工作，也热情地来到长春帮助清点清楚后才回上海。此中有管理物资负责人张均仁同志，职工高士云等同志，厚情感人在此特别致谢。

中华人民共和国成立初期，建设在全国兴起，然而重点在东北。郭沫若院长受命中央，早有组织东北分院的考虑。几经规划，乃于 1952 年 9 月正式在沈阳成立。严济慈同志受院党组和郭沫若院长的委托与恽子强、武衡等同志主持东北分院工作。建成了一批与重工业建设密切关联的研究所，提出若干重大科研课题，鼓励广大科技人员努力为国家建设服务，制订并发展了东北科学研究所自 1949 年起创立的自然科学研究工作计划制度，为领导好、管理好社会主义科学技术发展创立了良好的开端。1952 年 10 月，东北分院还开过有 6 个研究所、馆主办的 1953 年研究工作计划会议，我和物理化学所的几位同志到沈阳参加。中国科学院吴有训副院长、分院严院长、武衡秘书长都作了报告，会议内容丰富，讨论热烈，这是科学和生产互相结合的科学计划会议。中国科学院东北分院多所的创建，对整个科学院以后的发展都具有深远的意义。在东北分院计划会议期间，长春综合研究所夏光韦副所长及秘书室主任孙书棋向我们介绍了一些情况和对物理化学所迁址后在宿舍、实验室等方面的安排打算，希望以后两所同志密切配合互相协作。

1952 年 12 月 6 日，长春综合研究所又召开了盛大的欢迎物理化学所迁长春庆功发奖大会。严院长亲自致辞并主持发奖会。当时我出差外地未能参加。后来得知会上还有夏副所长致欢迎辞，讲了上海物理化学研究所由于吴学周所长热烈响应中央号召，在反复调查研究后决定迁往东北，全所同志亦能深明大义，热心支持中央的决定。他还说了很多振奋人心的话，使同志们深受鼓舞。

1953 年我们光谱组就开始和综合所物理室的光谱组合起来，研究光谱法测定钢铁组成的炉前分析。结果缩短了化验时间，加快了冶炼速度，提高了钢产量，为鞍钢等厂的钢铁生产做出了贡献。此外我们还进行了有机汞杀菌剂“西力生”的中试发展研究，与苏家屯研磨材料厂协作人造刚玉的研究，合成新型卤磷酸钙日光灯荧光料的研究，水煤气合成催化剂的研究等。物理化学所的这些课题都列入了 1953 年东北分院的计划，这是我们联系工农业生产的胜利开端。

上海物理化学研究所搬迁长春是中国科学院和东北分院一件值得回忆的大事。参与搬迁的人员，至今大多数已白发苍苍，有的已不幸离开人间，但在当时作为 20 世纪 50 年代的年轻人，他们甘愿舍弃江南优越的生活条件，奔赴冰天雪地的北国，艰苦奋斗，努力钻研业务，为祖国经济建设做出贡献，这种精神将永久铭刻在后继人的心中，载入我国科学技术发展史册。这篇回忆散记，仅是全豹之斑而已。草写过程中得到当年共事的张均仁同志、岳国粹同志提供部分重要资料，为散记增益光辉，附此致谢。

中国科学院长春综合研究所与上海物理化学研究所合并组成中国科学院应用化学研究所，已历时卅余年。几十年来，在党的领导下，在吴学周所长精心策划和广大科技人员共同努力下，已组建了分析化学、稀土化学、高分子合成、高分子物理、金属腐蚀、催化反应、电化学及结构化学等学科和队伍。为东北地区和国家经济建设、国防建设解决了许多科技问题，理论实践交互推进，有所创造，成果丰硕，人才蔚起，曾多次受到国家的奖励。今天应用化学所学术上的兴旺气象，也是当时上海物理化学所北迁的期望所在。也说明了科技人才的交流，将更有利于科学事业的发展，应用化学所也必将在“四化”征途中，更上一层楼，做出更大贡献。

1984年3月于北京

资料来源：中国科学院青海盐湖研究所 2009-06-09。

柴达木盆地盐湖资源丰富

柳大纲

青藏高原上的柴达木盆地，是我国著名的盆地之一，其面积约等于福建省，共计有10余万平方千米。这个海拔2800米的大盆地，位于青海省北部，北为祁连山，西北为阿尔金山，南为昆仑山。气候干燥，终年鲜雨，蒸发量往往为降雨量的十几倍。盆地内湖泊很多，湖沼区占盆地面积的四分之一，湖泊大多为盐湖，许多的湖已结有盐盖，并为风沙掩没，揭开盐盖，则有卤水和盐类晶体。这些盐湖除蕴藏着大量固体食盐晶块外，卤水中存在着的盐类也很多，食盐以外有硼、钾、镁、锂、溴、硫酸盐等。盆地西部山地地层内，有各种盐类沉积，如石膏、石盐、芒硝、天青石、白钠镁矾、钠硼解石、天然碱等有用的矿物。这些丰富的盐类资源的勘查与利用问题，许多地质学家、化学家、化学工艺学家等正在研究探索之中。

著名的察尔汗湖是一个结盖的干湖，盛产光卤石。过去由于黄沙盐土覆盖，一直不知道是一个大的盐湖。中华人民共和国成立以后在上面修筑公路时，它才被发现是一个湖。盐盖厚度一般为30—40厘米，其下有石盐晶体与卤水混合，卤水平均深度约30米。在西南部盐盖下即有光卤石沉积与石盐混合一起，卤水正在沉积光卤石阶段。1957年10月间我们第一次去察尔汗湖时，在修筑马路旁边所挖卤水坑中，发现了光卤石结晶。从这个线索，我们就发现了这个大湖的光卤石沉积和大量含钾的卤水。该湖面积约有1600平方千米，现在湖上有贯通南北长30余千米的平坦公路，系用含氯化镁卤水浇在盐盖路面上做成，可与柏油路媲美。在湖的南部地区的盐水，经日光蒸发即有光卤石结晶出来。根据野外试验，每平方千米在8月份的气候情况下每天可以结出700吨的光卤石。察尔汗湖的固态钾盐已经被地质部勘查单位进行了初步勘探。现在青海省化工局已在湖上设有钾肥厂，土法生产氯化钾 55％的钾肥和 90％的工业氯化钾。淡水供应缺乏，在目前是一严重问题，这个问题解决后，产品质和量俱会大大跃进。现在已考虑利用湖以北 130 千米的大柴旦湖的芒硝，进行含硫酸钾的优良钾肥制备流程的研究，向着多品种钾肥生产方向发展。察尔汗湖西邻接着达布逊湖，湖北滩有光卤石沉积。湖面积为 360 余平方千米。湖水深度在 1—2 米间，夏秋间波浪很大。湖北滩上由于卤水受微风激荡，在滩上形成直径约 3—4 厘米的珠状盐粒，集结成块，1957 年盐湖队发现此盐时戏称之为珍珠盐，现在大家都习用这名字。苏联及民主德国盐学专家均认为这在自然界前所未见。这虽是自然奇迹，但盐沉积仅在表面，储量不大，无经济意义。湖水含钾，其中镁量较诸察尔汗湖卤水低得很多。察尔汗湖东邻接着霍布逊湖，两湖边界的情形亦与察尔汗达布逊湖边界情形相仿。对霍布逊湖情况尚缺乏了解，仅知其亦含钾盐，但不突出。从地表面貌来看三个湖关系密切，可能是一个湖演变而来。在盆地西北与新疆接界处有尕斯库勒湖，面积为 110 余平方千米（湖滩不计），卤水含钾，滩上亦有光卤石沉积。除食盐与光卤石外尚夹杂了一些硫酸盐类。钾湖在世界的盐湖中是比较稀少的，在柴达木盆地至少有五六个湖属于这种类型，值得我们深入研究并加以利用。硼在柴达木盆地分布很广，在许多地方都有出现，如大柴旦湖是有名的产硼的地方。湖的北部山中有温泉，水温最高 68℃（空气温度 24.5℃），水内含硼。温泉水沿山沟下流，热水中生长有黄、绿、白、淡红诸色的苔类植物。泉水流到山下即潜入地下，许多地质专家都认为这是大柴旦湖中硼的主要来源。1957 年 9 月底，我们在大柴旦湖工作中，根据着一个简单的推想：我们想到温泉是长年累月地向湖潜流，所产生的硼矿及含硼卤水应不只是当时已经看到和已被利用的为量不多的硼土。还有大量的硼究竟到哪里去了呢？因此我们向湖底进行钻探了解。钻了 3 个孔，结果果然发现有含镁硼酸盐矿层，后经大柴旦地质队系统钻探，结果发现储量很可观。此后大柴旦地质队在湖周围也发现了钠硼解石矿床。现在知道湖边湖底有钠硼解石含水镁硼酸盐、单斜硼钙石等矿，湖边的地表有薄层硼土。地质部单位已完成这个湖的大部分勘探工作。现在湖边设有硼砂厂土法制取硼砂。湖水每公升约含 4 克的硼砂，此外还含锂。此外，距大柴旦湖不远的小柴旦湖，又名巴嘎柴达木湖，位于盆地东部的阿沙图。大柴旦湖西北的马海湖群，盆地西南的夏日嘎与哈吉尔等地皆产硼，最近在南翼山构造的轴上发现了硼矿。

在盆地西部芒崖的青新公路旁就可以看到岩盐、石膏、芒硝等沉积。在大风山、盐山、小南翼山一带有氯化钠的盐晶，很美丽，人们称之为玻璃盐或水晶盐，透明度很好，可以作光学材料，也有的呈浅蓝、浅黄色。在小梁山，有大量的芒硝沉积。芒硝在玻璃、造纸、人造纤维等工业中都有重要用途。在大风山一带有天青石，天青石是硫酸锶，是制锶盐的主要原料，节日放焰火，红焰用锶盐是很美丽夺目的。芒崖有许多石油井，油田水中往往溶解有硼、钾、溴等一般元素及稀有元素，油田水中有用元素的浓度往往可以达到工业指标。除直接利用以外，更因油田水是地下水，从它的化学组成的研究，可以启示周围元素的分布，作为寻找矿床的标志。

柴达木盆地盐湖卤水中，根据多年来地质部门勘查结果及我队工作，发现有的含锂量很高，特别是东、西台吉乃尔湖。这些盐类的来源应加以探索，周围有无发现此类矿床的可能性，应是有经济和学术意义的问题。其他如大柴旦湖水等含锂亦不少。盆地东部香日德一带的碱湖，有天然碱沉积，目前研究得还不够。

从柴达木盆地的盐湖资源，展望这一地区化学工业的远景，是令人兴奋的。首先是食盐，即氯化钠，储量是以百亿甚至千亿吨计的。除食用而外，是制取金属钠、烧碱、纯碱、氯气、漂白粉等重化工产品的原料。钾盐如光卤石、氯化钾是农业肥料与制造钾盐类的原料。硼是许多工业及新技术材料所必需的，锂是原子能工业所必需，镁是轻金属及其合金的重要组成等，这些盐类在国民经济、国防与人民生活中具有重大的意义。盆地尚有丰富的多金属矿和石油、天然气的蕴藏。有了石油和天然气，再加以从食盐而来的氯气，人们可以制造出多品种的人造材料，如塑料、合成纤维与合成橡胶等。盆地地区不大，而各种原料产地彼此距离又不远，将来南水北调或其他的水源问题解决了，实是一个理想的化工联合生产的巨大基地。

原载《光明日报》，1959年3月1日。

关于大规模开采察尔汗钾盐资源急需进行的科研准备工作建议

柳大纲　袁见齐

察尔汗盐湖钾盐矿床是我国已知的规模最大、开探条件最好的盐湖矿床，现在农业现代化对钾肥的需要愈益急迫，对于该矿床的开发，更应加快速度保证质量，充分考虑成分复杂的盐湖矿床的特点，做好各方面的准备工作。

察尔汗可采的钾盐是石盐晶间的卤水，它与美国的大盐湖和巴勒斯坦的死海不同，主要表现为：①盐与卤水固液相共生，并可以互相转变；②卤水浓度大，而水平方向上的差异很大；③卤水虽浅但分层明显。总的情况，这里的卤水浓度和成分很不均一，卤水动态发生变化，水化学状态也将随着迅速变化。要保证在开探时能充分利用盐湖资源，长期稳定地进行生产还必须考虑下列问题。

一、保证卤水源在质和量上都能满足加工需要，必须了解卤水动态和水化学变化规律

（1）勘探结果显示，晶间卤水中 KCl 含量超过 1 亿吨，其中达到工业品位的为几千万吨，其中可抽用的卤水只占一小部分，能否年产 KCl 100 万吨还待进一步估算。而察尔汗达布逊段区可采卤水中 KCl 储量只有 2000 多万吨，更难保证满足年产 KCl 20 万吨的需要，采卤过程中应努力保护并设法增加可采卤水储量。

（2）勘探结果表明，察尔汗区只有上层卤水是可采的，中层卤水有一部分是不够工业要求的，底部卤水都是高镁老卤，不合工业要求。因此察尔汗区只能采取上层（8—12 米）卤水，别勒滩区可以采取中上层卤水，如何控制采卤深度，以免上下卤水混合而破坏卤源，须进行研究。

（3）抽卤时必然会影响其原始的自然平衡，如抽卤过量引起各部分不同卤水的移动，而不能保持卤水原料的稳定性，甚至会导致湖底和湖周淡水的大量进入而淡化或下部高镁卤水的混入而老化，致使部分卤水失去工业价值而使矿床受到破坏。如何安排抽卤方案，才能保持卤水的浓度和成分还要详细研究。

（4）湖中固体 KCl 总储量也约 1 亿吨，其产状和品位都不够工业要求，不能利用。如能适当控制卤水的运动，也可以溶取部分固体 KCl 而加以利用。反之，则卤水中的 KCl 也成为固体留在盐层中而不得不废弃。

上述问题的进一步解决在于对晶间卤水动态及水化学规律的进一步了解，这项工作国内外都无经验，为争取时间起见，可以邀请国内这方面的专家进行一次“会诊”，以保证卤水长期按质按量抽取，使钾肥生产能在资源方面得到保证。

二、研究综合利用与老卤排放，合理解决镁的利用或处理

柴达木盐湖含大量的钾、镁、锂、硼，这是其一个特点，对这些元素的综合开发利用是一个有广泛意义的问题。察尔汗盐湖的经济价值以含钾丰富著称，但镁的含量也不少，锂硼较其他盐湖略少，也有利用价值，均应考虑综合利用，特别是钾盐大量开采后，共生的含镁很高的母液和残渣必须处理以免混入盐湖而破坏钾盐矿床。即使我国镁资源丰富，当前尚无大规模开采青海盐湖镁矿的需要，也应从长远观点和全国一盘棋的要求全面考虑。积极研究镁的提取和利用，与残卤地下排放的计划相比较，权衡利弊作出结论。这项研究不仅对察尔汗盐湖的开发具有重要意义，也可为继续开发柴达木其他盐湖资源提供科学依据。

（1）国外一些钾盐矿床都不利用光卤石，以避免处理大量 $MgCl_2$ 废液的困难，我国对钾肥的迫切需要，不能不利用光卤石作为制造钾肥的原料，即使在金属镁和高级镁建筑材料的需要尚不是很急的情况下，也应积极考虑镁的利用以利于钾盐矿床的迅速有效开发。从全国范围来看，这是上策。

（2）察尔汗的镁如不加利用，富镁的废液处理必须妥善解决。盐湖位置在柴

达木盆地东部最洼处，要考虑废液渗入盐湖破坏钾盐矿床的危险。最安全的办法是压入地下。据已有资料显示，察尔汗附近地下缺乏粗粒多孔地层。估计在南部较近山麓处沉积物中央有砂、砾层可供压储废液之用，尚宜加以研究，是为中策。

（3）在察尔汗附近选择下渗透性较整的地点建造隔墙保证废液不致污染钾盐矿床。目前虽较方便，但效果不能保证，则是下策。如采用此法，也应先行研究防止渗漏的经济有效办法。

为了解决镁的处理问题，要再组织有关部门研究综合利用，估算经济上的得失和地下排卤方案相比较，选择最经济有效的办法。

三、在准备开采过程中立即组织科学研究工作，及时取得这一得天独厚的自然科学资料

察尔汗盐湖钾盐矿床是世界上唯一的具有相当大规模的正在沉积钾盐的盐湖，是研究钾盐形成条件和沉积机理的最好场所。现在钾盐成矿理论尚多争论，一些问题可以从这里取得实际资料而利于解决；特别对我国分布广泛、世界上新近发现较多的碎屑岩系中钾盐矿床找矿有指导意义。这些资料在大规模开采以后自然条件必将破坏，因此科学研究工作必须在这以前积极进行。

20 世纪 50 年代后期，中国科学院综考会曾建立盐湖研究队，组织全国科研、生产、教学等共 10 余个单位，参加柴达木盐湖工作，取得不少成绩。20 世纪 60 年代初，盐湖队撤销，建立了盐湖研究所。这项组织工作没有来得及交接，遇到“文化大革命”而停顿。现在虽还有一些单位仍在坚持工作，因缺乏统一规划和组织领导，工作推动困难较多。为了建设大西北，努力开发柴达木，盐湖科研工作必须改进。

总之，察尔汗盐湖钾盐矿床的开发利用，尚有三个基础问题亟待解决，这些问题既没有现成的办法可以采用，也不是一个部门能彻底解决的，需要在中央直接主持或倡导下组织有关部门和专门人员研究解决。

（1）察尔汗卤水矿的动态及其水化学变化规律的认识水平还不足以保证年产 KCl 20 万吨的稳定卤源。要在现有基础上组织水文地质及水化学专家进行研究，提出一项最近期内可以实行的水文地质及水化学工作要求，为制订取卤方案提供科学依据。

（2）察尔汗卤水中镁的问题必须研究，应组织冶金、建材等用镁单位研究，同时组织地质探矿人员研究废卤处理办法，二者作出比较，由中央决定。

（3）在察尔汗盐湖的开发没有正式开始，盐湖的自然状态尚未破坏之前，科学研究工作必须加速进行。建议科委或中国科学院组织具有工作经验和条件的有关各单位，共同拟订计划，在统一领导下分工协作，力争在大规模开采以前取得主要资料。

上列三点，可作为察尔汗盐湖钾盐矿床开发的科学基础。是保证该项资源合理利用的必要条件，谨将管见所及报请鉴核。

1984年1月请国家科委转呈中央

作者简介 袁见齐（1907—1991），地质学家，北京地质学院（中央地质大学）教授，九三学社中共委员会委员。

盐湖化学

柳大纲　胡克源

我国青藏高原素以盐湖众多著称，所产硼砂闻名中外，但对该地区的盐类资源，从未进行过综合性科学调查。前人调查所积累的资料，特别在石油勘探和地质调查研究过程中所获得的关于盐湖知识，多系地质方面的问题。我国发展国民经济第一个五年计划中期，中国科学院化学研究所会同地质、化工、石油勘探、水文、轻工（盐业）、高等院校以及地方等部门科技工作者，以前人提供的资料为线索，开展了青海柴达木盆地盐资源调查工作，并组织了一批青年化学工作者最先开展了我国盐湖化学的研究，中国科学院又组织了盐湖科学调查队从事青藏高原盐湖的调查研究。此后 20 多年，我国化学工作者在盐湖物理化学调查、盐湖水化学、卤水资源开发、重要稀散元素提取、水盐体系和盐卤分析化学等方面做了许多工作，为我国盐湖化学的发展与资源的开发奠定了基础，做出了重要贡献。

一、盐湖的物理化学调查

1957 年，中国科学院盐湖科学调查队开始对柴达木盆地盐湖进行物理化学调查[1]。根据 1955—1956 年有关人员找钾、硼的线索，先后在两个地区发现了柱硼镁石、钠硼解石和光卤石，这两项重要发现迅速促进了地质部门在柴达木盆地较大规模地开展钾和硼矿的勘探。现已证实，察尔汗湖群蕴藏有丰富的钾盐资源，还有的地区硼矿储量也很可观。此外，考察中还发现一些地区盐湖卤水中锂盐含量很高。

1956 年和 1958—1961 年西藏地质局和中国科学院综合考察委员会盐湖科学调查队及地质部矿床地质研究所，还对西藏的许多盐湖做了广泛调查，发现了新类型的镁硼酸盐矿床等，初步揭开了西藏盐湖的奥秘[2]。1965 年，中国科学院青海盐湖研究所成立。1976 年和 1978 年，对藏北盐湖进行了较全面的研究。

在青藏高原众多盐湖中已见到 40 多种矿物。除巨大石盐和镁盐蕴藏不计外，天青石、芒硝、硼酸盐、钾镁盐均具有工业价值。在盐湖卤水中富含钾、镁、硼、锂及其他稀有金属元素，有的金属元素无论含量与储量皆举世少有[3]。

在调查取得的大量数据的基础上，确定了按水化学分类的各种类型盐湖的分布[3, 4]。在柴达木盆地，几无碳酸盐型盐湖，硫酸盐型盐湖分布在盆地中央的外围，氯化物型发育在盆地中央。从外围到中央，由硫酸盐型向氯化物型过渡，在盆地中部形成巨大钾、镁盐矿床。在藏北以碳酸盐型和硫酸钠亚型为主，硫酸镁亚型次之，未发现氯化物型盐湖，硼砂产于碳酸盐型盐湖分布带。除按水化学特征分类外，还从工业开发角度进一步对柴达木盆地的盐湖进行了分类[4a]。

二、典型盐湖的研究

为探索盐湖资源开发途径，充分利用柴达木盆地降雨小、蒸发量大的有利条件，盐湖化学工作者系统地研究了两个典型盐湖。

1. 察尔汗湖群

察尔汗湖群[4b]包括察尔汗盐滩、霍布逊湖与达布逊湖等 8 个盐湖、盐滩。这个湖群除部分区域属硫酸盐型或过渡型外，其卤水组成与结晶途径当以 Na^+, K^+, Mg^{2+}//Cl^-−H_2O 体系的相图来表征。钾盐的主要储量在盐滩晶间卤水和达布逊湖水中，有的区域已处于光卤石沉积阶段，预计含有钾盐沉积出现，后来多次发现达布逊湖北岸地区出现大量钾盐沉积，旋又因在补给水量大于蒸发量的年份而回溶，固体钾盐矿极不稳定。因此，研究如何从卤水中获得制钾盐原料，是开发该湖群的重要科研任务。化工部上海化工研究院曹兆汉等于 1958 年初先行研究了利用当地自然条件和浮选方法制取钾盐和钾肥的工艺，为当地建厂制取钾盐和钾肥做出了良好的开端。随后，化工部上海化工研究院、中国科学院青海盐湖研究所相继研究了察尔汗晶间卤水在不隔离状态下的蒸发[5]，盐田日晒达布逊湖水制取光卤石[6]，察尔汗地区卤水日晒制取光卤石，不同浓度饱和卤水的蒸发。得出结论认为，应以隔离性盐田日晒卤水来获得大规模钾肥工业的原料，达布逊湖水的蒸发结晶次序为：

（1）NaCl；（2）KCl+NaCl；（3）$KCl \cdot MgCl_2 \cdot 6H_2O$+KCl+NaCl；

（4）$MgCl_2 \cdot 6H_2O$+$KCl \cdot MgCl_2 \cdot 6H_2O$+NaCl

盐田区晶间卤水蒸发结晶路线无上述（1）（2）两阶段，他们确定了整个日晒工艺流程和技术指标。此外，陈敬清等研究了达布逊湖水的冷冻蒸发[7]，利用该地区昼夜温差大，氯化镁饱和卤水经夜间冷冻析出水氯镁石后，白天再日晒浓缩，从而使处于氯化镁饱和阶段的卤水中的稀散元素进一步富集，所得水氯镁石纯度很高。

为改进由光卤石制取氯化钾工艺，中国科学院青海盐湖研究所研究了冷分解－浮选工艺。后来，李纪泽等又进行了经冷分解－热溶冷结晶法，用盐田日晒光卤石制取氯化钾的研究。该工艺氯化钾总收率达 71.8%，干燥的产品中含氯化钾为 98%—99%。

为能从盐田所产水氯镁石为原料来炼制金属镁，研究了含水氯化镁通过合成氨光卤石流态化脱水制取无水氯化镁，郑州铝厂轻金属研究所还进行了卤水炼镁试验，对比了各种脱水方法所得含水不等的氯化镁电解情况，并作出初步评价。

2. 大柴旦湖

大柴旦湖属硫酸镁亚型湖，卤水组成复杂，高世扬等首先对该湖卤水组成、水温、气温、水位变化等进行了定点长期观测，发现湖表卤水组成在 Na^+, Mg^{2+}//Cl^-, SO_4^{2-}－H_2O 体系相图上沿三角形的三边，呈以年为周期的循环变化。夏季卤水蒸发浓缩，析出氯化钠，使硫酸镁、钾盐富集；冬季冷冻析出芒硝，部分氯化钠回溶，卤水中氯化镁含量剧增；次年春季淡水补给湖区，析出的各种盐回溶于水，而使卤水组成回复到前一年起点。他们研究了该湖夏季和冬季组成卤水的天然蒸发过程，并在此基础上进行了盐湖卤水日晒工艺试验，制订了日晒分离各种盐类的流程。

除以上两盐湖外，刘子琴等还研究了另一个硫酸镁亚型盐湖的晶间卤水 25℃时的等温蒸发[8]，并首次观察到从卤水蒸发析出 $Li_2SO_4 \cdot H_2O$。

三、从卤水中提取重要稀散元素

1. 锂盐的提取

我国许多盐湖卤水、井卤和油田水中锂盐含量甚丰。胡克源等首先提出了用铝酸钠直接从各种类型卤水提取锂盐的工艺方法，经加酸条件下铝酸钠选择沉淀锂盐和焙烧浸取两步，锂镁分离系数可达 1000 以上。四川张家坝制盐化工厂、四川省盐务局设计研究所、中国科学院青海盐湖研究所对上述工艺作了改进，采用碳化铝酸钠溶液以获得活性氢氧化铝来选择捕集卤水中的锂盐。碳化液又回用于回收铝渣。近年来，沈祥木、王学元等[9]以国产原料制得二氧化锰离子筛，对复杂组成卤水中的锂离子有特效交换选择性，交换容量较大，交换在离子筛上的锂离子可用稀酸洗出，二氧化锰离子筛在常温下可反复使用，从而避免了前述两项工艺的铝渣回收与活性氢氧化铝制备，大大简化了流程，降低了原料消耗和生产成本。

中国科学院上海有机化学研究所最先进行了溶剂萃取法提取锂盐的研究，发现20% N503—20％ TBP-200号煤油体系萃取饱和氯化镁溶液中的锂盐可达90%。黄师强、胡克鳌等研究了用相同溶剂体系稍加改进，萃取某湖饱和氯化镁卤水中的锂盐，使锂的总收率和锂盐纯度进一步提高。崔荣旦等进一步研究了用 TBP-$FeCl_3$-200号煤油萃取卤水中的锂盐，再次证明锂离子以 $LiFeCl_4$ 形式被萃取，与 TBP 形成 $LiFeCl_4 \cdot 2TBP$。借助于盐析效应，可显著提高 TPB 对锂的萃取率，盐析剂盐析效应的强弱次序为：$AlCl_3 > MgCl_2 > NaCl > SrCl_2 > NH_4Cl > CaCl_2$。TBP 对几种阳离子的共萃能力次序为：$Li^+ > Ca^{2+} > NH_4^+ > Sr^{2+} > Na^+ > Mg^{2+} > Al^{3+}$。优惠条件下饱和氯化镁卤水中锂盐的一级萃取率可达85%, 锂镁分离系数可达250。

此外，高世扬等还提出了用氯化氢来盐析浓盐溶液中的氯化镁，浓缩锂盐，最后获得氯化锂。中国科学院青海盐湖研究所研究了高温煅烧含锂盐氯化镁饱和卤水，再用水浸出硫酸锂。

2. 碘、溴的提取

中国科学院青海盐湖研究所与化工部有关单位研究了离子交换法提取碘，主要步骤是通氯氧化经过酸化的含碘盐卤水，用离子交换树脂捕集游离碘，再用二氧化硫食盐水混合液洗脱碘，用食盐水再生树脂，最后通氯于洗脱液和再生流出液使碘游离析出。该所与青海冷湖油矿在研究提取冷湖油田水中的碘时，又改进了上述方法，采用氯水来氯化料液，避免了原氧化工艺对设备的腐蚀，并使氧化易于调节控制，从中性油田水中提碘（含量低），收率比通氯氧化法高。

1972年以来，青海盐湖研究所与南开大学化工厂合作，进行了多年的树脂吸附法提溴的研究，研制成功适用于从溴浓度高的卤水中提溴的高效树脂。

四、有关水盐体系的研究

结合盐湖资源和井卤的开发利用，我国化学工作者在水盐体系相平衡、固液反应以及浓盐溶液化学等方面做了不少工作。

金作美等研究了五元体系 Na^+，K^+，$Mg^{2+}//Cl^-$，$SO_4^{2-}-H_2O$ 25℃时的介稳相平衡[10]，所得结果与范特·霍夫（Van't Hoff）的该体系的稳定平衡相图比，氯化钠饱和的 $MgSO_4 \cdot K_2SO_4 \cdot 4H_2O$，$KCl \cdot MgSO_4 \cdot 3H_2O$ 及低水合硫酸镁结晶区消失，$3K_2SO_4 \cdot MgSO_4$，$MgSO_4 \cdot NaSO_4 \cdot 4H_2O$ 结晶区缩小，KCl，$MgSO_4 \cdot 7H_2O$，$KCl \cdot MgCl_2 \cdot 6H_2O$ 结晶区扩大，特别是 $MgSO_4 \cdot K_2SO_4 \cdot 6H_2O$ 结晶区约增大20倍，它对制取硫酸钾具有重要意义，介稳平衡相图为了解硫酸盐型卤水的自然蒸发结晶过程提供了理论和计算的依据。

程祖良等研究了一系列与提锂有关的水盐体系，他们在研究氯化锂与铝酸钠在水溶液中的相互作用时发现，此反应除生成铝酸氢锂外，当起始溶液组成中的 $Li^+/AlO_2^- < 1/2$，（克离子比），所得沉淀组成的 Li^+/AlO_2^- 亦小于1/2，且随投料比值下降而连续降低[11]。铝酸钠与氯化镁在水溶液中相互作用生成复盐沉淀 $Mg_2Cl(AlO_2)_3 \cdot mH_2O$，此复盐沉淀对溶液中的氯化锂有强吸附能力，在30℃时最大吸附量可达 Li/Al（原子比）=1/3，用酸酸化分散在溶液中的铝酸镁复盐沉淀，镁离子溶下而得活性氢氧化铝，它与氯化锂作用，30℃时可使沉淀中的 Li/Al 达2/5。此沉淀在加热过程中于307℃分解，然后氯化锂可用水完全浸出，作者认为上述作用不是一般的吸附，所产生的沉淀是不同于铝酸氢锂的另一化合物，胡克鳌等研究了 Li^+，$Al^{3+}//Cl^-$，OH^--H_2O 体系60℃的部分相图[12]，X 射线证实无定形氢氧化铝与水溶液中氯化锂相作用生成稳定化合物 $LiCl \cdot 2Al(OH)_3 \cdot nH_2O$ 和亚稳化合物 $2LiCl \cdot 5[Al(OH)_{2.83} \cdot Cl_{0.17}] \cdot mH_2O$，证明上述作用是固液反应，反应初始阶段符合一级反应规律。在氢氧化铝表面形成化合物后，反应总速度由反应速度和氯化锂通过产物层的扩散速度共同决定，符合阻滞规律。60℃时的一级反应速度常数 $k_{60} = 4.17 \times 10^{-3}$。

在易溶盐的水盐体系方面研究了四元体系 H^+，Li^+，$Mg^{2+}//Cl^--H_2O$ 在0℃，20℃，40℃时[13]，和 Li^+，$Na^+//Cl^-$，$CO_3^{2-}-H_2O$ 在30℃时的等温溶解度[14]，在第一个体系中于0℃有5个结晶区，$MgCl_2 \cdot 6H_2O$（占60%），$HCl \cdot MgCl_2 \cdot 7H_2O$（占20%），$LiCl \cdot MgCl_2 \cdot 7H_2O$，$LiCl \cdot 2H_2O$，$LiCl \cdot H_2O$ 和一个 HCl 饱和区（$P_{HCl} > 1$ 大气压），相区分布十分有利于用氯化氢来盐析分离高浓氯化镁卤水中的 $MgCl_2$ 和富集氯化锂，在其余两温度 $LiCl \cdot 2H_2O$ 结晶区消失，HCl 饱和区扩大。

此外，高世扬等还测定了三元体系 H^+，$Mg^{2+}//Cl^--H_2O$，H^+，$Li^+//Cl^--H_2O$ 25℃液固相平衡条件下的氯化氢分压与水蒸气分压。

胡克源等还研究了氯化氢、碱金属和碱土金属氯化物构成的简单三元水盐体系中的盐析效应[15]，引入表征盐析作用的盐析系数 α 来判断盐析作用的强弱，

$\alpha = C_k \cdot C_A / {}_0C_K \cdot {}_0C_A$，${}_0C_K \cdot {}_0C_A$ 与 $C_K \cdot C_A$ 分别为加入盐析剂前后 K_A 盐的溶度积，C 以重量克离子浓度表示。他们发现同一体系中盐析作用随温度升高而减弱，同一类体系中盐析作用随被盐析的阳离子半径增大而减小，随盐析剂的阳离子半径减小而增强，从理论上论证了盐析系数 α 与离子在水溶液中的活化跃迁所需克服的位垒大小及其改变相关联，推导出 $\alpha=K\exp\dfrac{\Sigma\Delta E}{RT}$，$\Sigma\Delta E$是加入盐析剂至某浓度使析出的盐 1 克当量（1 摩尔每升）阳离子与阴离子在水溶液中活化跃迁位垒改变的总和。由此式出发，计算了相应体系的盐析能。

为从硼酸盐和含硼卤水提取硼酸提供依据，尹敬执等研究了一系列水盐体系：H_3BO_3–$MgCl_2$–HCl(0.30%）–H_2O，15 ℃[16a]；$MgCl_2$–$MgSO_4$–HCl(0.30%）–H_2O，15 ℃[16b]；H_3BO_3–$MgCl_2$–$MgSO_4$–H_2O，15℃[16c] 和 H_3BO_3–$MgCl_2$–$MgSO_4$–HCl(6.65%）–H_2O，0℃[16d] 的等温溶解度。在 H_3BO_3–$MgCl_2$–$MgSO_4$–H_2O 体系 15℃的相图上有 4 个结晶区：H_3BO_3，$MgCl_2 \cdot 6H_2O$，$MgSO_4 \cdot 7H_2O$，$MgSO_4 \cdot 6H_2O$，其中硼酸的结晶区最大， 在五元体系 H_3BO_3–$MgCl_2$–$MgSO_4$–HCl(6.65%）–H_2O， 0℃相图上的 4 个结晶区同上，硼酸的结晶区占总面积的 93%比 15℃时，H_3BO_3–$MgCl_2$–$MgSO_4$–H_2O 体系的硼酸结晶区只扩大 4.9%。此外，他们还研究了 K_2SO_4–K_2CO_3–$K_2B_4O_7$–H_2O 于 30℃的等温溶度图[16e]。

在硼酸盐溶液化学方面，高世扬等观察到含硼盐卤水在天然蒸发过程中硼酸盐不以任何固体形式析出[17a]。他们在实验室条件下从 −21℃到室温，首次从组成 $MgCl_2$ 29.67%，$MgSO_4$ 4.07%，LiCl 0.78%，NaCl 0.37%，KCl 0.16%，MgB_4O_7 2.92 %的氯化镁共结晶卤水获得六硼酸镁盐 – 三方硼石（$MgO \cdot 3B_2O_3 \cdot 7.5H_2O$）结晶[17b]，利用加芒硝回溶及日晒方法获得高含硼盐氯化镁共结晶卤水，其组成按“粒子配对”成盐方程计算。应表示为 LiCl 1.76%，NaCl 0.08%，KCl 0.1 %，$MgCl_2$ 29.07%，$MgSO_4$ 3.69%，MgB_4O_7 5.58% 为合理。应用“粒子配对”成盐方程来计算上述回溶、日晒过程中的氯化钠含量，变化，以及历年所得含硼氯化镁共结晶卤水中的硼缔合度，证明硼盐在含硼卤水中当以四硼酸镁盐（MgB_4O_7）来表示其组成为合理[17c]。他们用盐酸滴定不同含硼量的浓缩卤水，所得 pH–$M_{HCl}/M_{MgB_4O_7}$滴定曲线均十分相似。对所得滴定曲线作了定性解释和定量计算，得出结论认为含硼浓缩盐卤中硼酸镁是以 $MgO \cdot 2B_2O_3$ 的“综合统计”形式存在于溶液中[17d]。他们将组成 NaCl 0.09%，$MgCl_2$ 30.7%，$MgSO_4$ 3.31%，MgB_4O_7 4.28% 卤水按不同容积比加入水稀释，观察其在室温放置过程中的变化，发现加水稀释可以加速硼酸镁盐的析出，而且因稀释度不同，最终得到的硼酸镁盐也不同，从稀释比为 1∶1 时得到 $MgO \cdot 2B_2O_3 \cdot 9H_2O$，稀释比从 1∶2 到 1∶6 时得到 $2MgO \cdot 3B_2O_3 \cdot 15H_2O$。作者指出有的稀释样品最初析出氢氧化镁，但长期放置（达 5 年）最后形成结晶完好的硼酸镁盐。作者根据以上结果提出了硼酸镁盐矿稀释成盐的见解，认为它可以作为青藏高原盐湖中水合硼酸盐矿的形成的一种新的解释[17e]。

五、盐和卤水分析方法的研究

在配合盐湖资源调查与开发利用上，张长美等在盐卤分析方面做了大量工作。除盐和卤水中所含大量元素外，还研究建立了大量和微量元素的分析方法，测定的元素包括锂、钠、钾、铷、铯、铜、铍、镁、钙、锶、钡、锌、硼、铝、碳、硅、铅、磷、砷、硫、硒、钼、氟、氯、溴、碘、锰、铁、镍、钍、铀、银、金、铋、镉、铬、镓、铂、锡、钛、钒等以及硝酸根、亚硝酸根。这些方法已编辑成书[18]，为国内广泛采用。

参考文献

[1] 柳大纲 . 柴达木盆地盐湖资源丰富 [N]. 光明日报，1959-03-01.

[2] 郑绵平，金文山 . 我国某地一个新类型镁硼酸盐矿床的初步研究 [J]. 中国地质，1964(2)： 26—32.

[3] 陈克造，杨绍修，郑喜玉 . 青藏高原的盐湖 [R]// 北京：青藏高原科学讨论会报告，1980.

[4] (a) 柳大纲，陈敬清，张长美 . 各类盐湖的分布 [C]// 第一届全国盐湖学术会议论文摘要汇编 .1965：33.

(b) 柳大纲，陈敬清 . 同上，1965：36.

[5] 化工部上海化工研究院 . 同上，1965：48.

[6] 化工部上海化工研究院，中国科学院青海盐湖研究所 . 同上，1965：47.

[7] 陈敬清，符廷进 . 中国化学会无机化学学术报告会报告 .1979.

[8] 刘子琴，符廷进，陈敬清 . 中国化学会无机化学学术报告会报告 .1979.

[9] 沈祥木，王学元 . 中国化学会无机化学学术报告会报告 .1979.

[10] 金作美，肖志显，梁式梅 .（Na^+、K^+、Mg^{2+}），（CL^-、SO_4^{2-}），H_2O 五元系统介稳平衡的研究 [J]. 化学学报，1980，(4): 11—19.

[11] 程祖良，胡克源，柳大纲 . 中国化学会 1963 年年会论文摘要集，1963:5.

[12] 胡克鳌，刘洪章，欧阳群，张颖惠，张国湘. 无定形氢氧化铝同溶液中氯化锂的相互作用 [J]. 化学学报，1976，34(3)：253—260.

[13] 胡克源，柴文琦 . 第一届全国盐湖学术会议论文摘要汇编，1965：37；化

学学报，1965，31 (3)：189.

[14] 招禄基，姚渭溪 . 第一届全国盐湖学术会议论文摘要汇编，1965：38.

[15] 胡克源，周泽兴 . 中国化学会无机化学学术报告会报告，1979.

[16] (a) 山东大学化学系无机化学教研室 . 第一届全国盐湖学术会议论文摘要汇编，1965：39.

(b) 同上，1965：40.

(c) 同上，1965：40.

(d) 同上，1965：41.

(e) 尹敬执，沈源龙，沈晋民，陈样泉 .30℃时 K_2CO_3—K_2SO_4—$K_2B_4O_1$—H_2O 体系的溶解度等温线 [J]. 化学学报，1964，30 (6) ：570 .

[17] (a) 高世扬，李国英 . 中国化学学会无机化学学术报告会报告，1979.

(b) 高世扬，赵金福，薛方山 . 同上 .

(c) 高世扬 . 同上 .

(d) 高世扬，史启祯 . 同上 .

(e) 高世扬，李秉孝 . 北京：青藏高原科学讨论会报告，1980.

[18] 中国科学院青海盐湖研究所. 卤水和盐的分析方法 [M]. 北京: 科学出版社，1973.

原载《中国化学五十年》。

作者简介　胡克源（1926—），无机化学家、环境学家，中国科学院生态环境研究中心研究员。

化学与祖国建设的许多事业密切相关

柳大纲

今天我十分的兴奋，跟多年的领导、多年的同事，多年一起在实验室工作的同志见面，我感到非常兴奋，心里只有一句话，就是对同志们深厚的情谊表示非常感激。对同志们给予的许多赞美的语言，我自己感到惭愧、不敢当。不过我还有一个愿望，那就是在我有生之年，继续为化学学科贡献我微薄的力量，能干什么就多干一点。我的身体一年不如一年，脑筋也转不过来了，说话也许说不清楚，走路今年不如去年，的确这是自然规律。但我有个心愿，首先在国家“四化”目标中，作为化学工作者，只要有机会有需要效力的地方，我还是愿意去效力的。

从长远来说，我自己有个想法，化学这门学科是研究物质变化的，祖国建设事业需要干的事情很多，化学同许多事业关系很密切，能源、环境保护、材料、轻化工、食品等都同化学有密切关系，所以我觉得不断地推动，使化学工作者能够在有关化学可以出力的地方多干些工作，使我们国家建设事业更快地完成，当然这是个长期的事业。在党的领导下，现在国家的目标很明确。现在建设社会主义，将来建设共产主义，这个目标是很远大的，化学都可以贡献力量。自己想起来很兴奋。在座的同志，有许多位老领导、老同志，还有许多中青年同志，对我许多的赞美的话，我感谢各位，我也不敢当。希望我们所有的同志能够在化学事业上，为化学的远景共同努力。

最后祝愿同志们工作顺利，身体健康。今天，我感到非常兴奋和感激，谢谢大家。

1983年2月

在庆祝柳大纲从事化学工作55周年会上的答词。

柳大纲先生简历

1904 年 2 月 8 日出生于江苏省仪征县。

1920—1924 年在南京高等师范学校数理化部学习。

1924—1925 年于东南大学化学系学习，毕业，获学士学位。

1925—1927 年任东南大学物理系助教。

1927 年任上海吴淞中国公学大学部教员。

1928—1929 年任中国科学社《科学》编辑部编译员。

1929—1949 年任中央研究院化学研究所助理研究员、副研究员、研究员。

1946—1948 年赴美国罗切斯特大学研究生院进修，获博士学位。

1949—1954 年任中国科学院物理化学研究所研究员、副所长。

1954—1956 年参加中国科学院学术秘书处工作。

1955—1991 年任中国科学院化学研究所研究员、副所长、代所长、所长、名誉所长。

1955 年当选为中国科学院数学物理学化学学部委员（院士）。

1957—1963 年兼任中国科学院综合考察委员会中国盐湖科学调查队队长。

1963—1991 年兼任中国科学院青海盐湖研究所所长、名誉所长。

1964—1975 年当选为中华人民共和国第三届全国人民代表大会代表。

1973—1986 年任《化学通报》主编。

1978—1990 年当选为中国化学会第二十届理事会副理事长，第二十一届、二十二届理事会理事。

1978—1982 年当选为中华人民共和国第五届全国人民代表大会代表 。

1980 年当选为中国科协第二届委员会委员。

1983—1987 年当选为中华人民共和国第六届全国人民代表大会代表。

1991 年 9 月 14 日病逝于北京。

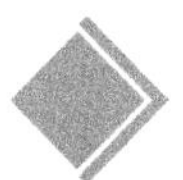

柳大纲院士生平

中国共产党优秀党员，中国科学院学部委员（院士），中国科学院化学研究所名誉所长、研究员，中国科学院青海盐湖研究所名誉所长，著名化学家柳大纲同志因病久治无效，于1991年9月14日17时30分在北京医院逝世，享年87岁。

柳大纲同志1904年2月8日出生于江苏省仪征县，1925年毕业于南京高等师范学校数理化学部、东南大学化学系，1948年获美国罗切斯特大学研究院博士学位。柳大纲同志曾任东南大学助教、吴淞中国公学大学化学部教员、中国科学社《科学》杂志编辑部编译员，中央研究院化学研究所助理员、副研究员、研究员。中华人民共和国成立后历任中国科学院物理化学研究所研究员、副所长，兼任中国科学院学术秘书处学术秘书，以及化学研究所研究员、副所长、代所长、所长，青海盐湖研究所所长。现任中国科学院化学研究所和青海盐湖研究所名誉所长、研究员。1955年当选为中国科学院数理化学部委员。1957—1963年兼任中国科学院综合考察委员会中国盐湖科学调查队队长。1973—1986年任《化学通报》主编。1978年被选为中国化学会第二十届理事会副理事长。1980年当选为中国科学技术协会第二届委员会委员。柳大纲同志历任全国人民代表大会第三届、第五届、第六届代表。1950年曾赴华北人民革命大学政治研究院学习。1951年参加九三学社。1959年9月光荣地加入了中国共产党。

柳大纲同志在基础化学方面，是我国从事分子光谱研究的先驱者之一，曾从事过紫外光区和远红外光区分子吸收光谱的研究以及盐湖体系相图分析等方面的研究，他特别重视应用化学研究和化学教育等工作，在他倡导下成立了“中国化学会应用化学委员会”。柳大纲同志在应用化学方面，从事过矿物原料化学、无机合成化学、核化学、青海柴达木盆地盐湖科学调查和盐湖化学、土壤加固等方面的研究。在以上学科领域曾经发表了大量科学论文著作，取得了一系列的重大科研成果。

在柴达木盆地盐湖调查研究中，他组织领导了一个化学、化工、制盐、水文、地质各门学科的综合队伍，开拓了我国盐湖化学工作，并通过调研、利用化学原理和方法，在我国钾镁氯化物型规模较大的察尔汗湖区，发现了富藏钾镁资源；另在柴旦湖区硫酸镁亚型的大柴旦湖底，发现了硼矿资源以及在柴达木盆地若干点发现了巨大的锂资源，并总结出盐湖形成的科学规律。他提出了从盐湖直接提取钾、锂、硼重要资源的有效工艺。1963 年，在他倡导组织下，中国科学院在青海西宁成立了盐湖研究所。柳大纲同志是中国盐湖化学的开创者与奠基人，他为建设我国大西北、为青藏高原的开发和利用以及为我国社会主义建设做出了重要贡献。

柳大纲同志是我国最早研究发光材料的化学家。他在核化学研究中组织、领导解决了核燃料生产过程中的一系列化学问题，并为核燃料后处理提供了较先进可行的萃取流程和流态化工艺。

柳大纲同志热爱社会主义祖国，忠诚于党的事业。在近 60 年的科学研究和科学组织领导生涯中，他以渊博的科学知识、强烈的社会责任感以及高度的献身精神，为我国的化学发展和应用，为我国盐湖资源的开发和利用，付出了全部心血和毕生精力，成为我国化学界当之无愧的学术带头人、卓有成效的科学组织领导人。他知识渊博，治学严谨，学术思想活跃。他心怀坦荡、为人正直，严于律己、宽以待人，深受广大群众的尊敬和爱戴。尤其是在“文化大革命”中，他在被诬陷、被迫害的困境中，仍能坚持真理，坚持原则，实事求是。他那刚直不阿的一身正气，赢得了人们发自内心的钦佩和崇敬。

柳大纲同志十分重视科学队伍的建设和青年人才的培养。数十年来，他为化学所呕心沥血，从而使各学科领域都得到了蓬蓬勃勃的发展。在他亲自领导组织下，化学所从筹建、成长、壮大，直至今天形成了一支力量强大的多学科的综合性化学所，包括物理化学、分析化学、有机化学、无机化学以及高分子化学、高分子物化等，他亲自创建了化学所的物理化学和无机化学分支。在他的领导和筹划下，化学所孕育并先后分出了几个专业化学研究所和专业组——感光化学研究所、环境化学研究所、盐湖研究所和上海有机氟研究组以及成都有机化学研究所。在柳大纲同志的指导培养下，成长了一批又一批中青年化学家。

柳大纲同志平易近人，诲人不倦，无论是对青年学生或是与他共事的同行，不论是求教于他的或是商讨工作的，他均能一视同仁，热情耐心地指点工作，平等、认真地讨论问题。他学术作风民主、办事公正、为人师表，他以自己良好的学风、言传身教的行动，影响着身边的同志，调动着广大科技工作人员的积极性。

柳大纲同志光明磊落、坚持原则，积极支持新生事物。他的一生是不断追求真理、追求光明、追求进步的一生；是孜孜不倦，勇于揭示化学科学奥秘的一生。他勇往直前，数十年如一日、不知疲倦，将自己的毕生精力奉献给了华夏的伟大科学事业。他的逝世，是我国科技界和化学界的重大损失，也使我们失去了一位德高望重的良师益友。我们怀着极其悲痛的心情，深切地悼念柳大纲同志。我们决心化悲痛为力量，以加倍的努力来完成他未竟的事业，为我国化学科学的繁荣和发展做出更大的贡献。

尊敬的柳大纲同志，你永远活在我们心中！

柳大纲教授治丧委员会

1991年9月18日

编者后记

在中国科学院化学研究所、中国科学院青海盐湖研究所的大力支持下，本书终得以在中国科学技术出版社出版，以缅怀柳大纲先生忠实坦诚、热爱祖国的高尚品质，求真务实、开拓创新的科学精神，艰苦朴素、无私奉献的为人风范。

书中每位作者都是从各自的经历和侧面来怀念柳大纲先生的，因此内容难免有重复之处，盼读者谅解。

由于编者的水平所限，书中难免会有错误或遗漏，请大家原谅并欢迎批评指正。

本书在编辑中，由于各种原因，多有延宕，其间，为本书作序的严老（严东生）已于 2016 年 9 月去世。在此，我们对他表示深切的怀念。同时，本书得到中国科学院化学所黄仁权、青海盐湖所葛飞同志的很大帮助。还得到中国科学院科技战略咨询研究院的钟华同志及中国高等科学技术中心孙玉兰同志的帮助，他们为本书的文字整理、录入等方面花了很大精力和时间。在此一并致谢。

2017年12月